系統神學叢書

教會論全球導覽

AN INTRODUCTION TO ECCLESIOLOGY

ECUMENICAL, HISTORICAL & GLOBAL PERSPECTIVES

卡維里 著
鄧紹光 學術顧問
陳永財 譯

基道出版社

▼

系統神學叢書

教會論：全球導覽

An Introduction to Ecclesiology

Ecumenical, Historical & Global Perspcetives

作者
卡維里 Veil-Matti Kärkkäinen

譯者
陳永財

學術審閱
鄧紹光

責任編輯
林諾欣

裝幀設計
奇文雲海 · 設計顧問

■

出版 / 發行
基道出版社
香港沙田火炭坳背灣街 26 號富騰工業中心 10 樓 1011 室
LOGOS PUBLISHERS
Unit 1011, 10/F, Fo Tan Ind. Centre, 26 Au Pui Wan St., Shatin, Hong Kong
電話：(852) 2687-0331 傳真：(852) 2687-0281
網址：https://www.logos.com.hk

承印
陽光（彩美）印刷有限公司

●

3/2010 初版
Cat. No. LP247A
ISBN: 978-962-457-395-4
Originally published by InterVarsity Press as
Introduction to Ecclesiology by Veil-Matti Kärkkäinen
Translated and printed by permission of InterVarsity Press,
P.O. Box 1400, Downers Grove, IL 60515, U.S.A.

Printed in Hong Kong

刷次	13	12	11	10	9	8	7	6	5	4	3
年份	2030	2029	2028	2027	2026	2025	2024	2023	2022	2021	

中文版序

對於可以為《教會論：全球導覽》(*An Introduction to Ecclesiology: Ecumenical, Historical & Global Perspectives*，英文原書由 InterVarsity Press 出版）一書的中文版撰寫序言，我感到榮幸和欣喜。中文讀者對這本書感興趣，令我誠惶誠恐。我這個來自歐洲小國芬蘭的神學家，能夠有神學著作翻譯成這種世界上最多人使用的東方古老語言，我實在感到榮幸之至。

在這本書，我嘗試盡可能廣泛地討論教會歷史和當代神學家對教會的教義的各種觀點和詮釋。我當然受限於自己的學識——或者學識不足——以及自己的特定位置。雖然我曾經在亞洲生活和教授神學多年，也懂得說泰語這種東方的古老語言，但我仍然有很多可以向亞洲的同道學習的地方。因此，在這中譯本出版之際，我邀請中國的神學家參與全球化對話。

謹將本書獻予上帝的榮耀以及祂將臨的國度。

卡維里

美國加州富勒神學院

系統神學教授

二○○九年十二月二十四日

學術顧問序

卡維里這本《教會論：全球導覽》的中譯本，是繼其《上帝論：全球導覽》(*The Doctrine of God: A Global Introduction*)中譯本及《聖靈論：全球導覽》(*Pneumatology: The Holy Spirit in Ecumenical, International, and Contextual Perspective*)中譯本之後，最新貢獻給華人教會的。聰明的讀者會注意到這樣的出版次序，並不很符合信經的神聖秩序，先是上帝論，後是聖靈論，跟著的是教會論，中間缺了基督論。無疑，教會這一信仰羣體的建立，是三一上帝聖父、聖子、聖靈在世工作的成果，並且是持續工作而使得教會乃在持續的生發之中。這一神聖秩序使我們認識教會並非無中生有，也不是自行組織，可以抽離三一上帝的持續工作而存活。

雖然《教會論》中譯本之出版先於《基督論》，但是我們無意高舉某種自然神論式的教會論。反之，《聖靈論》一書的先行出版，透露出更為重要的信息，那就是卡維里在本書的導論中所表示的，聖靈論與教會論之間的關係十分密切。約翰福音及使徒行傳告訴我們基督從死裏復活後升天，聖靈就被差遣臨到使徒中間，建立教會。從這一角度來看，似乎聖靈較基督在生發教會一事之上，更顯重要。不過，如果我們明白聖靈並非單獨工作，而係跟聖子與聖父同工的，那麼，基督在這一階段就並非了無踪影、毫無角色可言的。這是我們應該注意的。

因此，單從教會論切入，以了解教會及基督教神學，不一定產生甚麼問題或偏差。關鍵只在於我們在思考教會之時，眼目是否只收窄至當下的信仰羣體，而忽略使得其持續地生發的神聖三一，以至無視那外於其自己的動力、形式和目的。事實上，離開神聖三一，教會別無動力、形式和目的。可是，另一方面，我們亦得明白從教會論切入以了解教會及基督教神學的重要性，這主要在於基督教信仰並非抽空玄談之哲學概念或理想原則，教會這一信仰羣體正具體展現基督教信仰（embodiment of Christian faith）。教會之種種生活與踐行是向這世界見證我們所相信的三一上帝及其在世的作為。

當然，由此而言，討論教會並不能抽離教會自身於不同時代不同文化不同處境的生活與踐行。這種情況，就如聖經中舊約的以色列羣體及新約的信徒羣體，各自因應自己的時代自己的文化自己的處境來活出上帝的心意。因此，我們有必要重拾「聖徒相通」這一古老的教導，而不故步自封、只看自己；當然也不是把別的教會的實踐和反省，一成不變照單全收。在這裏批判思維與類比思維是十分重要的。前者叫我們保持距離，後者則讓我們恰當挪用。相信這也是閱讀卡維里這書當中種種教會論所當採取的態度。

卡維里此書一如其《上帝論》及《聖靈論》，縱橫古今。全書分三部分：不同教派/宗派傳統的教會論、當代神學家的教會論、不同處境中的教會論。這是一種由古至今、從普遍到特殊的展示。每一部分都有值得注意的地方。第一部分在東正教、羅馬天主教、信義宗、改革宗之外，尚有自由教會（這是大多數華人教會的根源）、五旬宗/靈恩運動（這是不少華人教會的現象）及〔教會〕合一運動。卡維里沒有忽略在主流教會傳統之外的教會形態及其自身之反省。

同樣的，卡維里在第二部分引介的神學家亦不限於某一教派/宗派某一路數，學界及教會較少人注意的沃爾夫（Miroslav Volf）、麥克倫登（James McClendon Jr.）和紐比真（Lesslie Newbigin）各別的參與性教會論、浸信者教會論及宣教教會論，都分別呈現出教會這一信仰羣體的不同面貌。至於第三部分也不只在於當代第三世界如亞洲、拉丁美洲及非洲的教會論，而更展現出一種多元文化多元處境底下的教會論多元聲音，我們不必為此感到不安，以為多元的實踐與論述必然支離破碎，缺乏統一。若然如此，則我們所嚮往的不過是寡頭而抽空的統一。

教會是神聖三一經世活動所持續生發的，在生活及踐行上，以致於自我認識上，不免因著不同處境而有不同的偏重、強調，這是真理落實於時空而為具體而非抽象所必然出現的現象。信經指出聖徒相通，正好為此提供了合適的態度，讓我們這些各自歸屬於不同教派/宗派傳統和處境的信徒，持著批判的和類比的思維，彼此學習，在基督裏藉著聖靈，成為一個豐富無窮的信仰羣體。祈願上帝使用卡維里這本著作，讓華人教會藉此而進深認識自身之身分，並在眼界與態度上實踐聖徒相通的認信。是為序。

鄧紹光
香港浸信會神學院
基督教思想（神學與文化）教授
二〇一〇年一月十八日
於香港．西貢（北）．西澳

目錄

導論

教會論在（系統）神學中的角色

The Role of Ecclesiology in (Systematic) Theology

雖然當代系統神學正如任何其他學術科目一樣，提供多種進路和興趣範疇，以致它很容易反對任何歸納的做法，但我們可以完全合法地指出，兩個範疇特別吸引眾神學家的注意，那就是聖靈論（pneumatology）和教會論（ecclesiology）。明顯重要的是，這兩個核心之間剛巧分享了一些互相的聯繫。如果我們真的活在聖靈論的復興之中，那麼，我們不能否認一個事實：在過去大約二十年，數量驚人地多的教會論的全面論述，已經出現。

・ 教會論復興 ・

對教會的興趣的復興有甚麼可能潛在的原因？我們也可以單單指出，個人主義在西方世界普遍存在，以及它在世界其他地方的影響力不斷增長，藉此反駁那指教會教義重新出現的宣稱。在不同聲音和多元主義那個人主義式的、後現代的噪音中，開始談論一種稱為「教會」的集體，這似乎不大吸引，特別是因為「**教會**」（church）這個詞語不論基於好的或壞的原因，已經背負著很多不幸的含義，如從獨裁主義到高壓統治到古物癖（antiquarianism）。

我認為，對教會論的興趣快速增長，其中一種主要催化劑是〔教會〕合一運動（ecumenical movement）。在基督教教會的歷史上，或許除了宗教改革運動（Reformation）外，
8 沒有其他運動好像追求基督教統一性（unity；或譯「合一」）的現代運動那樣，模塑著基督教世界（Christendom）的思想和實踐。現在，根據普世基督教協進會（World Council of Churches, WCC）於一九四八年的成立而確立的**正式**普世主義（formal ecumenism），雖然它的歷史確實頗短——即不足半個世紀——但是它的根源至少可以追溯到十九世紀末。任何關於教會合一的談論，都假設一些關於「教會是甚麼？」這類嘗試性的理解。如果我們不知道自己嘗試將甚麼種類的有機體放在一起，我們便不能將東西聯合起來。〔教會〕合一運動也有助開啟關於教會和相關問題一個富有成效的對話。以往具爭議性的進路已經為互相學習和欣賞給出空間。羅馬天主教（Roman Catholic Church）的第二次梵蒂岡會議（The Second Vatican Council，1962 ~ 1965 年），無疑是現代基督教教會最重要的會議：在關於追求統一性的努力上，它完全改變了世界最大教會的視域。而且，同時間，東正教（Eastern Orthodox churches）在俄國教會（Russian churches）的領導下，也加入了普世基督教協進會，而它們大大地擴闊了普世基督教協進會的會員基礎。在教會論和聖靈論這兩方面，東方傳統在神學上都是相當富成果的。

基督教世界另外兩個有一部分是相關的、但某程度上

也各自獨立的發展，也很大程度上挑戰著神學，特別是關於教會方面的思想：基督教在西方以外的地方快速增長，以至於現時大部分基督徒都來自三分之二世界（Two-Thirds World），[1] 以及西方和其他地方都興起非傳統形式的教會。後者的發展大致與現在稱為「自由教會」（Free churches）的有關。「**自由教會**」這個詞語包括兩個基本意思。它首先標示那些以會眾制（congregationalist）為體制的教會；其次是標示那些肯定教會和國家要堅持分開的教會。[2] 新的會眾制模式正在浮現，特別是在三分之二世界，但也在西方世界浮現；而很多專家都認為，自由教會那種會眾制模式將會是第三個千禧年主要的教會典範。雖然現時羅馬信理部部長（prefect of the Congregation for the Doctrine of the Faith）曾對會眾制教會論提出嚴厲批評，但他也承認這是基督教家庭（Christian *oikumene*）正朝向的方向。[3]

如果我們不準備完全低估自由教會和其他非傳統教會形 9
式的教會性（ecclesiality），那麼，便能提出問題：成為一個教會的條件。當然，傳統神學的進路往往將其對教會身分那頗為有限的定義，強加給那些較年青的教會。很自然的是，那些界定教會性的意思的教會，它們本身通常都會達到那定義的要求！但在〔教會〕合一的角度而言，這種做法並沒有助

1 統計數字每年在《國際宣教研究通訊》（*International Bulletin of Missionary Research*）的一月號中被修訂，這些詳細計算是來自巴雷特（David Barrett）和約翰遜（Todd Johnson）的。

2 Miroslav Volf, *After Our Likeness: The Church as the Image of the Trinity* (Grand Rapids, Mich.: Eerdmans, 1998), 9 n. 2.

3 Joseph Cardinal Ratzinger, *The Ratzinger Report: An Exclusive Interview on the State of the Church, Joseph Cardinal Ratzinger with Vittorio Messori* (San Francisco: Ignatius, 1985), 45～47.

長討論的開展。對較古老的教會來說，單藉著將非傳統教會歸類為那不足以成為教會的東西，從而將它們那巨大的潛力和力量拋棄，這做法是既危險又沒有用處的。較年青的教會在它們的生命中顯示出它們的活力，而現在應該是神學要追上這些發展了。這總是神學的主要任務：反思和理解在基督徒生活和教會中所發生的事情。

在傳統「基督教的」西方以外，基督教教會大幅增長，這也給神學提出另一個富挑戰性的問題，那就是怎樣從文化角度來解釋教會在不同處境的存在。在非洲泛靈論的（animistic）文化或在高度唯靈論的（spiritualistic）亞洲文化中，「成為一個教會」所需要的是甚樣？在主要來自西方的遺產中，有甚麼東西可以轉移到世界其餘的地方，而有甚麼則需要修改和糾正？再者，還有其他處境化的挑戰：如果教會要令女性和其他少數羣體感到自在，並找到他們自己的潛力，那些，教會應該是怎樣的呢？或者，教會要成為爭取自由和平等的人的教會，這對教會有甚麼意思呢？

我們不能否定在古典神學中教會論傳統的價值。事實是，大部分教會論思想和甚至教會論實驗，都是在現代宣教運動擴展前、於古典基督教世界以內進行的。而即使那樣，幾乎直到我們今天為止，神學仍然是屬西方的。雖然在今天，任何對神學有意義的教導和學習，都需要全面地聆聽那些在西方以外地區的聲音，但誤以為兩千年的神學傳統就可以輕易地置之不理，這只是天真的和有害的。

‧ 教會論作為神學一個獨立核心而出現 ‧

教會論——即關於教會的教義——要到了宗教改革運

動時期，才在系統神學中確立其本身的地位，而且即使到了那時，很多今天在系統地論述教會時會討論的重要課題，在當時幾乎沒有受人注意，這可能令很多學習神學的人感到驚訝。在初期教會或中世紀時期，教會論都不是獨立的討論核心。[4] 系統的概述包括如三一上帝、創造、在基督裏的復和及聖禮等課題；值得留意的是，聖禮被視為那麼重要的課題，以致它需要擁有本身的核心，甚至與教會沒有直接關聯。[5] 第一次獨立論述教會這課題的，可以追溯到十五世紀。

當然，教父說了很多關於教會的話。教會在它的信仰認信中，被稱為與聖靈有關聯的。信經[6] 在關於聖靈的子句後便提到教會。[7] 根據希坡律陀（Hippolytus）的《使徒傳統》（*Traditio apostolica*），第三條水禮問題是：「你相信教會中的聖靈嗎？」[8] 五世紀的教父作者里茲的福斯圖斯（Faustus of Riez）評論說，《尼西亞—君士坦丁信經》（*Nicene-Constantinopolitan Creed*）那最後的子句是與聖靈有關聯的：

4 教會論的出現和歷史的詳細簡述，可參 Worfhart Pannenberg, *Systematic Theology*（Grand Rapids, Mich.: Eerdmans, 1997）, 3:21 ～ 27。

5 有暗示作用的是，例如在女撒的貴格利（Gregory of Nyssa）的《教義問答演說》（*Catechetical Oration*, chap. 33）和大馬士革的約翰（John of Damascus）的《正統信仰闡詳》（*De fide orthodoxa*, 4.9）中，那討論直接由基督論進到水禮。進一步，參 Pannenberg, *Systematic Theology*, 3:21。

6 例如：《君士坦丁堡信經》（*Creed of Constantinople*）和（西方的）《使徒信經》（*Apostles' Creed*）。

7 Michael Garijo-Guembe, *Communion of the Saints: Foundation, Nature, and Structure of the Church*, trans. Patrick Madigan（Collegeville, Minn.: Liturgical Press, 1994）, 2；也參 Thomas Aquinas, *Summa Theologicae: A Concise Translation*, ed. Timothy McDermott（London: Eyre and Spottiswoode, 1989）, 2.1.1 ～ 2.1.9, question 5。

8 Hippolytus, *Traditio apostoliea*, cited in Garijo-Guembe, *Communion of Saints*, 1.

> 信經中任何在「聖靈」後面的話，都應該以沒有“in”這個介詞來理解〔編按：指「信」（believe in）這表達的介詞〕，以致我們關於聖潔教會、聖徒相通等的信念，被說成是我們向上帝的呼籲的一部分。這表示我們相信這些事情由上帝安排，它們的存在源自上帝。[9]

這個關於聖靈和教會之間那不可缺少的關係的教會信念，由愛任紐（Irenaeus）清楚表達出來：「教會在哪裏，上帝的靈也在那裏。上帝的靈在哪裏，教會和所有的恩典也在那裏；因為聖靈就是真理。」[10]

而且，將教會描述為獨一的（one）、聖潔的（holy）、大公的（catholic）和使徒的（apostolic），這成了四世紀耶路撒冷的區利羅（Cyril of Jerusalem）那教理演講（Catechetical Lectures）的一個主題。[11]

11 教會歷史學家哈納克（Adolf von Harnack）的判斷是十分著名的，而根據這個判斷，教父對教會的論述是發展得那麼不完全的，以致它甚至沒有與救贖的教義關聯起來。[12] 確實，這個觀察甚至適用於教父那些真正更多以教會為焦點的罕有著作中；例如居普良（Cyprian）那深受讚賞、關於教會統一性的著作——在性質上它是一份論辯性多於建構性的建議。甚至奧古斯丁（Augustine）也沒有就教會這課題給予任

9 *De Spiritu Sancto* 1,2; *Corpus Scriptorum Ecclesiasticorum Latinorum* 21:103ff；進一步，參 Garijo-Guembe, *Communion of the Saints*, 1。

10 Irenaeus, *Adversus Haereses* 3.24.1（ed. J.-P. Migne, *Patrologia Craeca* [Paris: J.-P. Migne, 1844～1902], 7:966）.

11 進一步，參 Adolf von Harnack, *History of Dogma*（London: Williams & Norgate, 1897）, 3:233～239。

12 Harnack, *History of Dogma*, 3:236.

何獨立的論述，儘管就我們對教會的理解，他已提供了重大的貢獻。[13]

甚至倫巴都（Peter Lombard）的偉大作品《格言》（*Sentences*）——這是其中一本最早的基督教教義大全（comprehensive *summas*）——也令人驚訝地沒有一個關於教會論的獨立核心，而它把關於教會所說的話都歸入基督論的主題之下。最早獨立開來的教會論是拉古薩的約翰（Johann of Ragusa）的《教會論》（*Tractatus de Ecclesia*, 1433/1435），以及同時期的托基馬達的約翰（John of Torquemada）的《教會論大全》（*Summa de Ecclesia*）。

關於宗教改革運動時期，當更全面的論述被撰寫了，這對於那需要分開討論教會的意識的慢慢浮現，是具有啟發性的。馬丁．路德（Martin Luther）宗教改革運動的同事墨蘭頓（Melanchthon），也是很多信義宗認信文本（Lutheran Confessional texts）的起草人，他所撰寫的《核心》（*Loci*）的初版仍未包括教會論。只在一五三五年一個較後期的版本中，墨蘭頓才加插一節「論教會」（*De Ecclesia*），它闡明了在《奧格斯堡認信》（Augsburg Confession）中關於教會的陳述。「有人正確地說，在這裏，首次，以新宗教改革的開始為基礎，墨蘭頓嘗試就整體教會而投射和建立一套神學。」[14] 有趣的是，這相同的原則也應用在加爾文（John Calvin）的《基督教要義》（*Institutes*）之上。初版（1536 年）的《基督教要義》並沒有教會論，但後來的修訂版（1539 年）卻加上關於教會觀念那擴充了的章節，而最後的版本（1559 年）甚至

13 進一步，參 J. N. D. Kelly, *Early Christian Doctrines*, 2nd ed.（New York: Harper & Row, 1960）, 412～417。

14 Pannenberg, *Systematic Theology*, 3:22.

有更詳盡的討論。

・ 救恩：個人還是集體？ ・

現代神學之父士來馬赫（Friedrich Schleiermacher）有一句十分著名的話：那將新教從羅馬天主教區分出來的就是，新教令個人與教會的關係取決於個人與基督的關係；而羅馬
12 天主教則令個人與基督的關係取決於個人與教會的關係（命題§24）。[15] 這句話不但弔詭，而且也言過其實，在歷史上亦不準確。在傳統上，新教和天主教神學都在討論教會這個題目之前，先討論拯救的媒介，包括聖禮，這含義是：拯救是由個人接受的，然後這信仰則由教會羣體來培育。即使是天主教的教義手冊（dogmatic manuals），時至我們這個時代，它仍然依從這同一條路線。[16] 除了少數外，這甚至是很多當代系統神學的規則。

潘寧博（Wolfhart Pannenberg）的《系統神學》（*Systematic Theology*）首先討論關於教會那基礎性的神學問題，然後它才進入討論信仰和拯救的課題。[17] 藉著這樣做，此書挑戰系統神學那已經確立的標準。潘寧博主張，如果我們不理會那些門徒，「個人與耶穌的團契總是由教會作為中介的，就是藉著教會的宣講和聖禮的施行。」[18] 近期龐大的天主教教義手冊《救恩奧祕》（*Mysterium Salutis*）[19] ——這本手冊對神學

15 F. E. D. Schleiermacher, *Christian Faith*（New York: Harper & Row, 1963）.

16 例如，參 L. Ott, *Fundamentals of Catholic Dogma*（St. Louis: Herder, 1957）。

17 關於信仰必須由教會傳遞，也參 Volf, *After Our Likeness*。

18 Pannenberg, *Systematic Theology*, 3:24.

19 J. Feiner and M. Löhrer, eds., *Mysterium Salutis: Grundriss heilsgeschichtlicher Dogmatik*, vols. 4/1 ~ 2（1972）and 5（1976）.

採取一個拯救—歷史性的（salvation-historical）進路——也依從這相同的次序。

另一件要承認的事實是，即使信仰是透過教會來傳遞的，但它仍然向個人說話，並要求個人的挪用（personal appropriation）。這是耶穌典型的宣講，耶穌通常是直接向個人說話，而不像當時其他猶太人運動那樣，祂沒有嘗試實現一個聚集的終末式羣體，也沒有嘗試實現上帝真百姓那任何其他形式或歷史性的彰顯。[20]

・ 教會論的進路 ・

為了調較讀者的方向，描繪出教會論的領域，並提供航行的方向，這些做法可能是有幫助的，特別因為——正如已經提過的——教會論這個領域在當代神學中發展得很快速。接下來會勾勒出在這本書中出現過的不同教會論進路。在本書每一個主要部分的導論，我會更詳細地解釋為甚麼我挑選這些獨特的運動和人物來討論。 13

首先，幾個大致已確立的傳統進路是與特定的宗派有關的，例如東正教、羅馬天主教、信義宗和改革宗（Reformed）。每一個傳統都以其整體神學的計劃為基礎，從一個獨特的視角來看待教會。除了這些傳統進路以外，還要加上一些在當代世界中變得重要的進路，例如自由教會教會論：這種教會論在很大程度上可以回溯至浸信者／會的觀點（Baptistic view），甚至可以回溯至宗教改革運動時期的重洗／浸派（Anabaptism；或譯「信洗派」）。一些較新的和在統

---

20 進一步，參 Pannenberg, *Systematic Theology*, 3:27。

計數字上極為重要的教會論，就是五旬宗（Pentecostalism；或譯「五旬節宗派」）和後來的靈恩運動（Charismatic movements）的教會論。事實上，從數字來說，除了羅馬天主教外，五旬宗的人數幾乎等如所有其他基督徒的人數總和。不過，即使最近期的神學教科書，通常要不是完全忽略最後這兩個傳統，就是只順帶提一提它們。由於這本教科書希望敏感於〔教會〕合一的關注，所以在本書的第一個主要部分結束時，會詳細討論在〔教會〕合一運動的神學中，教會的角色和關於教會的觀點。

第二，教會的教義在當代一些最值得注意的神學家的系統神學中浮現，例如東正教的薛斯奧拿（John Zizioulas）；天主教的龔漢思（Hans Küng）；信義宗的潘寧博；改革宗的莫特曼（Jürgen Moltmann）；教會〔合一〕運動的沃爾夫（Miroslav Volf），他同時亦源於五旬宗和改革宗傳統；浸信會的麥克倫登（James McClendon, Jr.）；以及聖公會（Anglican）的紐比真（Lesslie Newbigin）。他們都將自己獨特的聲音帶到對教會論的理解之中。一方面，他們代表所有主要的神學傳統（除了五旬宗外，只因五旬宗仍然未有全面的教會論）。另一方面，他們都敏感〔教會〕合一的關注，並會超越自己特定的宗派界限。例如：雖然潘寧博肯定關注到信義宗最好的遺產，但他絕對不能被視為只是信義宗的神學家。

第三，我們會在本書最後一部分討論處境教會論（contextual ecclesiologies）。我們挑選來作更仔細研究的教會論包括女性主義教會論（feminist ecclesiologies）、解放教會論（liberationist ecclesiology）、拉丁美洲的天主教基層羣體（base communities）、由日本開始並擴展到亞洲的非教會運動（non-church movement），以及非洲獨立教會（African

Independent Churches）的教會論。我們也會留意靈恩牧養運
動（Charismatic Shepherding movement）、「世界教會」（world
church）那新穎的觀念和關於「教會作為另一個城市」（church
as another city）的願景（vision；或譯「視象」、「異象」）。
我們也可以加上很多其他處境或跨文化教會論（intercultural
ecclesiologies），但由於篇幅所限，我們不能一一論述，而 14
且也沒有神學家有能力這樣做。

這本書在討論教會論時有一個特定的焦點。把教會論與基督論平行討論，這可能是有幫助的。從傳統來說，基督論分成兩個部分，就是基督的位格和基督的工作；前者處理的是根本的問題，換句話說，即是處理「基督是誰」這問題；而後者則著眼於那些衍生的課題，例如拯救和信心。雖然教會論沒有那麼容易分成一些可辨別的部分，但在討論教會時卻可能應用同樣的分類方法。「教會論本身」（ecclesiology proper）是這本書的主要關注，它集中在教會的教會性這個問題，即是關注甚麼東西令教會成為教會，或成為教會所需要的條件。然後，教會論的第二部分便處理一些問題，好像教會的職事、架構和聖禮等問題。在這本書裏，這些問題只會次要地被論述，這不是因為它們並不重要，而只是因為為了有意義地審視這個廣闊的領域，我們必須要有一些限制。

這本書嘗試進行那所謂「比較教會論」（comparative ecclesiology），這門學問在〔教會〕合一的圈子中變得流行。根據其中一位重要的天主教教會論學者、耶穌會的杜勒斯（Avery Dulles, S.J.）那本得到廣泛使用的教科書《教會的模式》（*Models of the Church*），「**比較教會論**」這個詞語「代表有系統地反思不同宗派的教會論那些相同和不同之

處。」[21] 對這種事業，杜勒斯較喜歡使用的詞語是**模式**（model）。藉此他希望顯示他的信念：教會——好像其他神學性實在（theological reality）一樣——是一個奧祕（mystery）。「奧祕是我們不能直接談論的實在。如果我們想談論它們，我們就必須使用那些我們從經驗世界能所獲取的類比（analogy）。」[22] 比較教會論通常從兩種來源提取資源：大致是正式的宗派認信著作，以及那些具代表性的神學家的文本。原則上，我們的進路也沒有分別。不過，這本書超越傳統的比較教會論，因為本書的最後一部分也會集中討論那些可合宜地稱為「處境」（有時也是「全球化的」〔global〕）教會論的教會論。

21 Avery Dulles, *Models of the Church* (Garden City, N.Y.: Doubleday, 1974), 7.
22 Dulles, *Models of the Church*, 7.

第一部

教會論傳統

Ecclesiological Traditions

開始審視教會論，一個很自然的方法是介紹那些在教會歷史中出現過的主要神學性的教會論和認信性的教會論傳統。這就是本書首部分的任務。關於好像東正教、羅馬天主教、信義宗和改革宗等主要的認信性傳統，在我們面前的任務是頗為直截了當的。這些傳統都已確立了關於教會的教義和看法，雖然我們也要注意，特別是在上一個世紀，每一個這些傳統，在觀念的數目上，都出現了激增的情況。羅馬天主教的神學就是一個恰當的例子：關於教會的看法，雖然現有一個正式的、具規範的天主教教義，但大量(大致)合法的變種也出現了。此外，兩個主要的新教傳統都也往往只能不太準確地被它們的神學來界定，因為它們沒有正式的教誨權威，即教會的教導職事（teaching office），儘管它們都有認信宣言（confessional statements）。這些傳統很自然便給個別神學家的觀點留有更下空間。

關於更近期的教會論傳統——即那些源自新教宗教改革運動、但又超越了它並顯示出與先輩頗多分歧的傳統——介紹教會論觀點的任務則更為複雜。那複雜性源於兩個相關的問題。首先，應該選擇哪些傳統來介紹？我們應該嘗試討論所有被稱為「自由教會」的類別？還是應該將它們歸納起來，並嘗試找出共同的特點？第二，在決定了介紹哪些近期的觀
16 點後，我們應該只找尋一種關於教會的**神學**，還是也可以合法地藉著看那運動怎樣活出它的教會性，而嘗試找出不同的教會論觀點？那事實是，很多比較新的基督教傳統，仍未產生出很多關於教會的**神學**，即使在它們的日常生活裏，它們的確已活出了它們的「教會性」（churchliness）。

這本書的進路，是將較近期的傳統分為兩個類別：自由教會和五旬宗/靈恩教會。「自由教會」這個詞語，在這裏代表徹底宗教改革運動（Radical Reformation）的遺產，例如重洗/浸派、貴格會（Quakers）和浸信會（Baptists）。雖然這些自由教會各有獨特之處，但它們也有足夠的共同基礎，可以將它們一併論述。關於更仔細的討論，讀者可參考我在書中所使用的特定參考資料。關於五旬宗/靈恩傳統，其實我們也可以將它們置於自由教會的類別之中。在這份研究中我不這樣做有雙重原因。首先，現時五旬宗/靈恩家族的教會代表著新教最大的界別，所以單單根據人數而言，將它們歸入其他自由教會的傳統已經是不公平的；第二，雖然這最新的基督教傳統，仍未產生出很多關於教會的神學，但更仔細研究它的教會生活和相關教義，這強烈顯示出一種

獨特的教會論正在浮現——那是建基於這運動的靈恩式靈性（Charismatic spirituality）的。

第一部的最後一章，驟眼看來似乎有點奇怪：〔教會〕合一運動教會論。這章節嘗試實現的是，估量關於教會那正在浮現的〔教會〕合一思想，主要因為它已在普世基督教會協進會的界別和相關的〔教會〕合一的場合——如信仰和教制運動（Faith and Order movement）——中發生。相比在任何個別的基督教傳統中，這裏存在著更多變化；但在其中也有其趨勢和取向：就是似乎朝向一個正在增長的共識，雖然這些趨勢和取向都是在「多元中的統一性」（unity-in-diversity）這個經常被人使用的標籤之下發展的。那一章本身的名稱——即「〔教會〕合一運動教會論」——可能不是最合適的，因為〔教會〕合一運動本身是由不同組織組成的異質體（heterogeneous body），它並不是一個與如羅馬天主教相似的神學傳統；不過在缺乏更好的名稱之下，也只得使用這個名稱了。

1

教會作為三一的圖像
東正教教會論
The Church as an Icon of the Trinity
Eastern Orthodox Ecclesiology

・「對聖靈敏感」的東方神學的教父根源・

東正教神學大量吸取早期資源，即東方的教父（church fathers）。因此，任何對東方思想的獨特性的探究，都應該考慮到最初幾個世紀的經驗和神學發展。關於現代對那些古代教父思想的挪用，一個很好的介紹，是齊爾潘利斯（C. N. Tsirpanlis）的《東方教父思想和東正教神學導論》（*Introduction to Eastern Patristic Thought and Orthodox Theology*）。[1]

一般來説，我們可以説，東方神學比其西方同道「對聖靈更敏感」（more "Spirit-sensitive"）。[2] 東正教神學深受聖靈

1 C. N. Tsirpanlis, *Introduction to Eastern Patristic Thought and Orthodox Theology* (Collegeville, Minn.: Liturgical Press, 1991).

2 這句話來自殷百禮（Robert Imbelli）對孔加爾（Yves Congar）的著作《我相信聖靈》（*I Believe in the Holy Spirit* [New York: Herder, 1997]）三冊合訂版的推薦。

論影響；西方神學主要建基於基督論式的觀念而不是聖靈論式的觀念。不過，這個聖靈論式的取向，並不表示東正教神學思想忽略了基督[3]或三一[4]。那守衛著東方思想、令它不致一面倒地集中在聖靈的，是其三一教義是以父的首要性（primacy）為焦點。齊爾潘利斯的話，說明了東方的觀念模式：

> 那些人把一種東正教的「聖靈中心主義」（Pneumatocentrism），言說為相對於羅馬天主教那所謂的「基督中心主義」（Christocentrism）；那些人可能在表達他們自己的神學，但他們所說的是東正教的教父和聖徒都感到陌
> 18 生的語言。聖三一中的三位位格，分享各自的活動。父和子在聖靈的每一個行動中也被包括在內的。[5]

在東方觀點中，這是真正的三一見解：「父在聖靈裏藉著道作一切事。」[6]

教會東方一翼的密契神學（mystical theology），往往比拉丁神學（Latin theology）更以經驗為基礎和更具體。甚至在他們的聖靈論裏，也以此為焦點：「正如抓著鐵鍊一端的人，將另一端朝自己拉一樣，接受聖靈的人也連同子和父一起接受。」[7]

教會的教義永遠不能脫離其他神學核心，教會論是任何

---

3 例如參 Nikos A. Nissiotis, "Pneumatological Christology as a Presupposition of Ecclesiology," in *Oecumenica: An Annual Symposium of Ecumenical Research*（Minneapolis: Augsburg, 1967）, 235～252。

4 例如參 Vladimir Lossky, *In the Image and Likeness of God*, ed. John H. Erickson and Thomas E. Bird（New York: St. Vladimir's Seminary Press, 1985）, chap. 4。

5 Tsirpanlis, *Introduction to Eastern Patristic Thought*, 85.

6 Athanasius *A Serap*. 1.31.

7 Basil *Letter* 38, 4.

既定的神學傳統的一種知識大全（*summa*）。關於教會的東方觀點，使其別具特色的是，它的拯救論不是集中在罪疚的觀念和罪之上——正如西方那樣——而是集中在於成聖（sanctification）中漸漸成長，最終達到神化（deification；或譯「聖化」），變得好像上帝一樣。這種取向以徹底的方式來模塑了教會的教義。根據東方神學，拉丁傳統已由法律的、司法的和法庭的範疇所主導。相反，東方神學則根據為得著永恆生命而追求脱離朽壞和腐敗的這角度，來理解對拯救的需要。與上帝聯合是基督徒生命的目標，甚至成為「在上帝裏面」（in-godded）。背後的人論[8]不一定是更正面的，但它卻不是主要以罪疚的觀念來運作，而可以説是仰望上帝形象會在必朽壞的人身上實現。[9]在拯救中，神—人協作（divine-human coorperation）的觀念不單得到接受，更受到熱烈提倡，雖然它沒有被理解為是取消了恩典的角色。禱告、苦修（asceticism）、默想、謙卑地服事和類似的操練，是實現這個高尚目標的建議。不過，功德（merit）這個觀念卻是東方傳統所感到陌生的。拯救的即時目標，是我們從罪中得拯救，但拯救會在我們將來與上帝聯合時終極實現，那就是被基督所買贖的受造物得到神化。一般來説，他們對恩典和自由意志的態度，沒有其西方同道那樣保守。在東方，自由意志這個問題，從沒有西方自奧古斯丁（Augustine）時代開始便有的那種迫切性。東方傳統從沒有將恩典和人的自由區分開來。因此，伯拉糾主義（Pelagianism；即指恩典是對人類自由意志的功德的獎賞）這個指控並不公平。那不是功德的

8　參 John Meyendorff, *Byzantine Theology: Historical Trends and Doctrinal Themes*（New York: Fordham University Press, 1974）, chap. 11。

9　例如參 Meyendorff, *Byzantine Theology*, 161～163。

問題，而是協作的問題，即上帝和人兩個意志的協同作用。恩典是上帝在我們中間的臨在，這要求我們不斷地努力的。[10]

・ 教會：被活出的經驗 ・

根據卡利斯托斯主教（Bishop Kallistos），東正教神學仍未履行它創造全面的教會神學的承諾，雖然很多觀察者都會說，教會的教義是這個傳統一個獨特的長處。這種缺乏對教會作有系統的論述的情況，得到東方一些偉大的神學家所承認，例如葉夫多基莫夫（P. Evdokimov），他認為教會只需單單被設若如是即可，是得到肯定，因為它是一被活出之經驗；還有法羅斯基（V. Florovsky），他認為教會論仍是在基督論裏的一章。[11]

雖然仍然未有嚴格的定義，而我們甚至可以問，在以否定主義（apophaticism）[12] 原則為特點的神學裏，這些定義會否出現；但我們可以提出幾個東方教會論的特點：首先，教會被視為三一的形象。[13] 正如每個人都根據三一的形象被

10 例如參 Vladimir Lossky, *Mystical Theology of the Eastern Church*（Crestwood, N.Y.: St. Vladimir's Seminary Press, 1976）, 196 ～ 197。關於近期的討論，參 Grigorios Larentzakis, "Die Teilnahme am trinitarischen Leben: Die Bedeutung der Pneumatologie für die Ökumene heute," in *Der Heilige Geist: Ökumenische und reformatorische Untersuchungen*（Veröffentlichungen der Luther-Akademie Ratzeburg; Erlangen: Martin Luther Verlag, 1995）, 225 ～ 244。

11 Bishop Kallistos, "Incarnation and the Church," unpublished lecture, International Charismatic Consultation on World Evangelization（ICCOWE）, Prague, Czech Republic, August 23 ～ 27, 2000.

12 「**否定**」（apophatic）這個詞表示，從事神學的方式不一定具有肯定地界定客體這個明確的目的，而是藉著否定（negation）來取得初步的理解。相反的詞是「**肯定**」（kataphatic），這是大部分西方神學的普遍取向。

13 進一步參 Lossky, *Mystical Theology*, 176 ～ 177。

造，所以教會整體而言也是三一的圖像（icon），「在地上再現多元中的統一性這奧祕」。[14] 不單教會是三一的形象，在東方思想中，甚至其他社會制度（social institutions）也可能是三一的形象：家庭、學校、工場、教區、普世教會（universal church）。[15]

作為三一的形象，教會同時代表著各自的身分（identity）和相互性（mutuality）的原則：

> 在三一中，三位位格是一位上帝，但每一位都有 20
> 完全的位格性（personal）；在教會中，很多位格人（human person）聯合為一，但每一個都保全自己的位格性多元化，以免被損壞。教會成員的共在的關係（coinherence），可與三一的位格的相互內住比擬。[16]

這個「多元中的統一性」的原則表示，正如三一的每位位格都是自主的，所以教會也由一些獨立但相關的自主教會（autocephalous churches）所組成的。另一方面，正如在三一中各位格是平等的，所以在教會中沒有一個主教可以宣稱對其他人擁有絕對的權力。

這裏也有一個生動的羣體意識：「我們知道，我們任何人跌倒時，那人是獨自跌倒的；但沒有人是獨自得救的。他要在教會裏，作為教會的成員，並與所有其他成員聯合而得救。」[17] 基督徒的旅程往往稱為「屬靈的道路」（spiritual

14 Kallistos Ware, *The Orthodox Church*, rev. ed.（London: Penguin, 1993）, 240.

15 Kallistos Ware, *The Orthodox Way*（New York: St Vladimir's Seminary Press, 1999）, 39.

16 Ware, *Orthodox Church*, 240.

17 Ware, *Orthodox Church*, 239；此書把這句話歸因於霍米阿科夫（G. Khomiakov）。

way），而這道路假設，一些個別的人走在一起，並加入羣體。旅程是在與其他人的團契中進行的，而非在孤立中進行。東正教傳統十分意識到所有真基督徒那教會性的品質。[18]

在一般東正教神學中，並特別在教會論中，核心是人類與整體創造——即宇宙——的關係。教會是以宇宙性的用語來描述的。根據這個理解，教會是宇宙的中心，而在這個宇宙領域中，宇宙的命運已被決定了。從終末來說，在一個特定的時刻，當教會達到了由上帝的旨意所決定的圓滿時，外在世界——用完它那維生的資源——便會消滅。教會也是必須的，因為我們達到與上帝聯合（神化〔*theosis*〕、神聖化〔divinization〕、神化〔deification〕）所需要的所有條件，都是在教會裏得到的。人類在教會裏得以恢復那原來與上帝一起創造的角色。[19]

·聖餐教會論·

東正教教會論的中心便是聖餐（Eucharist）。聖餐既代表
著聖禮主義（sacramentalism）的一般原則，而西方天主教傳
統也有這原則；聖餐也代表著首要性的聖禮。聖禮主義在這
裏表示，上帝的恩典同時由教會的聖禮、並透過這聖禮而被
21 傳遞和經驗到。它沒有如新教對聖禮主義的諷刺作品所描述
那樣，是在貶低信心的意義，而是使信心成為焦點。聖禮是
透過信心而被接受的，雖然聖禮也生出信心來。

18 進一步參 Ware, *Orthodox Way*, 107～108。

19 Lossky, *Mystical Theology*, 178.

在教會裏，並透過聖禮，人類本性(human nature)與神聖本性(divine nature)聯合。人類本性變成與神化的人性(deified humanity)同質，並變成在聖靈的能力中與基督的位格聯合。這聯合在聖禮生命中得以實現。[20]

有人可能問：「教會是為了甚麼的？」聖經的答案可以在如哥林多前書十章16至17節的經文中找到，而這段經文提到在聖餐中分享餅和酒，並暗示教會要為在基督裏的救恩作見證——不單「講述」、也以「行動」來記念基督。這是聖餐的功能。因此，那可以追溯到教父的基本教會論式規則便指出：聖餐在哪裏，教會便在那裏。或者，教會引發出聖餐，而聖餐亦引發出教會。東方神學家表明一個事實：在保羅裏，關於聖餐的討論，不單是類比式的(analogical)，也是因果關係式的(causal；「因此」表示因果關係)。[21]

這帶來幾個含義：*ekklēsia*，即教會，不是任何形式的聚會(assembly)，而是為聖餐而聚集的上帝百姓。主教是監督的那位，而非單單執行那歡慶的那位。這種聖餐聚集只能夠是一個地方性聚集，因此在每個歡慶中，整個基督都臨在。那個重要的教會論結果大致上是：每個地方性的教會都是真教會(true church)。

因此，眾地方性的教會一方面彼此獨立，但另一方面又以它們的身分來聯合。一些近期的東正教教會論者，如薛斯奧拿，已對一個事實表示關注：較古老的聖餐教會論可能很容易變得過分強調地方性的教會，從而損害了那同樣重要的聯合領導(collegiality)和團契原則。卡利斯托斯主教提醒我

20 Lossky, *Mystical Theology*, 181～182.

21 Kallistos Ware, "Incarnation and Church," paper presented at ICCOWE, Prague, August 23～27, 2000.

們，我們不應該將聖餐從統一性中孤立出來。[22]

聖餐也處於東正教禮儀和崇拜的中心。在某意義上，教
會生活是「追隨禮儀的禮儀」（liturgy after liturgy；編按：這
表示教會生活是禮儀，但以聖餐為中心、禮儀為表率），甚
22 至在它的使命中也是如此。當教會走完它的路，而教會的成
員亦完成了地上的寄居人生，也就是被神化時，地上的禮儀
便是天上崇拜的預嘗和圖像。[23]

‧ 大公性 ‧

東正教教會論的其中一個口號是源自俄羅斯的 *soborny*，這口號有「大公的」（catholic）和「會議的」（conciliar）這雙重意義。它的神學性使用，可以追溯到霍米阿科夫（Alexis Khomiakov），[24] 但現在很多人都廣泛使用它。這個用語有幾個方面含義。[25] 它提及教會有機的統一性（organic unity），而這不是藉著否定個體，倒是藉著運用個體。每個成員都對教會的共同活動有貢獻，而每個成員都在其他人的幫助下作自己的工。因此，個體性（individuality）得以保存而不是被消滅。雖然東正教教會論有等級性，即意指主教代表上帝，並由上帝委派引導教會，[26] 但所有成員也是平等的；所有成員在尊榮上都是平等的。

---

22 Ware, "Incarnation and Church."

23 進一步參 Ware, *Orthodox Church*, chaps. 13 and 14。

24 例如參 Alexis Khomiakov, "The Church Is One," in *Russia and the English Church*, ed. W. J. Birkbeck（London: SPCK, 1895）。

25 我要感謝 Miroslav Volf, "ST503 Systematic Theology III: Ecclesiology and Eschatology," unpublished class notes（Pasadena, Calif.: Fuller Theological Seminary, summer 1988）。

26 關於闡釋等級制度在東正教教會論中的意思，參例如 Ware, *Orthodox Church*, 248～249。

大公性（*sobornost*）的原則也意指，教會的建制是統一性的表達。聖靈創造教會的架構，而它們永遠不能獨立於聖靈之外。因此，所有信徒都是互相關連的，而為了保證統一性，所有信徒都是必要的。

東正教教會論強烈相信，教會是一的（one）。「它的統一性源自上帝的統一性。」[27] 根據卡利斯托斯主教，如果我們認真看待上帝和祂的教會之間的聯繫，我們便必定要將教會思想為一的，正如上帝是一的。由於東正教神學避免將「不可見的」（invisible）和「可見的」（visible）教會分開，所以一性（oneness）不是被歸於一些不可見的東西。上帝在地上的教會是一的。這是一個大膽的宣稱，但從東正教的觀點而言，它仍然是合法的，而這個觀點就是相信，它本身正是那一可見的教會。[28]

‧ 聖靈論式教會論 ‧

東方傳統的一般聖靈論式取向也在教會的教義裏繼續 23
存在。例如：東方教父給聖靈很多名字，而這些名字可以歸因於恩典，[29] 正如我們在像拿先斯的貴格利（Gregory of Nazianzen）和巴西流（Basil）所見到的那樣。他們自由地談及聖靈實現神化、完全（perfection）、收養（adoption）和成聖。[30] 因此，在聖靈激發神化的過程、並在過程中加力時，

27 Khomiakov, "The Church Is One," section 1.

28 Ware, *Orthodox Church*, 246.

29 有關細心地分析恩典和聖靈在拉丁神學中的關係，參 Wolfhart Pannenberg, *Systematic Theology*（Grand Rapids, Mich.: Eerdmans, 1997）, 3:197～200。

30 關於代表性文本的樣版，參 Lossky, *Mystical Theology*, 163～166。

聖靈在教會的角色便成為焦點。

教會論在傳統上建基於其中一項古典規則：即安提阿的伊格那丟（Ignatius of Antioch）的規則或愛任紐的規則。伊格那丟提出，教會的教會性可以藉著指涉基督的臨在而得到保證：「耶穌基督在哪裏，普世教會便在那裏。」[31] 根據愛任紐，那具決定性的是上帝的靈的臨在：「上帝的靈在哪裏，那裏便有教會並所有恩典。」[32] 可以理解的是，不久後，特別是在東方，關於聖靈在建立教會中的角色這個問題，便出現了。答案是明顯的：基督論和聖靈論之間的關係，必須被視為同時的、而不是排他的。值得留意的是，這個發現不是由於複雜的神學分析而得出的——事實上，正如眾所周知的，教父沒有把教會論視作一獨立的神學核心（主題）[33]——反而這發現是從他們在教會裏所活出的經驗中得到的。愛任紐、亞他那修（Athanasius）和其他人，都是教會的牧者和主教。他們都明白到，上帝在世界裏運用「自己雙手」（both of his hands）來工作，正如愛任紐所說的。[34]

因此，根據東正教的理解，教會建基於兩重的神聖經世行動(divine economy)：基督的工作和聖靈的工作。[35] 東方神學家把教會言說為基督的身體和聖靈的圓滿。[36] 重要的是，巴西流主張：「基督來，聖靈走在前頭。祂臨在於肉身之

31 Ignatius, *Letter to the Smyrneans* 8:2.

32 Irenaeus, *Adversus Haereses* 3.24.1.

33 關於詳情，參 Pannenberg, *Systematic Theology*, 3:21～26。

34 Irenaeus, *Adversus Haereses* 4.4；關於詳細討論，參 Hans Urs von Balthasar, *Theologik*, vol. 3, *Der Geist der Wahrheit*（Basel: Johannes Verlag, 1987）, 151。

35 Vladimir Lossky, "Concerning the Third Mark of the Church: Catholicity," in *The Image and Likeness of God*, ed. John H. Erickson（Crestwood, N.Y.: St. Vladimir's Seminary Press, 1985）, 177～178.

36 Lossky, *Mystical Theology*, 157, 174.

中，而聖靈與祂是不能分離的。」[37] 這是一句值得留意的神學
陳述，因為它將基督在教會裏的工作扎根於聖靈的經世行動 24
之中。但是，不單這樣，正如已經提過的，這也有一個三一式的觀點。東方教會教導說，聖靈把父和子所共有的神性，在教會裏傳達給人，並令他們成為那分享神聖本性者。[38] 因此，神化便表示有分於三一上帝的生命。

子和聖靈的相互關係，在以下論點中被顯明：正如子來到地上，並透過聖靈完成祂的工作；聖靈也被子差派而來到世界（約十五 26）。聖靈的工作不是從屬於子的工作，五旬節也不是道成肉身的延續，而是它的後果，它的結果。[39]

由於子和聖靈的相互工作，教會的大公性（catholicity）[40] 意味著兩件事情：教會的統一性（作為基督的身體的結果）和教會的多元性（作為聖靈的圓滿的結果）。[41] 聖靈倚靠基督——即那「受膏者」（Anointed One）——向這身體的每一個成員傳遞祂自己，並創造那所謂很多〔小〕基督（christs），即那些〔小〕受膏者（anointed ones）。[42]

這基督論式的面向，創造出教會那客觀（objective）和

---

37 *De Spiritu Sancto*, 19, 49.

38 Lossky, *Mystical Theology*, 162.

39 Lossky, *Mystical Theology*, 158～159.

40 關於東方傳統對大公性的理解，參 Lossky, "Concerning the Third Mark of the Church," 169～180。

41 Lossky, "Concerning the Third Mark of the Church," 178 ～ 179; Meyendorff, *Byzantine Theology*, 174～175; Lossky, *Mystical Theology*, 176：「這是教會那不能測度的奧祕，即基督的工作和聖靈的工作；在基督裏為一，透過聖靈為多重，在基督的位格（hypostasis）中有**單一的人類本性**（a single human nature），在聖靈的恩典中有**很多人類位格**（many human hypostasis）。」（Lossky, *Mystical Theology*, 183；強調為原文所有。）根據東方神學，教會這兩重本性那經典的聖經核心是以弗所書一章 23 節：「教會是他的身體，是那充滿萬有者所充滿的。」

42 Lossky, *Mystical Theology*, 174; 也參頁 166。

不可改變的特點，而由於聖靈論式的面向，教會亦有主觀（subjective）的一面。換句話說，基督論式的面向保證著穩定性，而聖靈論式的面向則給教會動態的特點。[43]

在理想上，東方聖靈論式教會論便在階級（hierarchy）和恩賜（charisms）之間保持平衡：

> 但教會不單是有階級的，它也是靈恩式的（Charismatic；
> 或譯「屬靈恩賜的」）和五旬節式的（Pentecostal）。
> 「不要消滅聖靈的感動；不要藐視先知的講論。」（帖前
> 五 19～20）聖靈傾倒在所有上帝百姓的身上……在使
> 徒教會，除了藉著按手所賜下的建制職事（institutional
> 25 ministry）外，還有其他直接由聖靈賜下的恩賜
> （*charismata*）或禮物（gift；或譯「恩賜」）：保羅提到
> 「醫治的恩賜」、施行神蹟、「說方言等」（林前十二 28～
> 30）。在末後的教會，這些靈恩式的職事已沒有那麼明
> 顯，但它們從沒有全然消失。[44]

43 Lossky, *Mystical Theology*, 190～192.

44 Ware, *Orthodox Church*, 249～250；也參頁 240，243。

2

教會作為上帝的百姓
羅馬天主教教會論

The Church as the People of God
Roman Catholic Ecclesiology

‧ 教會作為「延續的道成肉身」‧

羅馬天主教現時是世界上最大的基督教羣體，並宣稱其人數大約佔了所有基督徒的一半。天主教神學——與東正教神學一起——代表了傳統在兩千年來的成長。因此，關於一般天主教神學，並特別關於天主教教會論，任何所能作出的一般性描述，都只能夠是概括性的。而且，我們需要考慮到，由於第二次梵蒂岡會議（Second Vatican Council；下文簡稱「梵二」）所帶來的巨大改變；這個會議是其中一個最具決定性的會議。天主教神學建基於傳統，但並非表示它重複那些已經說過的話，而是表示在聖靈引導下，它重新挪用、並往往批判地重塑那些古老的教義（dogmas）。所有這些因素，以及那個事實——這教會實際上伸展到地球每一個角落、而教會生命則擁有無數處境化的變化——應該令我們在嘗試辨別天主教教會論的主要發展時，格外謹慎。

現時天主教教會論的直接根源，可以追溯到十九世紀第一次梵蒂岡會議（Vatican I；下文簡稱「梵一」）的定義，以及一個在強調基督或聖靈作為教會教義的出發點之間的搖擺。昔日其中一位天主教神學家里加爾（Jean Rigal），把教會界定為壓迫性的、教條主義的（dogmatic）、金字塔式的（pyramidal）、沒有生氣和遠離現代的現實的。在過去，天主教往往不歡迎批評者：盧斯米尼（Antonio Rosmini）在一八三二年撰寫了（並在一八四六年出版）其《教會的五個傷口》（*The Five Wounds of the Church*）；這本著作在一八四九年被納入〈教廷禁書索引〉（“Index of Forbidden Books”）之中。梵一（1871 年）支持一種把教會主要視為階級性的觀點。這會議變得著名，特別是因為它界定了教宗無誤性（papal infallibility）。當教宗以宗座權威（*ex cathedra*；字面意思是「來自座位的」〔from the chair〕）來教導時，換句話說，即是當為了整個教會而提供確定的教義或道德公告時，教宗在關於道德和宗教方面，是沒有謬誤
27 的。教宗的權力是普遍的、正常的（*ordinaria*；即是「普通」〔ordinary〕，是為職事而存在的）和即時的，是可以毋須任何其他媒介而予以行使的。

墨拉（J. Adams Möhler）倡立了那把教會視為基督道成肉身的延續這個具影響力的觀點，亦因而為人所認識。不過，墨拉最初寫了《教會的統一性或大公主義的原理》（*Unity in the Church or the Principle of Catholicism*, 1825）這本教會論，而他清楚選擇了一種以聖靈為中心的教會論（Spirit-centered ecclesiology）。

在那本著作中，他提出，聖靈作為教會教義那具指導性原則的重要性。不過，不久他便和當時其他天主教教

會論者一樣，開始視教會為延續的道成肉身（continued incarnation）。根據欣策（B. E. Hinze）：「二十世紀，在天主教教會論中，聖靈論的更新部分，可以被建構為一種嘗試，就是嘗試重新肯定墨拉初期那以聖靈為中心的進路，並嘗試在更全面發展的三一框架中，將它與墨拉較後期的道成肉身教會論，重新整合起來。」

稍遲一點，舍本（M. J. Scheeben，死於 1888 年）想在教會方面發展墨拉那被忽略了的聖靈論導向，並談論教會作為一種「聖靈的道成肉身」。雖然這種努力的意圖應該受到歡迎，但這個進路在描述聖靈方面是會產生問題的：新約聖經對此完全感到陌生，而且這進路的內容也不清晰。新約聖經從沒有稱教會為「聖靈的身體」（body of Spirit），而只是稱教會為基督的身體。

較早期天主教教會論的特點，是利奧十三世（Leo XIII）的教宗通諭《屬上帝恩賜》（*Divinum illud munus*, 1897）。根據這份通諭，基督是教會的頭，而聖靈是教會的靈魂。這個進路的問題是，它令教會和其架構絕對化，並使其起源變得神聖，而聖靈的惟一任務是：使已經存在的教會組織「有生命」（animate）。在一九四三年，另一份通諭《奧體》（*Mystici Corporis*），其信息在教會論上也好不了多少。它主要重新肯定了前人的基本教導，但仍然包含二十世紀天主教關於聖靈其中一個最重要的神學。孔加爾（Yves Congar）批評它仍然從建制的角度來看教會。[1] 孔加爾也論證說，天主教神學創造幾種東西來「代替」聖靈，例如聖餐、教宗和馬利亞。[2]

1　Yves Congar, *I Believe in the Holy Spirit*（New York: Crossroad Herder, 1997）, 1:154.

2　Congar, *I Believe in the Holy Spirit*, 1:160 ~ 164.

幾位著名的神學家，例如龔漢思、米倫（Heribert
28 Mühlen）和拉納（Karl Rahner），在梵二前夕和之後，對開始更全面地恢復初期教父於天主教教會教義中的根源，扮演了關鍵的角色。例如米倫，[3] 在批評「教會作為延續的道成肉身」這個觀點之時，他提出，教會應被視為耶穌在洗禮中受聖靈膏抹的延續。根據米倫的估計，在耶穌和基督徒受膏時留意聖靈的身分，這有助避免階級性的（用米倫的話是「自然主義的」〔naturalistic〕）和密契性的傾向——兩者都代表了在會議前的教會論。

・《教會憲章》的教會論 ・

在教會論中，其中一份最重要的教會論式文件是梵二的《教會憲章》（*Lumen Gentium*）。它對古老的教會教義那創新、並往往充滿張力的進路，不單標誌著天主教神學的分水嶺，也標誌著〔教會〕合一神學的分水嶺。

或許梵二最重要的發展是以「上帝的百姓」（people of God）這個動態的觀念，取代了古老的「完美社會」（*societas perfecta*）的觀念，即建制—階級式教會論（institutional-hierarchic ecclesiology）——根據「上帝的百姓」這個觀念，教會首先被視為朝聖的人，正在走向天上的城市。從反宗教改革運動（Counter-Reformation）時期開始，直到

3 米倫的聖靈論式教會論，在他兩本較早期的著作中得到發展：Heribert Mühlen, *Una Mystica Persona: Die Kirche als das Mysterium der Heilsgeschichtlichen Indentität des heiligen Geistes in Christus und den Christen: Eine Person in Vielen Personen*, 3rd ed.（Munich: Ferdinand Schöningh, 1968）; Heribert Mühlen, *Der Heilige Geist as Person: In der Trinität bei der Inkarnation und Im Gnadenbund: Ich-Du-Wir*, 3rd ed.（Munich: Verlag Aschendorff, 1969）。

二十世紀中葉，教會作為完美社會這個觀念都已得到廣泛支持。[4]

甚至文件的架構也暗示了其目的：它沒有好像草稿的大綱一樣，以關於階級的章節為開始；反而，在最後的版本裏，它把關於上帝的百姓的章節置於文件開頭，僅次於開篇的〈教會的奧祕〉（“The Mystery of the Church”），並在關於上帝的百姓的論述之後，才論述關於階級和平信徒。文件接著是呼召整個教會要聖潔，而不單是神職人員。文件以「朝聖教會」（Pilgrim church）那深刻的願景來結束。最後，關於馬利亞——即「聖母馬利亞」（“Our Lady”）——的一章，在文件中則附屬於關於教會教義的章節中，因為那是尊崇教會的第一夫人恰當的處境。

《教會憲章》沒有以描述教會作為完美社會為開始，相反，
它第一章便指出，三一上帝的內在生命在教會內的表達。會 29
議借用了迦太基的聖居普良（Saint Cyprian of Carthage，死於258年）的一句話，從而指出：「因此普世教會被視為『一羣由父、子和聖靈的統一性帶進統一性中的百姓。』」伴隨著這教會教義的三一進路，第二次梵蒂岡會議把教會說是「奧祕」和聖禮。《教會憲章》開首一節說：「在基督裏的教會，具有聖禮的性質——即是一個與上帝團契的記號和工具，也是在所有人類中間統一性的記號和工具。」[5] 這個觀念和較古老的教會觀相差很遠，較古老的教會觀傾向將教會首先理解為有階級的建制。這樣將教會理解為聖禮，也擴展了（傳統）聖禮的觀念，因此打開一條路，讓關於聖禮慶典和聖禮神學的思想較少爭

4　*Lumen Gentium* 4；請留意，以下梵二文件的參照號碼所指的是段落編號。

5　*Lumen Gentium* 1.

論，並在〔教會〕合一方面更有成果。[6]

儘管在庇護十世（Pius X，1906年）的《充滿活力的我們》（*Vehementer Nos*）中，教會被描述為「一個不平等的社會」（an unequal society），由兩類人組成，即是「牧者和羣眾」（羣眾的「惟一責任是容許自己被帶領，並好像被馴服的羣眾那樣跟隨牧者」）；但《教會憲章》卻復興上帝整體百姓作為教會這個描述。在每一個地方聚集的教會，在主教和牧者帶領下，都是合法的教會。近期一本羅馬天主教神學教科書，基於「獨一的、聖潔的、大公的、使徒的」教會這條古老公式，給予地方性的教會完整的意義，而這樣做，實在具有很大的〔教會〕合一的潛力：

> 教會是獨一的，因為所有受洗的人都有獨一聖靈內住；教會是聖潔的，因為它由上帝的仁慈所分別出來，以接受偏愛（predilection）的奧祕之愛；根據「大公的」這個詞的原本意思，教會是大公的，這表示它是完整的（whole；或譯「整體的」、「整個的」）和完全的，擁有令它完整的所有部分；教會是使徒的，因為它在本質上保持了與一世紀使徒那原來的見證的延續性……天主教徒往往傾向只將這些描述性品質歸給全球性、普世性的教會，但他們開始向東正教和其他教會學習，明白到這些品質也應該同樣真實地應用到地方性的教會之上。[7]

---

6 R. A. Duffy, "Sacraments in General," in *Systematic Theology: Roman Catholic Perspectives*, ed. F. S. Fiorenza and J. P. Galvin (Minneapolis: Fortress, 1991), 203～207.

7 Michael Fahey, "Church," in *Systematic Theology: Roman Catholic Perspectives*, ed. F. S. Fiorenza and J. P. Galvin (Minneapolis: Fortress, 1991), 43.

・ 教會作為相通 ・

根據杜勒斯，教會其中一個模式是教會作為「密契相通」 30
（mystical communion）。[8] 杜勒斯的出發點是社會學理論和一些新教教會論，好像潘霍華（Dietrich Bonhoeffer）的《聖徒相通》（*The Communion of Saints*）——它描述羣體的本質為「愛之完全忘我」（self-forgetfulness of love）；[9] 以及卜仁納（Emil Brunner）的《教會的誤解》（*The Misunderstanding of the Church*）——它描述教會為「位格的純全相通」（pure communion of persons）；[10] 從這出發點，杜勒斯提出，天主教的相通教會論可以追溯到新約聖經的見證，而且它從沒有被放棄過，雖然有時其他模式會遠遠超過它。

相通的語言可以追溯到使徒行傳二章的初期教會：「那麼，如果一個人忠於使徒行傳的能動性，便會在賜下聖靈後立即加上團契（*koinonia*）/相通這個概念，也就是羣體的成形和它的聖餐式表達。路加所用的語言是相通語言。」[11] 根據它的基本意義，「**團契/相通**」這個詞意指「一個在共同擁有的實在中的分享」。[12] 團契的同義詞是分享、參與、羣體、相通。初期教父的發展加入了其他關於相通的聖經經文，藉以揭示教會生命的內在來源。這展示出一個明顯的三一向度：「願主耶穌基督的恩典、上帝的慈愛、聖靈的團契〔fellowship, *koinonia*〕，與你們每一位同在！」（《現代中文

---

8 Avery Dulles, *Models of the Church*（Garden City, N.Y.: Doubleday, 1974）, chap. 3.

9 Dietrich Bonhoeffer, *The Communion of Saints*（New York: Harper & Row, 1963）, 123.

10 Emil Brunner, *The Misunderstanding of the Church*（London: Lutterworth, 1952）, 17.

11 Kilian McDonnell, "Communion Ecclesiology and Baptism in the Spirit: Tertullian and the Early Church," *Theological Studies* 49（1988）: 674.

12 McDonnell, "Communion Ecclesiology," 674.

譯本修訂版》；林後十三 14；參腓二 1）基本的相通主題，特別是聖餐式的相通主題，構成了「大部分的——若非全部的話——初期教會會議的」教會論推想，[13] 並在大約首一千年裏，以教會論模式持續地成為一股力量。[14]《教會憲章》簡潔地界定相通教會論的本質，它指出上帝「定意要令人成為聖潔，並拯救他們，但不是以作為彼此之間沒有任何連結或聯繫的個人，而是要令他們成為一羣在聖潔中承認祂和事奉祂的百姓」。[15]

31 教會中的相通，是以三一成員之間的相通為基礎的。三一位格之間那三一式的相通，是基督徒統一的最高表達，即是「團契的最深意義」：「這就是教會統一的神聖奧祕，在基督裏，並透過基督和聖靈，給不同的功能增添力量。這奧祕最高的榜樣和來源，是一位的上帝在三一的位格裏——即父和子在聖靈裏——的統一。」[16]

和東正教相似，一般的天主教神學，特別是教會論，都是聖禮式的（sacramental）。因此，相通在性質上也是聖禮式的。對羅馬天主教來說，「在神聖事物中的分享」（*communio in sanctis*）主要是洗禮、堅振禮（confirmation）和聖餐，這些都是構成教會的元素。對天主教徒來說，聖禮和教會相通之間有雙重的關係。一方面，聖禮傳遞著與上帝相通的生命，因此聖禮成為構成教會的元素。另一方面，聖禮是教會的行動，因為教會就是相通。聖禮便是教會作為相通的出發

13 John Zizioulas, *Being as Communion: Studies in Church and Personhood* (New York: St. Vladimir's Seminary Press, 1985), 156.

14 McDonnell, "Communion Ecclesiology," 676.

15 *Lumen Gentium* 9.

16 *Unitatis Regintegratio* 2；也參《教會憲章》開首幾段的三一架構。

點。[17] 由於洗禮和聖餐在建立教會作為相通上有一個基礎性角色，所以它們同時為教會提供一個架構形式。洗禮是引導忠信的信徒進入團契的聖禮（林前十二 13）。因此洗禮給予教會自身之身體。堅振禮——與洗禮一起（兩者在神學上不能分開）——也有助形成教會秩序的基礎。而且，雖然洗禮已經使基督的身體統一起來，但只有藉著一起參與聖餐，才能達到它全面的目標，而透過聖餐，教會的統一才變得有效（林前十二 27）。萊格蘭德（Harvey Legrand）提出，最早提到聖餐的地方，即哥林多前書十章 16 至 17 節，便清楚表示，教會的教會性身體（ecclesial body）在因果關係上從屬於它的聖餐性身體（eucharistic body）。[18]「在進行聖餐**以前**，教會是由聖餐組成的，這個聲稱在天主教神學中是最重要的。」[19] 而且，天主教神學也把按立視為造福於教會相通的，雖然按立沒有被放進與洗禮及聖餐相同的層面。萊格蘭德總結了天主教對團契和聖禮之間關係的觀點：「根據天主教的教會論，我們能夠說、並必須說，聖禮之所以形成教會，是 32
因為它們由基督操作，並在信心和聖靈的相通中歡慶。」[20]

・ 聖靈和教會的架構 ・

在梵二前夕，這個會議其中一位主要的締造者拉納，寫了一篇激昂的文章，呼籲教會向聖靈開放，而這文章題為〈不

17 Harvey Legrand, "Koinonia, Church and Sacraments," The Catholic Position Paper for the International Dialogue Between the Roman Catholic Church and Pentecostal Churches, Venice, Italy, August 1 ~ 7, 1987 (unpublished), 6 ~ 14.

18 Legrand, "Koinonia, Church and Sacraments," 8.

19 Legrand, "Koinonia, Church and Sacraments," 9（強調為原文所有）。

20 Legrand, "Koinonia, Church and Sacraments," 9.

要消滅聖靈的感動〉（"Do Not Stifle the Spirit"），[21] 在其中，他談到教會所面對的重大潛質和挑戰。他發出一個嚴厲的警告：那隨意吹動的聖靈，「單以那些我們稱為教會官方生活、教會原則、聖禮系統和教導這些形式，是永遠不能夠充分地表達的。」[22] 他十分關心教會那靈恩式的元素：

> 那是由一種精神造成的狀況：這精神已有點過於匆忙和強硬地，以「教宗在教會中的首要性」這教條式定義，作為合一的連結和真理的保證，而這種態度在羅馬教會的層級架構（bureaucracy）中，很大程度上是以中央集權的方式將自身客體化的。[23]

幾年後，當會議仍在進行時，拉納出版了另一本呼籲教會內那靈恩式元素的書，即《教會的能動元素》（*The Dynamic Element in the Church*）。[24] 拉納有力地要求教會具有靈恩式的架構，是要提醒我們，聖靈首要地被應許和賜給教會職事的，不是要壓抑聖靈的自由流動，而是要給這流動創造空間。[25] 教會直到最後都應該是「同在的聖靈的教會」（Church of the abiding Spirit）。[26]

拉納提出，我們必須學會在恩賜（charismata）最初出現時便看到它們。[27] 我們不是要在那些賦有靈恩的人死後才將

21 Karl Rahner, "Do Not Stifle the Spirit," in *Theological Investigation VII* (New York: Herder, 1971), 72～87.

22 Rahner, "Do Not Stifle the Spirit," 75.

23 Rahner, "Do Not Stifle the Spirit," 76.

24 Karl Rahner, *The Dynamic Element in the Church* (New York: Herder & Herder, 1964).

25 Rahner, *The Dynamic Element in the Church*, 42, 44～45.

26 Rahner, *The Dynamic Element in the Church*, 47～48.

27 Rahner, *The Dynamic Element in the Church*, 82～83.

他們封聖：

> 幾乎更重要的是，在這些聖靈恩賜最初出現時便看到它
> 們，因而讓它們可以被促進，而不是被周圍的人（包括
> 聖職人員在內）的不理解和理智上的疏懶——如果不是
> 惡意和憎恨——所窒礙⋯⋯但那靈恩式的方式在根本上
> 是新的，而且總是令人驚訝的。可以肯定的是，雖然是 33
> 隱藏的，但它也與教會較早時所出現的東西有內在的延
> 續性⋯⋯但它是新的和不能計算的，而且在最初看來，
> 我們也不會即時明顯看到，而在教會持續的整體性中，
> 一切東西都和以前的一樣⋯⋯因此那靈恩式的特質，總
> 具有些令人震驚的東西——當那特質是新的時，以及我
> 們幾乎會這樣說：如果它是這樣，它便只能是靈恩了。[28]

根據拉納，聖靈構成教會的方式，比教會建制架構的構成方式更為基本。[29] 如果片面地強調基督論，教會的架構便傾向變得具宰制性（這也就是視教會為延續的道成肉身這個較舊的天主教觀點所產生的結果）。靈恩式的元素「不單作為與建制因素存在於同一平面、卻處於另一端，因而與建制因素有辯證的關係；相反，在教會本質那些內在的形式特點中，靈恩式的元素是首先和最終極的」。[30] 拉納也說，教會主要是「由基督的靈帶來的靈恩的歷史性具體化」。[31] 很明顯，在拉納看來，「**靈恩式**」（charismatic）這個詞並不指教

28 Rahner, *The Dynamic Element in the Church*, 82～83.

29 Karl Rahner, "Observations of the Factor of the Charismatic in the Church," in *Theological Investigations XII* (New York: Seabury, 1974), 97.

30 Rahner, "Observations of the Factor of the Charismatic in the Church," 97.

31 Rahner, "Observations of the Factor of the Charismatic in the Church," 86.

會任何特定的羣體，而是指所有信徒的生命和職事。如果教會是基於聖靈的至高行動，那麼教會便應該被理解為一個「開放的系統」(open system)。[32] 這表示，我們不能從教會內在本身來理解或界定教會，而需要從外面，即從上帝的靈來理解和界定它。[33]

拉納那教會靈恩式架構的觀點所產生出的實際結果，是很明顯的。首先，這裏存在著對聖靈之催促的開放性：「不要消滅聖靈的感動。」第二，聖靈比教會的架構和職事更具首要性，即使架構本身也是聖靈的表達(拉納從沒有提倡個人主義)。第三，由於聖靈的至高行動而產生出合法的多元性。[34]

・ 以恩賜服事教會 ・

在新天主教神學性和教會論的復興中，梵二起著重要的
34 作用。梵二比以前任何會議，都更多留意聖靈在教會中的角色。[35] 教宗若望二十三世(Pope John XXIII)在正式宣告會議開始時寫道：「教會所有主教這次聚集一起，應該好像一個新的五旬節。」[36] 這個會議可以被稱為「聖靈的會議」(Council of the Holy Spirit)，因為正如教宗保祿六世(Pope Paul VI)

32 Rahner, "Observations of the Factor of the Charismatic in the Church," 88.

33 參 John R. Sachs, "Do Not Stifle the Spirit : Karl Rahner, the Legacy of Vatican II, and Its Urgency for Theology Today," in *Catholic Theological Society Proceedings* 51 (1996) : 30。

34 參 Rahner, "Heresies in the Church Today?" in *Theological Investigations XII* (New York: Seabury, 1974), 117～141。

35 簡潔地總結梵二的聖靈論視角的兩個基本來源是：Hans Urs von Balthasar, *Creator Spirit: Explorations in Theology,* vol. 3 (San Francisco: Ignatius Press, 1993) : 245～267；和 Congar, *I Believe in the Holy Spirit*, 167～173。

36 Germain Marc'hadour, "The Holy Spirit over the New World: II," *The Clergy Review* 59, no. 4 (1974) : 247.

所指出，這次會議的文件有二百五十八處提到聖靈。[37] 而自從會議以後，眾主教鼓勵神學家和平信徒復興他們對聖靈的興趣。[38]

正如已經提到的，《教會憲章》開啟了三一的觀點，在這觀點中，聖靈論在教會論中佔有牢固的位置。這個進路把教會的傳統教義於較早時在基督論上的專注擴闊了。教會是聖靈的工作，祂令信徒在三一上帝的統一性中成為一體。[39] 文件強調，聖靈不單透過聖禮和教會職事，也透過以多種方式自由地賜給忠信者的特別恩賜（charisms），使上帝的百姓成聖和帶領他們。信徒「有權利和責任在教會和世界裏，為人類的好處和教會的建立而運用這些恩賜」。[40]

關於教會的聖靈性質的明確強調，包括聖靈的恩賜和恩典，在會議中，辛納斯樞機主教（Leon Joseph Cardinal Suenens）予以鞏固——在使世界主教團確信聖靈和屬靈恩賜對羅馬天主教的未來的重要性這方面，辛納斯樞機主教確實扮演了十分重要的角色。[41] 天主教的系統學者（systematician）費伊（Michael A. Fahey）指出：「在第二次梵蒂岡會議的視角下，另一個描述教會的方法是：作為恩賜的羣體。」[42] 根

37 Marc'hadour, "The Holy Spirit", 248；也參 E. E. O'Connor, *The Pentecostal Movement in the Catholic Church*（Notre Dame: Ave Maria, 1971）, 184。

38 關於教宗文件和對它們的重要性的評估，參 Kilian McDonnell, *Open the Windows: The Popes and Charismatic Renewal*（South Bend, Ind.: Greenlawn Press, 1989）。

39 *Lumen Gentium* 4；也參 Sachs, "'Do Not Stifle the Spirit'," 17～18。

40 *Apostolicam Actuositatem* 3.

41 Jerry L. Sandidge, *Roman Catholic-Pentecostal Dialogue（197～1982）: A Study in Developing Ecumenism*, vol. 1, Studien zur interkulturellen Geschichte des Christentums 44（Frankfurt: Peter Lang, 1978）, 25.

42 Michael Fahey, "Church," in *Systematic Theology: Roman Catholic Perspectives*, vol. 2, ed. F. S. Fiorenza and J. P. Galvin（Minneapolis: Fortress, 1991）, 39.

35 據這個理解，教會被視為基督的身體，「由復活的耶穌所吹氣的靈恩式靈感（Charismatic inspirations）所創造、安排和支持的」。[43] 由於聖靈遍及教會，並在信徒中間實現那深刻的相通，教會每一個成員，都是為要被基督充滿的。[44]「不單神職人員，平信徒也被敦促，在他們存在的每一方面，包括婚姻和家庭生活、日常工作和娛樂，都要活在聖靈的恩膏和力量中。」[45] 梵二也提出一個堅定的信仰，就是相信：「忠信者的身體作為一個整體，由至聖者所膏抹，在信仰的事情上不能犯錯」。[46]

幾份梵二文件（特別是《教會憲章》，但也包括其他文件）[47] 確立了在教會牧者的監督下恩賜的存在和分配。梵二一再強調聖靈在分派恩賜時的至高自由。[48] 會議強調恩賜的普遍可得性（universal availability）：聖靈號召所有基督徒，包括受按立的和平信徒，從事某種靈恩式的職事。[49]《教會憲章》自由地接受兩種恩賜，即普通的和特別的恩賜，但加上一個有用的糾正：

> 無論這些恩賜是十分非凡的，還是更簡單的和廣泛分佈的，人都要以感恩和欣慰的態度來接受它們，因為它們

43 Donald L. Gelpi, "The Theological Challenge of Charismatic Spirituality," *Pneuma: The Journal for the Society for Pentecostal Studies* 14, no. 2 (1992): 187；他提到以下梵二的文件：*Lumen Gentium* 6, 32, 48, 50；*Unitatis Redintegratio* 3；*Apostolicam Actuositatem* 3。

44 *Lumen Gentium* 12；也參 Mary Ann Fatula, *The Holy Spirit: Unbounded Gift of Joy* (Collegeville, Minn.: Liturgical Press, 1998), 89。

45 *Lumen Gentium* 34; Fatula, *Holy Spirit*, 89～90.

46 *Lumen Gentium* 12.

47 *Lumen Gentium* 12, 30; *Apostolicam Actuositatem* 3; *Presbyterorium Ordinis* 9.

48 *Apostolicam Actuositatem* 3; *Ad Gentes Divinum* 23; *Lumen Gentium* 7.

49 *Apostolicam Actuositatem* 3, 28, 30; *Lumen Gentium* 4.

> 對教會的需要是適合和有用的。特別的恩賜不應該輕率地被渴求，人也不應該放肆地期望從它們得到使徒勞苦的果子。[50]

在教會論的再思以外，對聖禮神學所作出的重新評估，也採取聖靈論的方式，和「教會作為聖靈的聖禮」這個觀念，因此聖禮與祈求（*epiclesis*）——即為聖靈而發的禱告——整合起來。《禮儀憲章》（*Constitution on the Sacred Liturgy*; *Ad Gentes Divinum*）以特別的方式強調聖靈的角色。由於禮儀是教會生命的「高峯」和來源，信徒正可以透過守禮儀，最深刻地在聖靈的生命中成長。[51]

> 藉著在聖禮元素中祈求聖靈，好像水和油、餅和酒等這些 36
> 地上的實在會被轉化，以傳遞聖靈的臨在和能力。但那被更新的禮儀儀式也強調，教會羣體在守聖禮上也會祈求聖靈，以致我們自己的心和生命也可以被轉化過來。[52]

耶穌會神學家杰爾皮（Donald Gelpi）卻批評他自己的教會沒有認真看待第二次梵蒂岡會議那靈恩式的和聖靈論的教導。他認為，更新教會的責任，不是屬於所謂的天主教靈恩運動（Catholic Charismatic Movement）的，而是整個教會的負擔，包括它的神學家和教師，為要實行在會議中所重新發現的教導。[53] 他提出，恩賜在教會的生命中

50 *Lumen Gentium* 12.

51 *Sacrosanctum Concilium*, 10.

52 Fatula, *Holy Spirit*, 90.

53 Gelpi, "Theological Challenge," 188～189.

扮演著必不可少的角色，因此它們不能被局限於第一代基督徒之中，如梵二之前大部分天主教徒所被教導相信的那樣。[54] 本篤會的麥克唐奈（Kilian McDonnell, OSB）說：「聖靈恩賜在教會生命中扮演必不可少的角色，因為它們創造著基督徒羣體所共有的信仰意識。」[55]

·《願他們合而為一》：天主教對基督徒合一的願景·

從〔教會〕合一的角度來說，梵二提出一個全新的視角，它全新地欣賞其他教會和它們對基督徒見證的貢獻。梵二承認其他教會都帶有拯救功能——雖然沒有羅馬天主教那麼圓滿——並傳遞著聖靈恩賜。[56] 古老的信條「教會以外無救恩」（*extra ecclesiam nulla salus*），不再單單適用於羅馬教會；對其他教會的新的開放性，由「獨一聖潔教會存在於〔羅馬教會〕」（*Una sancta ecclesia subsistit in*）這
37 句口號表達出來。[57]《教會憲章》強調，天主教「承認，在很多方面，它是聯繫」到其他基督教羣體，而這聯繫是藉著在聖靈裏的真正合一來達到的。[58] 拉納表達得很美麗，他說：在聖靈裏，「我們所有人都『知道』一些比我們在自己神學概念的層次上所能知道或表達的，更簡單、更真確和

54 參 Donald J. Gelpi, *Charism and Sacrament*（New York: Paulist, 1976）, esp. 97 ～ 110；Donald J. Gelpi, *The Divine Mother: A Trinitarian Theology of the Holy Spirit*（Lanham, Md.: University Press of America, 1984）, 103 ～ 105。

55 Kilian McDonnell, "Communion Ecclesiology and Baptism in the Spirit: Tertullian and the Early Church," *Theological Studies* 49（1988）: 671.

56 *Lumen Gentium* 15；這裏詳細描述了存在於其他教會的「成聖和真理的元素」。

57 *Lumen Gentium* 8.

58 *Lumen Gentium* 15.

更真實的事情」。[59]

教宗最近期關於普世主義的通諭《願他們合而為一》（*Ut unum sint*; *That They May Be One*），[60] 便毫無疑問地堅定委身於推動基督教的統一。若望保祿二世（John Paul II）承認，除了教義上的分歧外，還有因來自過去的長期疑慮而來的重擔、因相互誤解和偏見而來的重擔，[61] 以及祂的教會在這一切事情中的軟弱。[62] 當談及「統一性那不能分開的聖禮」時，[63] 他號召所有基督徒要盡最大努力，這不單為了教會的統一，也為了「所有存有分歧的人類的統一」。[64] 他將實現「所有祈求三一上帝、承認耶穌為主和救主」的人的合一，包括在這努力中。[65] 當提到關於其他教會的正面元素，也是《教會憲章》所肯定的，教宗便寫道：西方和東方教父已經相信，「在五旬節事件中，上帝已經在教會的終末實在中顯明教會」。這實在是一些已經給定（given）的東西。[66]「普世主義正正指向，要令存在於基督徒中間的部分相通，向著在真理和仁愛中那更全面的相通而發展。」[67] 每一間教會都要誠

59 Rahner, "Some Problems in Contemporary Ecumenism," in *Theological Investigations XIV*（London: Darton, Longman & Todd, 1976）, 245～253（引文在頁 251）；也參 Karl Rahner, "Church, Churches, and Religions," *Theological Investigation X*（New York: Herder, 1973）, 42。

60 John Paul II, *Ut Unum Sint*（1995）；也參他在一九九四年受苦節於羅馬鬥獸場的演說，和在一九九五年與君士坦丁堡普世牧首（Ecumenical Patriarch of Constantinople；或譯「君士坦丁堡大公宗主教」）的演說（頁 88）。

61 John Paul II, *Ut Unum Sint* 5.

62 John Paul II, *Ut Unum Sint*, 6.

63 John Paul II, *Ut Unum Sint*, 9.

64 John Paul II, *Ut Unum Sint*, 10.

65 John Paul II, *Ut Unum Sint*, 11, 13.

66 John Paul II, *Ut Unum Sint*, 18.

67 John Paul II, *Ut Unum Sint*, 14.

實地問自己，它是否忠於使徒傳統，即是「它們有沒有真正
以充分的方式，來表達聖靈透過使徒所傳達的一切」。[68] 與
《大公主義法令》(*Unitatis Redintegratio*) 一致，教宗依據禱
告和靈性的其他形式，重新肯定「屬靈普世主義」(spiritual
ecumenism) 的優先性，[69] 同時他又承認，這樣沒有廢除教義
38 的重要性。[70] 為了顯示羅馬天主教堅決委身於普世主義，若
望保祿二世提出，促進基督教合一的運動，「**不僅是一種『附
錄』**」，被加到教會生活上去；相反，「普世主義是教會生
命和工作的有機部分，因此它必須遍及教會一切的所是和所
作」。[71] 在歷代中使教會成長的聖靈，正在引導教會走向更
大的合一。[72] 不過，對教宗若望保祿二世來說，正如對他的
前任教宗來說，沒有羅馬主教的優先性，便沒有教會的統一
性。這是《願他們合而為一》這通諭所表明的。[73]

68 John Paul II, *Ut Unum Sint*, 16.

69 *Unitatis Redintegratio* 8.

70 John Paul II, *Ut Unum Sint*, 23～27；比較 *Unitatis Redintegratio* 6。

71 John Paul II, *Ut Unum Sint* 20；強調為原文所有。

72 John Paul II, *Ut Unum Sint*, 7.

73 John Paul II, *Ut Unum Sint*, 88～97.

3

教會作為公義的和有罪的
信義宗教會論

The Church as Just and Sinful
Lutheran Ecclesiology

・ 聖徒相通 ・

> 感謝上帝，一個七歲的孩子也知道教會是甚麼，那就是聖潔的信徒和聽到牧羊人聲音的羊羣（約十 3）。所以兒童會禱告説：「我相信獨一聖潔的基督教教會。」它的聖潔不包含白法衣、禿頂、白長袍或他們〔天主教徒〕的其他禮儀，這些都是他們在聖經以外和在聖經之上發明的；教會的聖潔，是包含上帝的道和真正的信心。[1]

雖然根據這段令人喜悦的文字，路德對教會的理解可能顯得簡單和天真，但它卻湧現自嚴重的衝突，並展示出顯著的張力。[2] 要明白路德對教會的觀點——和路德一般的

1 Schmalcald Articles 3.12:2 ～ 3；所有信義宗認信著作都可以在此書找到：*The Book of Concord*, trans. and ed. Theodore G. Tappert (Philadelphia: Fortress, 1959)。

2 Eric W. Gritsch and Robert W. Jenson, *Lutheranism: The Theological Movement and*

神學——我們需要留意，他要在兩條戰線上戰鬥：一方面他要對抗天主教的立場，那就是，跟據路德的詮釋，天主教視教會/階級為絕對的；另一方面，他又要對抗宗教狂熱者（Enthusiasts），他們在宣稱自己是真正的改教者時訴諸於聖靈。[3]

路德強調教會那非建制的特色；他不喜歡「教會」（*Kirche*）這個詞，而喜歡「聚會」（*Sammlung*, assembly）和「會眾」（*Gemeinde*, congregation）等這些詞語。對他來說，教會首先是聖徒的相通，即信徒的聚集。根據《使徒信經》（*Apostles' Creed*），路德保持這個看法：作為「聖徒相
40 通」的教會，是「由聖靈招聚在一起的」。[4] 事實上，他給教會那最著名的定義只是說，教會是「所有信徒的聚集，而在這聚集中，福音被純全的宣講，並且神聖的禮儀會根據福音而被施行」。[5] 因而，教會不是供應祝福的制度，正如在當時及特別在中世紀，很多教會論思想所設想的那樣。換句話說，信義宗的宗教改革從一開始便對教會有一個實現論式的（actualist）理解：「教會是一些在世界裏**進行**（going on）的事情。」[6]

Its Confessional Writings（Philadelphia: Fortress, 1976）, 124；合適的是，格里奇（Eric W. Gritsch）和詹森（Robert W. Jenson）在此書中，將他們教會論的一章稱為「衝突中的教會身體」（Church-Body in Conflict）。

3 關於路德對宗教狂熱者（*Schwärmerei*）的批評，進一步參 Yves Congar, *I Believe in the Holy Spirit*（New York: Crossroad Herder, 1997）, 1:139～140。

4 Martin Luther *Weimarer Ausgabe* 7.219; 30.190；《魏瑪版》（*Weimarer Ausgabe*）是路德著作德語/拉丁語原著的標準文集。為了方便英語讀者，我會在可行的地方提供標準美國版本的參照：*Luther's Works*, ed. Jaroslav Pelikan（St. Louis: Concordia, 1955～1986）。進一步參 Paul Althaus, *The Theology of Martin Luther*, trans. Robert C. Schultz（Philadelphia: Fortress, 1966）, 294～323。

5 *Augsburg Confession* 7:1.

6 Gritsch and Jenson, *Lutheranism*, 130～131（引文在頁 131）。

這樣，教會既是一隱藏的羣體，又是一可見的團契。它是隱藏的，因為信心是「未見之事的確據」(來十一 1)；它也是可見的，因為福音被宣講和聖禮被施行。路德想保留這種辯證的關係，因為一方面，「上帝不想世界知道祂甚麼時候與祂的新娘同眠」(隱藏)，另一方面，「教會的聚會，為了信仰認信的緣故，是可見的」(可見)。

・ 真教會的標記 ・

要將真教會 (true church) 從假教會中區分出來，路德的快速方法是上面那段引述自《奧格斯堡認信》的摘錄：教會是「所有信徒的聚集，而在這聚集中，福音被純全的宣講，並且神聖的禮儀會根據福音而被施行」。[7] 教會擁有兩個形構的元素：道和聖禮。路德的神學總是以基督的福音為中心的：「道在哪裏，信仰便在那裏；信仰在哪裏，真教會便在那裏。」[8] 重要的是，路德有時稱教會為「口的房子」(mouth house)。福音不單要被閱讀，也要被宣講出來。但是福音並不是獨自產生作用的，它要與聖禮聯繫起來。它們一起指向基督和祂的救恩，也從基督和祂的救恩那裏支取所需要的。

從〔教會〕合一角度來說，十分重要的是，道和聖禮是教
會惟一必須的標記。其他一切東西——如架構、事奉模式、 41
儀式等——不同教會都可以各有不同，甚至在信義宗大家庭
裏也可以各有不同，而事實上也的確是這樣。例如：斯堪的
納維亞 (Scandinavian) 和很多其他歐洲信義宗教會是主教制

7 *Augsburg Confession* 7:1.

8 *Luther's Works* 39.xii.

的（他們有一位主教），而大部分美國信義宗教會則沒有主教。[9]教會的合一是在福音事件中被給予的，而不是在於教會的齊一（uniformity）：「福音，以符合福音的純全理解來被宣講，以及聖禮以根據神聖的道來施行，這對基督教教會那真正的統一性而言，已經足夠了。」信義宗的認信小心地和顯著地區分了「福音」和「儀式」（ceremonies）；「教會使用」（church usages）不一定是為了救恩或教會的教會性的。

由於教會不是人的發明，而是道的創造，所以它會繼續存在，無論發生甚麼事。路德其中一句最著名的教會論格言表明：「獨一神聖的基督教教會必須存在，並必須永遠存在。」[10]

・ 聖徒和罪人的羣體 ・

路德的救恩論格言，即信徒同時是義人和罪人（*simul justus et peccator*），也模塑著他的教會教義。事實上，教會也同時是公義的和有罪的。有時教會的標記——道的「純全」宣講和聖禮的「正確」施行——會以宗派式的方式被詮釋，彷彿路德會基於教會成員或領袖怎樣通過這測試，來區分真和假的教會。但路德的理論要現實得多；他視為理所當然的是，這間基督的教會，即聖徒的相通，也總是罪人的相通，直到教會的主他日回來。換句話説，教會的純全不是道德性的，而是功能性的現象（雖然前者也不應是漠不關心的）；只要教會由聖靈引導，透過道和聖禮而被傳遞，它便會保持

9 由於信義宗和聖公會的對話，美國福音信義會（Evangelical Lutheran Church of America）在一九九〇年代後期委派一個主教到每一個教會會議。

10 *Augsburg Confession* 7:1.

純全：

> 創造已經過去，救贖已經完成，但聖靈不停地繼續祂的
> 工作，直到末時。為了這個目的，祂在地上委派一個羣
> 體，透過這羣體，祂言說和實行祂所有工作。因為祂仍
> 未聚集祂所有基督徒百姓，也未完成赦免的給予。因
> 此，我們相信祂，是祂每天會透過道將我們帶進祂的 42
> 羣體，並透過同一的道及罪的赦免，賜下、增加及增強
> 信心。[11]

在地上，教會是不完整的（incomplete），是一個「混合的身體」（mixed body）：「在今生，很多虛假的基督徒、偽善的人，甚至是公開的罪人，都混雜在敬虔的人中間。」[12] 路德拒絕一種如多納徒主義（Donatism）般的「純全教會」（pure church）的觀念。因此，「聖禮是有效的，即使施行聖禮的人是邪惡的」。[13] 所以，人無法在教會中區分基督真正的追隨者和邪惡的人：

> 如果教會，也就是基督的真正國度，與魔鬼的國度區分開來，那麼，那必然的後果是，由於邪惡的人屬於魔鬼的國度，他們就不是教會。然而，在今生裏，由於基督的國度仍未顯明，他們會與教會混在一起，並在教會裏擔任職事。[14]

11 *Large Catechism*, in *The Book of Concord*, trans. and ed. Theodore G. Tappert (Philadelphia: Fortress, 1959), 2:61～62.

12 *Augsburg Confession* 8:1.

13 *Augsburg Confession* 8:1.

14 *Apology of the Augsburg Confession* 7:1～8:17.

‧ 信徒皆祭司 ‧

除了稱義的教義外，路德最為人所知的是：恢復「信徒皆祭司」這個觀念。基於初期教會和中世紀的神學，他的觀點是所有受洗的人都分享著耶穌基督那祭司和君王的職事，[15] 而這觀點特別訴諸於彼得前書二章 9 節。根據路德，基於洗禮而有分於耶穌基督，這同時也包括有分於祂的祭司身分。[16] 他對教會作為聖徒羣體的整個理解，可以用（作為教會生活的法規的）祭司的身分來描述。當基督背負我們的重擔，並以祂的義為我們代求時，祂執行著祭司的工作；我們背負彼此之重擔，以及在教會中設身處地、替代別人，這也是祭司的活動。教會的內在生命，就是基督徒為彼此而成為祭司。基督徒的祭司身分源自基督的祭司身分。[17]

43 有分於基督的祭司身分，使我們有權在禱告中和教導別人中來到上帝面前。[18] 信徒皆祭司對路德來說，主要意味著人有權宣講上帝的道和施行赦罪及紀律。[19] 信徒這宣講的權利，並不抵觸公開宣講的限制（那是向那些透過羣體蒙召的人所作出的宣講）。[20] 整個教會亦都獲授權宣告罪得赦免，[21] 這個任務實際上是羣體的榮耀。[22]

---

15 關於詳情，參 Wolfhart Pannenberg, *Systematic Theology*（Grand Rapids, Mich.: Eerdmans, 1997）, 3:373。

16 Martin Luther *Weimarer Ausgabe* 7.56 ～ 57.

17 例如參 Luther *Weimarer Ausgabe* 6.407, 564; 10.309; 17.6；也參 Althaus, *Theology of Martin Luther*, 313 ～ 318。也參 Pannenberg, *Systematic Theology*, 3:373。

18 Luther *Weimarer Ausgabe* 7.25 ～ 26.

19 Luther *Weimarer Ausgabe* 7.57; 11.412.

20 Luther *Weimarer Ausgabe* 6.408; 11.412.

21 Luther *Weimarer Ausgabe* 2.722.

22 Luther *Weimarer Ausgabe* 2.723；值得留意的是，龔漢思（Hans Küng）在這書中，

根據阿特侯斯（Paul Althaus），關於職事的基礎，路德依從兩條論證路線：一條「從下而上」，另一條則「從上而下」。[23] 一方面，所有基督徒都蒙召在道和聖禮中服事。但為了避免混亂，羣體將公開的服事委託給受按立的人，他們會以教會的名義執行這個任務。[24] 這樣，擁有職事的人和羣體其他成員之間的分別，純粹在於服事的層次。[25]

另一方面，職事的權威的圓滿，是基於它由基督所設的
制度，即是說，職事直接源自它作為由基督所設的制度，而
不涉及普遍的祭司身分。[26] 不過，我們需要留意，即使是後
者，也沒有否定所有信徒一般的祭司身分。[27] 這兩種形式的
服事那表面上的矛盾，可以藉著將特別的（受按立的）職事從
普遍的職事中衍生出來而得到解決。路德把必須在「弟兄和
弟兄之間」行使的祭司職事，以及為了整個會眾而公開施行
的道的服事，區分開來。[28] 為了秩序，那特別的職事是必須
的（林前十四40）。[29]「因此，服事的教會性職事和普遍祭司 44
身分之間的惟一區別，是道和聖禮的正式服事，是對整個羣

和路德的觀點多麼接近：Hans Küng, *The Church*（New York: Doubleday, 1976），361～480。

23 Althaus, *Theology of Martin Luther*, 323～329；加里祖—古貝（Miguel M. Garijo-Guembe）則依從阿特侯斯的觀點：Miguel M. Garijo-Guembe, *Communion of the Saints: Nature and Structure of the Church*, trans. Patrick Madigan（Collegeville, Minn.: Liturgical Press, 1994）, 141。

24 Luther *Weimarer Ausgabe* 12.189; 50.633.

25 Luther *Weimarer Ausgabe* 6.657.

26 Luther *Weimarer Ausgabe* 50.647.

27 Althaus, *Theology of Martin Luther*, 324, 325.

28 Luther *Weimarer Ausgabe* 12.189；我在這裏依從阿特侯斯（Althaus, *Theology of Martin Luther*, 324～25）的詮釋。研究路德的專家對這個問題進行辯論；有關這討論，可參 Pannenberg, *Systematic Theology*, 3:375～377。

29 Luther *Weimarer Ausgabe* 12.189.

體而作出的這一公開之特色。」[30] 我們很容易看到路德在這裏的主要目標：受按立的人那特別的「祭司身分」這個天主教觀念，以及受按立人士由按立而得的特別地位，這兩者都被路德否定。

信徒皆祭司這個新教原則的持久貢獻是明顯的。首先，它恢復了新約對「祭司」這個詞語的使用，[31] 它不是用來指個別受按立的人（正如較早時天主教所理解的），而是指向上帝的所有百姓，因為他們實行基督所賜予的命令。第二，它取消了那受按立的和沒有受按立的人之間的分別，意思是，這兩羣人不是在存有（being）上不同（即使在服事的地位上的分別仍然存在）。第三，新教的觀點尋求合法運用受按立的服事，但那方法是不應——至少在原則上——減低上帝其餘百姓的重要性的。換句話說，教會中受按立的人的任務，是幫助實行教會其餘成員所要做的事。

·聖靈、道和聖禮·

根據路德的觀點，聖靈透過宣講的道和聖禮，在教會和信徒的生命中工作。這或許是路德的聖靈工作觀所最特有的。聖靈對信心的預備是不可或缺的：「我相信，我不能靠著自己的理性或能力來相信耶穌基督是我的主，或者來到祂面前；而是因為聖靈以福音來呼召我，以祂的恩賜來啟發我，以真信心來使我成聖和扶持我。」[32]

---

30 Althaus, *Theology of Martin Luther*, 327.

31 我明白，「**祭司**」這個詞在新約聖經有不同的細緻分別，而那軌迹也是頗為複雜的。今天，一個普遍釋經和神學的共識是：有別於舊約聖經的用法，新約聖經沒有（好像教父和中世紀那般）將「祭司」理解為在教會中於聖禮裏獲指派的人。

32 Luther *Weimarer Ausgabe* 30.1367～1368.

路德對道、聖靈和教會之間的關係的理解，有兩個看似相反的傾向。一方面是對聖靈的服事那完全的倚靠，正如上面的引文所清楚表達的；另一方面，聖靈的服事與道和聖禮緊密聯繫起來，聖靈從沒有脫離兩者而工作：

> 你和我都不能對基督有任何認識，或者相信祂和以祂 45
> 為我們的主，除非聖靈透過宣講福音而將這一切加給我們，並在我們的心裏給予我們……因為哪裏沒有宣講基督，那裏便沒有聖靈來創造、呼召和聚集基督教教會，而在聖靈以外，沒有人可以來到主基督面前。[33]

換句話說，道和聖靈應該放在一起：教會不是狂熱分子（*Schwärmerei*；這是路德對他那個時代的宗教狂熱者的貶稱）那個不可見的柏拉圖式實在（Platonic reality），也不是教宗那沒有錯謬、不可改變的制度。聖靈透過道和聖禮的傳遞，使信徒成聖，並令他們成為聖潔。[34]

在堅持聖靈和道之間那不可或缺的關係時，路德將五旬節的現象（方言、火、風）限制在使徒時代：它們指向聖靈所賜給教會的恰當工具，也就是道和聖禮，亦即是可見的道。風和火象徵那賜給使徒的鼓勵和熱誠，而說方言則象徵著以每一種語言而被宣講的福音本身。[35]

換句話說，聖靈的工作是以道和聖禮為「外衣」的。這就是路德堅持反對唯靈論者（spiritualists）的地方，他認為

33 *Large Catechism* 2:38, 45.

34 進一步參 Gritsch and Jenson, *Lutheranism*, 125。

35 這裏我們應該留意，路德在翻譯聖經，以令每個基督徒都可以有自己語言的聖經這一事中，扮演著決定性的角色。

他們尋求在道和聖禮以外直接通往恩典的途徑。根據路德，道和聖禮就是上帝自己對聖靈的工作所設立的秩序。與「屬天的先知」相反的，他把上帝接近我們的方法區分成兩種：(1)「外在的」方法，即透過宣講的道和聖禮；(2)「內在的」方法，即透過聖靈和祂的恩賜。這兩種方法都是需要的，但外在的方法是主要的；內在的方法是外在的方法的一種功能，而不是反過來。上帝沒有在道和聖禮的預備工作以外，賜下祂的聖靈。

路德提出，在聖經中沒有人是不經中介而獲得聖靈的。在這個意義上，外在的道對他來說有聖禮的性質。不過，這並不表示要將聖靈的工作完全歸屬於外在的道，而只要聖靈已經住在個人裏面。作為一個例子，他提到一種由聖靈產生的特別禱告，是可以令人類的言語停止的。而且，有些屬靈恩賜，如醫治，在路德的時代是屬靈生命的一個普通組成部分。

・ 基督徒作為鄰舍的基督 ・

46 除了信心以外，所有工作都必須要指向鄰舍。因為關於祂自己，上帝並不要求我們做任何工作，只要求我們透過基督而有信心。這對祂來說已經足夠有餘了；那就是以上帝為上帝來榮耀祂的正確方法；祂是仁慈、憐憫、聰明和真誠的。此後，一切也不要想，除了你對鄰舍所做的，好像基督對你所做的那樣外。讓你的工作和你的整個生命都轉向你的鄰舍。尋求那些貧窮的、患病的和所有困苦的人；給他們提供幫助；以各種方式獻出你的生命。讓那些真正需要你的人能享用你——只要在關乎你的身體、財產和榮耀上是可行的話。[36]

人們通常將馬丁・路德視為因**信**（faith）稱義的神學家，這教義解決了我們與上帝的關係；但人們往往忽略了他也是**愛**（love）的神學家，那包括神聖的和人性的愛。他對上帝的愛的性質的獨特理解，以及對愛的能力由於基督在基督徒中的真實臨在而傾進信徒心中的獨特理解，為人類關係和鄰舍的愛，提供了一個令人興奮的視角。[37] 這也徹底形塑了他對教會的看法。教會變成一個地方，讓基督徒有機會運用那像上帝般的愛，而且這愛是由活在信徒心中的基督，透過聖靈而被啟發出來的。

在路德的一般神學中，特別在他對教會的看法中，要明白對鄰舍的愛的重要性，我們就應該留意到他對兩種愛的獨特理解，那就是對人類的愛和上帝的愛的理解。人類的愛是朝向自身是美好的對象——自愛（self-love）界定了愛的內容和對象。男人和女人愛一些他們相信自己可以享受到的。[38]

---

36 Luther *Weimarer Ausgabe* 10:1.2, 168（*Advent Postil*, 1522；筆者的翻譯）。

37 由赫爾辛基大學（University of Helsniki）系統神學系的學者在曼納馬（Tuomo Mannermaa）教授指導下，關於路德的神學對〔教會〕合一的含義的研究，自從大約一九七○年代中開始，便對路德神學開啟了新的視角。關於路德對鄰舍的愛的理解的主要研究是：Antti Raunio, *Die Summe des christilichen Lebens: Die 'Goldene Regel' als Gesetz der Liebe in der Theologie Martin Luthers von 1510 bis 1527*, Systemaattisen teologian laitoksen julkaisuja 13（Helsinki: Yliopistopaino, 1993）；這本書會在德國由麥茵茲（Mainz）的 Veröffentlichungen des Instituts für Europäische Geschicte 出版。一個英語的簡短概述可以在這裏找到：Tuomo Mannermaa, "Why is Luther so Fascinating? Modern Finnish Luther Research," in *Union with Christ: The New Finnish Interpretation of Luther*, ed. Carl E. Braaten and Robert W. Jenson（Grand Rapids, Mich.: Eerdmans, 1998）, 1～20。

38 進一步參 Alister E. McGrath, *Luther's Theology of the Cross: Martin Luther's Theological Breakthrough*（New York: Oxford University Press, 1985）, 77～83。

上帝以與人類的愛所相反的方式去愛：「上帝的愛並不尋找
47 那討自己喜悅的東西，而是創造這樣的東西……上帝的愛沒有尋求自己的好處，而是流出和賜下好處。」[39] 路德有時稱上帝的愛為十字架的愛（*amor crucis*）：「這是十字架的愛，從十字架而生，這愛轉向一個方向走，而在這方向裏，它找不到其本身可以享受的好處，但它卻可以將好處給予壞人和有需要的人。」[40]

為自己的拯救我們當然甚麼也做不到，但我們的鄰舍卻需要我們的工作，也就是我們的愛：「每個人都是為了別人而受造和出生的。」[41]

> 因為如果我不用自己所擁有的一切去服事我的鄰舍，我便搶劫了（根據上帝的旨意）我欠他的東西。因此，基督徒成了「基督的工作」，甚至是鄰舍的「基督」；基督徒做基督所做的事。基督徒認同鄰舍的苦難。[42]

基督是善工的主體，因為基督活在信徒裏面，並令信徒做基督所做的事。稱義對路德來說，主要表示：透過基督（藉聖靈）在心裏的內住而有分於上帝。那不單是罪得赦免，而是真正有分於上帝，即有分於上帝的性情如良善、智慧和真誠等。路德甚至說，當上帝自己令人真誠、良善和公正時，祂實際上令自己變得真誠、良善和公正，藉此來表達這個關於有分於上帝的真理。不過，我們從沒有自誇的理由，

39 *Luther's Works* 31.57.

40 *Luther's Works* 31.57.

41 Luther *Weimarer Ausgabe* 21.346.

42 *Luther's Works* 31.55～56.

因為連基督的臨在和這臨在所產生的結果，都總是在基督徒裏隱藏的。

從這種對鄰舍的愛的強調，產生出路德對教會作為「病人的醫院」(hospital to the sick)這一理解。

・ 教會作為患了不治之症的人的醫院 ・

由於基督徒活在世界上，他們與有罪的和不完美的人交往；因此，基督的教會在世上只能夠成為患了不治之症的人的醫院。[43] 基督徒生命的總體是要背負鄰舍的重擔。因此，主教和牧者的任務，就是要將每個教區當為醫院，並將會友當為需要醫治的病人那樣來行動：

> 這就是福音的總體：基督的國度就是憐憫和恩典的國 48
> 度。它只是持續地背負〔彼此的〕重擔。基督背負了我們的不幸和疾病。祂將會承擔起我們的罪，並且在我們偏離時祂能忍耐。即便現在和永遠，祂都將我們擔在肩上，並且永遠不厭其煩地背負我們……在這個國度中，傳道者的任務是安慰良心，以友善的精神與人們交往，以福音的養分來餵養他們，背負那些軟弱的人，醫治那些患病的人，並且根據他們的需要來照顧每一個人。這也是每個主教和牧者恰當的服事。[44]

---

43 這一節大大得益於 Tuomo Mannermaa, *Kaksi rakkautta: Johdatus Lutherin uskonmaailmaan*, 2 painos, Suomalaisen Teologisen Kirjallisuusseuran Julkaisuja 194 (Helsinki: STKJ, 1995), 97～100。

44 Luther *Weimarer Ausgabe* 10:1.2; 366, 18～34 (*Summer Postil*, 1526；筆者的翻譯)。

這種照顧態度的神學性基礎是：路德認為教會成員是彼此的基督。在守主餐時，這點便成為焦點。由於基督在餅和酒中將自己給予基督徒，基督徒在參與聖餐時，他們也形成一個餅和一杯酒。基督徒是那給飢餓的鄰舍吃的餅，也是那止息他們口渴的飲料。路德解釋說：「這也發生在我們身上，就是我們都成為一個餅，並且彼此相『吃』。」[45] 他把聖餐的進食和麵包的烤製作比較：在麵包的烤製中，各成分完全混在一起，彼此不能區分；或者把聖餐的進食與酒的預備作比較：在酒的預備中，葡萄被搗碎在一起。

路德運用「教會作母親」這個古代美麗的象徵。事實上，他將教會與母親那用作生產嬰孩的子宮作比較。教會的任務是高貴的：「換句話說，教會就是教導，熱心地愛護我們，將我們懷抱在她子宮內、放在膝上和臂彎內，模塑我們，並根據基督的樣式令我們完美，直到我們成長為完美的人。」[46]

路德也知道基督教同時是「主人」和「僕人」這種最有趣的辯證關係。一方面，由於基督的臨在，基督教是「高於一切」(above all)的；但另一方面，又是「在一切之下」(under all)的。透過信心，基督教的精神被帶到上帝的水平，但當它在被提升時，它也應該做上帝的愛總會做的事情，也就是降下，去到一個本身甚麼也不是的境況。因此，基督教既完全自由，又完全受別人的需要所束縛。它是完全自由的，又是完全為服事別人而奉獻的。

49 總括來說，我們可以說，在路德的思想中，人所有的努力，在原則上都是為了愛的服事。宣講福音，使飢餓的人

45 Luther *Weimarer Ausgabe* 12.489 ~ 490.

46 Luther *Weimarer Ausgabe* 40:1.665.

得飽足，給赤身的人衣服，這些都是分享好處，就好像在家庭、社會和教會中所做的事情一樣。「在教會和社會中，所有人類行動都是源自愛，以保護和培育由上帝所創造的生命。」[47]

47 Mannermaa, *Kaksi rakkautta*, 99～100.

教會作為約
改革宗教會論

The Church as Covenant
Reformed Ecclesiology

・ 教會的標記 ・

正如馬丁・路德一樣，加爾文和慈運理（Ulrich Zwingli）也花上一段時間，才痛苦地察覺到，宗教改革運動要脫離天主教，這並不只是暫時性的。一五四一年，當作為天主教徒和新教徒最後一次嘗試達成妥協的雷根斯堡會談（Colloquy of Regensburg）失敗後，改教者慢慢被迫開始建立他們對教會的獨特理解。新教改教者在創造一個教會論上，給自己設下了艱難的任務，就是要創造一種既忠於古老信經，又忠於那使宗教改革運動出現的觀念的教會論，而加爾文是這羣改教者中的領導人物。加爾文同意路德的看法，他認同真正教會的標記是宣講上帝的道和正確施行聖禮。[1] 不過，他比路德更嚴格強調正

1 John Calvin, *Institutes of the Christian Religion*, ed. John T. McNeill（Philadelphia: Westminster Press, 1960）, 4.1.12.

確的信仰和正直的基督徒生命。「他接受慈運理那關於『信仰』的測試和重洗／浸派那關於『生命』的測試，並要加上在聖禮中的分享。」[2] 根據加爾文，「教會的成員〔是〕那些藉著信仰的認信，藉著生命的榜樣，並藉著聖禮的參與，來承認同一位上帝和基督的人」。[3]

不過，和路德相反，加爾文相信，在可見的教會裏，職事的正確次序，是具有特定的聖經指引的，以致教會秩
51 序的特定形式現在成了一個教義的項目。管理的特色是「牧者」(minister)和「長老」(presbyter)之間的區別。另一個與路德不同之處是紀律(discipline)的角色。對路德來說，行為問題很大程度上由良心作判決，但加爾文卻更多是律法主義式的：他尋求對基督徒的行為規範採取一種特定的、頗為禁慾式的觀點。雖然「每個加爾文主義者(Calvinist)都是修士」這句話肯定是言過其實，但仍然包含一點真理。[4] 他甚至在《基督教要義》中花了一章的篇幅來討論關於紀律的問題。[5] 加爾文對行為和教義那頗為嚴格和明顯一面倒的強調，也令他對教會的觀點偏離了他的同道慈運理的教會論——慈運理認為個人的信心是教會論的

2 C. Penrose St. Amat, “Reformation Views of the Church,” in *The People of God: Essays in the Believers' Church*, ed. Paul Basden and David S. Dockery (Nashville: Broadman, 1991), 213；進一步參 Roland Bainton, *The Reformation of the Sixteenth Century* (Boston: Beacon, 1952), esp. 115～116。

3 Calvin *Institutes* 4.1.8；也參 Calvin, *Commentary* (Grand Rapids, Mich.: Eerdmans, 1948), 1 Corinthians 11:2。

4 Bainton, *Reformation of the Sixteenth Century*, 116；奇怪的是，文德爾(François Wendel)在其對加爾文的出色研究中並不同意這點(François Wendel, *Calvin: Origins and Development of His Religious Thoughts* [New York: Harper & Row, 1963], 301)。

5 Calvin *Institutes* 4:22.

關鍵。[6]

在關於教會的觀點上，改革宗的觀點，特別是加爾文主義派的觀點，其中一個最獨特又富爭議之處是國家和教會之間那不可或缺的關係。加爾文在日內瓦的初期，教會和國家的關係是平行的，它們互相給予支持和彼此合作。兩種權力擁有一個共同的目標。不過後來，加爾文在兩者之間劃了一條更清晰的界線：教會和國家變成單一實在（single reality）的兩面——雖然兩者均不能被清楚確認。根據加爾文，甚至地上的統治者也應該「促進基督的國度和維持教義的純正」。[7]

·可見的和不可見的教會·

對加爾文來說，教會主要是一個可見的羣體。一個幫助加爾文強調教會那可見一面的主題，就是他所日漸強調的聖禮的公開挪用，特別是洗禮的公開挪用。加爾文跟從奧古斯丁的做法，他區分了「在教會裏的信仰」（belief in church）和「相信教會」（believing the church）。他提出，後者正確地顯示出，教會便是得救的途徑，而前者則將救恩歸因於教會而不是上帝。[8] 正是在這個處境下，加爾文首先以正面的意思來使用「可見的教會」這個表達方式；他形容教會是忠信者的「母親」，透過這「母親」，人得到重生和拯救。他也強調公開的職事和教會的紀律。雖然對可見的教會的討論仍然 52
缺乏關於體制的資料，但由不可見的教會轉向可見的教會，

6　進一步參 P. D. L. Avis, "'The True Church' in Reformation Theology," *Scottish Journal of Theology* 30（1977）: 326～332。

7　Calvin, *Commentary*, Isaiah 49:23.

8　Calvin *Institutes* 4.1.2.

這改變是明顯的。[9]

沿著這路線，加爾文建立起他的洗禮神學（baptismal theology），並且他對教會作為可見羣體的觀念也變得更微妙。到了一五四三年的《基督教要義》，加爾文已經將可見的教會這個觀念發展到一個情況，認為人必定不能與這教會分離：「因此，正如人需要相信，單單上帝的眼睛才看到的教會，對我們來說是不可見的；那麼，對這一個教會，就是就人而言被稱為教會的地方，我們得到命令要尊重它和遵守相通。」[10] 加爾文視不可見的教會為「真」（true）教會，是由所有在上帝面前蒙揀選的人所組成的。他也視可見的教會為「真」教會，因為它是本真的（authentic）工具，以顯明和接納那些在基督裏蒙揀選的人。因此，這不是兩間不同但並存的教會，而是一間教會，但它有兩個部分，一部分是上帝可見的，另一部分是人類可見的。[11]

教會這個雙重本性——可見和不可見雖被視為一、但仍然能被區分——因加爾文對聖禮和洗禮的討論而被強化。他強調，上帝白白地獻出基督，以作為聖禮的實體（substance）之本性。「這奉獻總是標誌著那獨一的真教會：透過聖禮，這奉獻在可見的教會中是明顯的，而聖禮本身是一種言語（the word）的形式，以在基督裏提供嫁接（engrafting）；這奉獻在不可見的教會中則是隱含的，因為蒙揀選的人就是那些在基督裏得得以被嫁接的人。洗禮代表進入可見的教會羣體的門口。」[12]

9 進一步參 John W. Riggs, "Emerging Ecclesiology in Calvin's Baptismal Thought, 1536～43," *Church History* 64, no. 1（1995）: 37～38。

10 Calvin *Institutes* 4.1.7.

11 Riggs, "Emerging Ecclesiology in Calvin's Baptismal Thought," 41.

12 Riggs, "Emerging Ecclesiology in Calvin's Baptismal Thought," 41.

換句話說，基督透過可見的教會而被奉獻給所有人，而那奉獻，透過道和聖禮，標誌著那獨一真教會的臨在。另一方面，只有一些人（即那些只被上帝認識的蒙揀選者）真正接受基督的奉獻。早在一五三六年，加爾文便形容這些真信徒為「基督奧祕的身體」（the mystical body of Christ），而在一五三九年的《基督教要義》，加爾文廣泛地稱他們為在基督裏蒙揀選的人。[13]

歸根究底，十分重要的是，要留意，可見的教會和不可
見的教會這個區別是終末性的（eschatological）。不可見的
教會是在末時、當上帝施行最後審判時才會存在的教會。不 53
管有著一切軟弱和缺點，可見的教會亦應該受到所有基督徒
尊重，因此，這並沒有退到只有信徒的團契這種多納徒式的
傾向之中。換句話說，不可見的教會——即只包含蒙揀選的
人——是盼望的對象，不是此生的實在；而可見的教會則是
基督的教會在地上的具體形式。而且，與天主教和信義宗一
致，加爾文沒有將教會的聖潔置於個人之中（雖然他對這方
面的關注並非漠不關心），而是置於福音和聖禮這些客觀方
面之中。

・ 有恩典的立約羣體 ・

加爾文的評註者對在加爾文的神學和教會論中聖禮的具體角色和聖禮的原則，有不同的評價。近年有人提出，加爾文（和路德）代表了那在傳統上被稱為天主教的和正教的「聖餐教會論」（eucharistic ecclesiology）的東西，而在這教會論

13 Calvin *Institutes* 3.22.7; Riggs, "Emerging Ecclesiology in Calvin's Baptismal Thought," 42.

中，教會和聖禮——在這裏指聖餐——的關係是相互的。[14] 格里什（Brian A. Gerrish）甚至説：「加爾文的整個畢生之作（work, *oeuvre*）可以被形容為聖餐神學，充滿著恩典和感恩的主題。」[15] 這句話表示，根據加爾文，所有美善的事，都從其於上帝中的恩惠之源而來到我們這裏：「單單主張上帝是獨一的，並是所有人都應該敬拜和尊崇的，這並不足夠，除非我們也被説服而相信，祂是一切美善的源頭，以致我們除了在祂裏面以外，不會在任何地方尋求甚麼……而且我們應該學習向祂尋求、要求所有這一切〔在世界和我們生命中美善和美麗的事物〕，並在得到它們時，感恩地將它們歸因於祂。」[16] 上帝豐盛的恩典、祂自己在愛中給出自己，是我們這身為受造物的、在自己周圍所找到的一切，而惟一合適的回應便是聖餐，即感恩的進餐。對加爾文來説，在這意義上，人類是「聖餐的人」（eucharistic man）。[17]

對加爾文來説，上帝那美善恩賜的高潮就是耶穌基督。
54 「這就是福音的目的，即基督成為我們的基督，而我們應該被嫁接入（in-grafted）祂的身體之中。」[18] 這帶來基督和人類之間那奧祕的聯合。基督身為約的來源和中保，祂成為與我們聯合的那位，因此，教會存在著人和上帝之間的聯合。當然這只是運用了聖餐的語言。對加爾文來説，那把恩賜——

14 Owen F. Cummings, "The Reformers and Eucharistic Ecclesiology," *One in Christ* 33, no. 1 (1997): 47～54.

15 Brian A Gerrish, *Grace and Gratitude: The Eucharistic Theology of John Calvin* (Edinburgh: T & T Clark, 1993)；意譯自 Cummings, "Reformers and Eucharistic Ecclesiology," 52。

16 Calvin *Institutes* 1.2.1.

17 Cummings, "Reformers and Eucharistic Ecclesiology," 52, quoting from Gerrish, *Grace and Gratitude*, 50.

18 Calvin, *Commentary on the Epistle to the Romans*, 1:9.

即耶穌基督——賜給我們的恰當工具，就是上帝的道，而這道也是聖靈的工具。[19] 因此，在加爾文的教會教義中，聖靈論、基督論和聖禮神學緊密相連起來。[20]

・改革宗教會論中的張力・

正如已經提到的，沒有新教的改教者在開始更新教會時，便打算建立一獨特的新教神學，更不要說要建立獨特的新教教會論。每當人們研究那些新教的教會論，無論是信義宗的還是改革宗的，他們都需要承認，這些觀點最多只是回應那些存在的需要而被提出的；它們只是偶然的產品，而不是關於教會的系統神學。隨著這種努力而來的，是張力和不一致。有兩種張力是著名的和值得提及的——為了能給改革宗的教會教義一個更具體的形式；更不要說，相對於信義宗，改革宗陣營從一開始便擁有兩個領導人物——加爾文和慈運理。雖然兩個領袖都大致代表了改革宗對教會的觀點，但他們都有其各自不同的強調。

其中一種張力，是特別在初期的慈運理中明顯可見的。根據慈運理，最終的教會權威在於地方的信徒羣體。正如初期的路德一樣，慈運理喜歡德語 *Gemeinde*（「信徒羣體」、「會眾」）這個詞，藉以強調教會論的這一面。不過，他很快便開始相信，這權威是由那據稱按照聖經教導而行事的國民政府所行使的。宗教改革運動的另一翼，即重洗/浸派這更徹底的「左翼」（left-wing），與那把權威置於地方羣體的觀念更一致，而且他們沒有讓國家來統治教會。慈運理和重

19　進一步參 Calvin *Institutes* 3.1.1; 1.9.1。

20　進一步參 Cummings, "Reformers and Eucharistic Ecclesiology," 53～54。

洗／浸派因此對權威有不同的意見，因而他們對教會的本性也有不同意見。[21]

55 慈運理另一個沒有解決的強調，在他接觸重洗／浸派者和其他更徹底的改教者時，也成為焦點。慈運理強調個人的信心作為蒙揀選的測試，因此也是那些構成教會的人的測試，這強調製造了一個「異例，因為他也將教會等同整個羣體，除了少數天主教徒以外」。他鄙視一種邏輯，就是：認為個人性的信仰會導致一信徒教會（believers' church）的邏輯。事實上，在一五二〇年代，有一段短時間，正如路德那樣，慈運理傾向信徒洗禮，因此也傾向信徒教會。但他的觀點很快便改變了，他轉而支持國家—教會模式（state-church model），雖然他從沒有放棄堅持信心的需要。這也是他的一些追隨者，如曼斯（Felix Manz）和格列伯（Conrad Grebel），決定離開改革宗陣營，而另外自組一羣改教者的其中一個原因。正如廣為人知的是，慈運理對聖禮保持一個「弱的」觀點（"weak" view），包括對洗禮和主餐的觀點，但卻繼續強調需要信心。對他來說，聖禮永遠不是這個詞在古典意義上的「聖禮」；根據這個古典意義，聖禮能使它們所意指的發生（*ex opera operato*），而這是路德、也當然是天主教的觀點。

不單慈運理強調，聖禮要有效，信心是必要的元素，加爾文也這樣強調。「我們不是因為餅、酒和水而有分於耶穌基督和祂的屬靈恩賜，而是……我們因應許而被帶到祂面前，以致祂將祂自己賜給我們，並藉著信心內住在我們裏面，祂以那些記號（signs）來實現所應許的和賜給我們的東西。」他所強調的是，基督在聖禮中藉著信心賜下祂的恩賜。[22] 同

21 St. Amant, "Reformation Views of the Church," 212.

22 St. Amant, "Reformation Views of the Church," 215.

時，加爾文對聖禮的觀點並不一致。他對主餐的理解指向一個方向，但他對洗禮的理解卻指向另一個方向。結果，他的聖禮教義既含糊不清，又存在著不同的詮釋。

如果信徒可以獨自進入與基督的相通，那麼，這種在聖
餐和洗禮中的聯合便是信心的效果。不過，在一五三六年，
當加爾文談到兒童的信心，他指到，在他們裏面上帝祕密地
行動，而我們則是不知道祂怎樣做的。後來他放棄這個觀
點，他回應那些相信洗禮是信心的聖禮——而這是嬰孩所做
不到的——的人時表示：「那反對的觀點可以用一句話來解
決掉：如果我們說，他們是為了他們將來的信心和悔罪而受
洗的——關於這點雖然我們在表面完全看不見，但藉著聖靈
隱藏的工作，那種子已經種下。」[23] 加爾文堅持接受嬰孩洗
禮的做法，雖然他沒有能力為這做法找到任何聖經基礎。他 56
試圖將它建基於舊約聖經的割禮以及耶穌對小孩的祝福。而
且，他指向教父的證據，但卻沒有引述來源。[24]

・ 巴特對改革宗教會論的修訂 ・

如果加爾文是新教宗教改革運動中、改革宗一翼的神學締造者，那麼，二十世紀的「教父」巴特（Karl Barth）則是現代改革宗最有能力和最富創意的詮釋者。巴特代表著眾多既牢牢捍衛自己傳統、又加以超越和擴展那傳統的原創思想家，向〔教會〕合一的世界提供了對加爾文—慈運理教會論傳統那最徹底的批評和重新挪用。我們可以合法地說，巴特的教會教義，預示和深化了信徒教會教會論那悠久的傳統，

23 St. Amant, "Reformation Views of the Church," 216.

24 Calvin *Institutes* 4.16.8.

而下一章會更詳細討論這種教會論。在近年一個關於巴特對新教教會論所作的修訂的研究中，卡特（Craig A. Carter）提出，巴特對教會的願景，代表著「宗教改革運動的完成」。[25]

不過，選擇巴特作為現代改革宗教會論的代表，這會受到一些人質疑，原因只是因為他對加爾文、慈運理和他們的繼任人所闡釋的主流改革宗理解，抱強烈批評態度。很多人正確地指出，巴特對教會的觀點接近自由教會對教會教義的強調。對這個批評的一個回應指出，忽略巴特的貢獻會嚴重地局限了改革宗家族中的多元性。但由於巴特的神學焦點不在於教會教義，所以我們在第二部分關於少數主要教會論者的討論中，沒有把他包括在內。

巴特的教會教義，被三個神學核心影響，就是聖靈論、[26]基督論和上帝的道。「關於人論和教會論的主張，只有在借用
57 自基督論時才會出現。」[27] 對巴特來說，教會的主要定義是基督的身體。[28] 卷四開頭的分段題為「聖靈的道」（“The Word

25 Craig A. Carter, “Karl Barth's Revision of Protestant Ecclesiology,” *Perspectives in Religious Studies* 22, no. 1（1995）: 35 ～ 44；在這一節，我大大得益於卡特的表述。關於巴特的教會論發展的主要來源，來自他的《教會教義學》（*Church Dogmatics*）卷四：Karl Barth, *Church Dogmatics*, 4 vols., ed. G. W. Bromiley and T. F. Torrance（Edinburgh: T & T Clark, 1956~1975）。事實上，卷四的每一部分都強調了教會的存有的某些方面：“The Holy Spirit and the Gathering of the Chrisitian Community”（part 1）, “The Holy Spirit and the Upbuilding of the Christian Community”（part 2）and “The Holy Spirit and the Sending of the Christian Community”（part 3）。

26 有關巴特的聖靈論式教會論，進一步參 James J. Buckley, “A Field of Living Fire: Karl Barth on the Spirit and the Church,” *Modern Theology* 10, no. 1（1994）: 81 ～ 102。

27 Barth, *Church Dogmatics*, 2/1, 149；進一步參 Nicholas M. Healy, “The Logic of Karl Barth's Ecclesiology: Analysis, Assessment and Proposed Modifications,” *Modern Theology* 10, no. 3（1994）: 254 ～ 256。

28 進一步參 Healy, “Logic of Karl Barth's Ecclesiology,” 256 ～ 257。

of the Holy Spirit"），巴特指出，由基督論走向教會論，這表示從信經的第二條過渡到第三條；事實上，我們的教會論式陳述是神學性的，因為它們是信仰的陳述。[29] 可是，雖然是聖靈呼召教會的，但教會仍然是「世界歷史的現象」，[30] 即是一人類社羣（society）。這就是通往強調教會之可見性質的大門。巴特拒絕那視教會為不可見的觀念，並稱這觀念為「教會論式幻影說」（ecclesiological docetism）。[31] 但巴特沒有視教會為一個統一的建制架構，而是視地方會眾為教會的可見形式。[32]

明顯的是，巴特提倡一種會眾制的教會管理，而不是改教者的主教制或長老制的架構。相應地，巴特以動態而非靜態的用語來界定教會。他喜歡使用好像「羣體」和「會眾」等詞語。[33]「教會存在於當它發生之時。」[34] 問題自然引向「誰是真基督徒」以及「怎樣認出真教會」。巴特反對過去兩種常見的錯誤做法，就是羅馬天主教的聖禮主義和重洗／浸派的道德主義（moralism）。前者最終變成人的行動，以限制聖靈的自由；後者則變成人類自大的慾望，希圖在判斷誰是真基督徒時不出現錯謬。[35] 巴特的另一選擇是以揀選的教義開始，並界定真基督徒——因而是真教會的成員——為「在其中聚集的、並由主所揀選的人」。[36]

29 Barth, *Church Dogmatics*, 4/1, 644 ~ 645.

30 Barth, *Church Dogmatics*, 4/1, 652.

31 Barth, *Church Dogmatics*, 4/1, 653.

32 Carter, " Karl Barth's Revision of Protestant Ecclesiology, " 36.

33 Barth, *Church Dogmatics* 4/1, 650.

34 Barth, *Church Dogmatics* 4/1, 652.

35 Barth, *Church Dogmatics* 4/1, 694, 696.

36 Barth, *Church Dogmatics* 4/1, 696.

巴特批評改教者視教會為自足的這一種觀點，認為那是缺乏宣教導向的。[37] 整個教會，而不單是「神職人員」，都
58 蒙召來參與上帝的使命。從宣教的角度，他也批評那把不可見和可見教會區分的做法：我們不應該關注於區分麥子和稗子，而應該讓上帝作判斷，並應該繼續從事作人類見證這恰當的工作。[38] 因此，對巴特來說，教會的主要任務是要成為見證的羣體，而不是恩典的途徑，而根據他的理解，這卻正是改教者所強調的。[39]

巴特其中一個強調，成了〔教會〕合一的格言——以及成為在很多自由教會裏所實在活出的——那就是：堅持所有教會成員，而非少數人，為職事的緣故，都是具有恩賜的（giftedness）。他認為，宗教改革運動關於信徒皆祭司的教義，不會有任何具體的形式，除非我們能重新肯定保羅有關聖靈恩賜的教導。[40] 這種服事性教會（serving church）的存在，需要所有成員的主動委身；因此，巴特堅決反對嬰兒洗禮，而支持信徒洗禮，這就變得可以理解了。「他那信徒洗禮的教義很自然地引向信徒教會的教義⋯⋯只有那些自由地選擇透過受洗而公開承認耶穌基督的人，才是會友。」[41]

現在應該清楚的是，對巴特來說，教會和國家的任何聯合都是令人討厭的，因為國家是世界的一部分。[42] 他提

---

37 進一步參 Barth, *Church Dogmatics* 4/3:2, 762 ~ 795。

38 Carter, "Karl Barth's Revision of Protestant Ecclesiology," 38; Barth, *Church Dogmatics* 4/3:2, esp. 765, 783, 790.

39 例如參 Barth, *Church Dogmatics* 4/3:2, 795, 797。

40 Barth, *Church Dogmatics* 4/3:2, 843 ~ 901.

41 Carter, "Karl Barth's Revision of Protestant Ecclesiology," 42；有關巴特的洗禮教義（包括水和聖靈的洗），進一步參 Barth, *Church Dogmatics*, 4/4, esp. 6, 32, 44, 100 ~ 133, 164 ~ 195。

42 Barth, *Church Dogmatics* 4/2, 688.

出，國家真正需要的是自由教會，「這樣的教會才可以提醒國家其本身的限制和呼召，並警告它不要落入無政府主義或獨裁之中」。[43]

43 Barth, *Church Dogmatics* 4/2, 687.

5

教會作為信徒的團契
自由教會教會論

The Church as the Fellowship of Believers
Free Church Ecclesiologies

・ 教會論的更新 ・

今天大部分人都同意，一個徹底的教會論轉變正在發生：「對教會的理解似乎正從傳統的階級模式，轉向（不再是新的）教會架構的參與模式（participative models）。」今天全球化的發展似乎表示，將來的新教基督教世界，在很大程度上會展示出一種自由的基督教形式。雖然主教制教會很可能不會放棄他們自己的階級架構，但他們也愈來愈需要把這些自由教會的元素加入他們生命的主流中，無論是在神學方面還是在實踐方面。[1] 這稱為基督教的「會眾化過程」（process of congregationalization）。[2] 考克斯（Harvey Cox）在他研究拉

1 Miroslav Volf, *After Our Likeness: The Church as an Image of the Trinity* (Grand Rapids, Mich.: Eerdmans, 1998), 12.

2 Russell Chandler, *Racing Toward 2001: The Forces Shaping America's Religious Future* (Grand Rapids, Mich.: Zondervan, 1992), 210; Volf, *After Our Likeness*, 13.

丁美洲解放神學家博菲（Leonardo Boff）的書中，清楚表達這種心態：「教會領袖會怎樣應付一股不安的屬靈能量——從社會的底層湧起，並威脅著要侵蝕傳統的教會管理模式？」[3] 沃爾夫主張，無論人們對這些在教會和社會中的發展有甚麼想法，自由教會的模式正在以一股有力的全球化力量的姿態出現：「自由教會模式持續在全球擴展，這無疑是由規模遍及全球、不可逆轉的社會轉變所支持的。」[4]

當然，人可以抱持一種態度，即只是在教義上將教會的
60 教會性限制在仍然符合那些更傳統的教會模式，而不理會這些徹底的改變。即使在更近期的著作中，嘲弄自由教會的著作都十分普遍，它們表示這些羣體顯示了一些稱不上為「教會」的東西。例如：一個來自羅馬天主教最高層的聲明，從教會論角度不承認自由教會為教會，它認為這些基督徒羣體逃到北美洲，「從因宗教改革運動而產生的『國家教會』的壓迫性模式中得到庇護……〔並〕創造他們自己的教會，即是一個根據他們的需要而安排的機構」。[5] 從〔教會〕合一的角度來說，這種態度是災難性的，而從社會學角度來說則是天真的，即以為藉一位神學家的幾筆，便能否定這個基督教發展得最快的部分——而且這部分亦展示了很多特點，那是令人驚訝地與基督教教會原本的形式相似的。可幸的是，同一份文件也限制了它的教會論式評估，藉著承認：

---

3 Harvey Cox, *The Silencing of Leonardo Boff: The Vatican and the Future of World Christianity*（Oak Park, Ill.: Meyer-Stone, 1988）, 17；我感謝此書提供參考：Volf, *After Our Likeness*, 13。

4 Volf, *After Our Likeness*, 13.

5 Joseph Cardinal Ratzinger, *The Ratzinger Report: An Exclusive Interview on the State of the Church, Joseph Cardinal Ratzinger with Vittorio Messori*（San Francisco: Ignatius, 1985）, 46.

> 「教會」這實在那本真的天主教意義，正隱默然地消失，沒有被明確地拒絕……換句話説，在很多方面，一個關於教會的觀念正在天主教思想中擴展，甚至是在天主教神學中擴展，而這個觀念甚至不能以「古典」的意義來被稱為新教。反而，很多現時的教會論觀念倒更符應某些北美洲「自由教會」的模式。[6]

正如在第一部分的導論已經指出的，在「**自由教會**」這個標題下應該包括甚麼運動，這並不是自明的。在這裏，我們會以大部分神學家都視之為自由教會的思想方法的根源的東西作開始，即徹底宗教改革運動（Radical Reformation）和當時正在浮現的重洗/浸派。接著，沿著這思路，我們會提到教會教義，因為藉著浸信會傳統和其主要締造者史密斯（John Smyth），這教義得到進一步的發展。在這裏，其中一個主要的焦點是那往往被稱為「信徒教會」這個觀念的興起，這觀念無疑是這個教會論傳統中最獨特的地方。可惜，為了作為概要，也為了綜合性的緣故，不同自由教會的教會論之間的分別，不能在這裏被一一強調，因此在某些情況下，我們為了這本書的更廣闊的教學目標，可能犧牲了神學上的準確性。

・徹底宗教改革運動的遺產・

教會歷史，正如任何其他歷史一樣，是從掌權者的角度
書寫的。即使在十九世紀末，大部分教會歷史學家仍然將 61
西方基督教完全區分為新教和天主教兩類，沒有第三類。一

6　Ratzinger, *Ratzinger Report*, 45 ～ 46.

大批合法的基督教教會和羣體被遺忘了。它們主要是徹底宗教改革運動的後代。重洗/浸派和後來的浸禮運動（Baptist movements），一方面是後來自由教會的先驅，而另一方面又是新教宗教改革運動那些想走得比權威改教者更遠的人的遺產。[7] 徹底改教者對主流同道的「妥協」感到不滿。[8]

雖然自由教會的教會論被幾個傳統所挪用和特別發展，而這些傳統又最終可以追溯到徹底宗教改革運動，但有些自由教會，如浸禮運動，有時會對其自身與歷史上各種徹底思想家和行動者那不容否定的聯繫，感到不自在，特別是與十六世紀德意志那失敗的閔斯特王國（Kingdom of Münster）之間的聯繫。可是，徹底宗教改革運動有幾件事件——例如天啟傳道人赫德（Hans Hut）的一生和殉道——將後來的浸禮運動與宗教改革運動和反宗教改革運動的鬥爭，聯繫起來。[9]

對立的團體之間都存在著不同的看法。儘管天主教徒和權威改教者都視左翼為異見分子，但所有陣營均視自己為上帝在地上的真教會，即真使徒教會。因此，他們認為使徒教會和妥協的國家教會之間有著驚人的分別。法蘭克（Sebastian Frank）大膽地宣稱：

> 我相信基督的外在教會，包括它所有恩賜和聖禮，因著

7　進一步參 James W. McClendon Jr., *Doctrine: Systematic Theology*, vol. 2（Nashville: Abingdon, 1994）；也參 John J. Kiwiet, "Anabaptist Views of the Church," in *The People of God: Essays on the Believers' Church*, ed. Paul Basden and David S. Dockery（Nashville: Broadman, 1991）, 225 ~ 234。

8　Michael Novak, "The Free churches and the Roman Church: The Conception of the Church in Anabaptism and in Roman Catholicism: Past and Present," *Journal of Ecumenical Studies* 2（1965）: 429.

9　進一步參 McClendon, *Doctrine*, 341 ~ 342。

> 敵基督在使徒死後的闖入和毀壞，已經升到天上，隱藏在聖靈和真理中。因此我頗為肯定的是，經過一千四百年後，已沒有聚集的教會或任何聖禮存在。[10]

換句話說，真教會是在天上的，而其建制的模仿則在地 62
上。在這個嚴格界定的信徒教會模式中，教會被視為「義人的聚會」(an assembly of the righteous)而不是「混合的身體」(mixed body)：「事實上，那些只誇祂名的人不是基督的真會眾。基督的真會眾是那些真心悔改的，從上面由上帝所生的，藉著聖靈的工作、透過聆聽上帝的道而有更新的心，並已成為上帝兒女的人。」[11]

‧ 毋須中介接觸上帝 ‧

這是在歷史和神學上相當常見的主張：重洗/浸派和宗教改革運動其他左翼團體貶低聖經的地位，並以倚靠聖靈取而代之。[12] 雖然這宣稱無可否認包含部分事實，但同樣清楚的是，這個印象是來自他們的反對者那往往不夠公平的判斷。[13] 更正確的說法是，重洗/浸派沒有貶低成文的道(written Word)的地位，而是對聖靈和道之間的關係有獨特的看法。一個歷史事實是，雖然他們強調聖靈，但他們也嚴格地服從

10　引自 Alister E. McGrath, *Christian Theology: An Introduction* (Oxford: Blackwell, 1994), 415。

11　McGrath, *Christian Theology*, 415.

12　例如參 Gary D. Badcock, *Light of Truth and Fire of Love: A Theology of the Holy Spirit* (Grand Rapids, Mich.: Eerdmans, 1997)。

13　關於馬丁·路德對狂熱者(*Schwärmerei*)的批評，進一步參 Yves Congar, *I Believe in the Holy Spirit* (New York: Crossroad, 1983), 1:139～140。

聖經。[14] 聖經是重洗／浸派的至高權威。事實上，他們對教會和那些與社會有關的事情，往往抱持頗為狹窄甚至是排他性的觀點，而這觀點的重點是：他們堅持以最按字面的詮釋來服從聖經。重洗／浸派也堅持，凡委身於服從並擁有聖靈的人，都能夠閱讀聖經並能理解聖經。而且，他們絕對不是個人主義的，而是強調羣體對正確理解啟示的重要性；也就是說，聖靈在教會工作——雖然重洗／浸派的對手十分懷疑這點。當然，這令普通人以一種甚至比主流宗教改革運動更具體的方式，成為至高的聖經詮釋者。

雖然自由教會從一開始便想將他們的信仰建基於上帝在
聖經中的啟示，但他們仍然想宣稱，人毋須中介而可以接觸
上帝，而無需那些人為的條件，如特別的職事、聖禮或禮
儀。貴格會——宗教改革運動左翼的另一個後代——便是這
63 種心態的代表例子，雖然這是一個極端的例子。[15] 那基本的
觀念是：直接、毋須中介地接觸上帝和救恩。因此聖禮或正
式的崇拜都不是必須的。在一個重要的意義上，聖靈才是真
崇拜的規則。而惟一的「崇拜」是安靜地聆聽，讓聖靈說話。
在很多情況下，沒有任何人被委派作為崇拜的領袖，為要讓
聖靈成為主持。

我們不能否認，這是十分強調個人主義的，並對羣體的意義持含糊的看法。令羣體的範疇變得含糊的是，一方面，這些細小的基督徒團體真的持守凡物公用；但另一方面，沒有人類羣體，肯定也沒有教會階級，獲容許作屬靈的決定。對貴格會和其他人來說，上帝繼續透過歷史說話。每個人都

14 進一步參 McClendon, *Doctrine*, 117～118。

15 進一步參 Congar, *I Believe in the Holy Spirit*, 1:141～143。

能夠與上帝建立個人的、直接的關係。

・信徒教會・

自由教會其中一個給自己的名稱是「信徒教會」。這個名稱得到廣泛使用，特別是在浸信會中間，但其他人也會使用。利特爾（Franklin H. Little）嘗試給這個詞語更具體的內容。首先，信徒教會雖然外表上由自願者組成，但它卻是基督的教會而不是他們的教會。較舊的歐洲學術研究，對他們所認為是「自願」宗教（“voluntary” religion；德語是 *Freiwilligkeitskirchen* [16]）的原則，特別感到懷疑。第二，信徒教會的會友身分，實際上是自願和刻意的。因此，信徒洗禮的實踐而非嬰孩洗禮更普遍得到接受，雖然這不是排他地得到接受。會友身分是自願的，這個事實令人們可以強調教會中每個成員的尊嚴和聲音。第三，從世界分離出來的原則得到強調，雖然批評者和初信者都往往錯誤地詮釋這個原則。那些跟隨特爾慈（Ernst Troeltsch）對「教會類別」（church type）和「教派類別」（sect type）這個著名區分的人，往往將自由教會聯繫到多納徒主義和完美主義（perfectionism）。不過，教會和世界的區分，卻是關乎信與不信的人之間的分區的。第四，宣教和見證對信徒教會來說是一些重要的觀念，並且涉及所有會友。重洗／浸派對「追求
全德之忠告」（counsel of perfection）的論述便是例證。相對 64
於中世紀天主教的心態——根據這心態，只有少數人是「神

16 Karl Holl, “Luther und die Schwärmer,” *Gesammelte Aufsätze zur Kirchengeschichte*, 6th ed.（Tübingen: J. C. B. Mohr, 1932）, 1:420ff.

職人員」——在重洗／浸派中，勸告會被適用於教會中每一個人身上。同樣，胡特爾弟兄會（Hutterites）、貴格會、公理會（Congregationalists）、浸信會、循道會（Methodists）、莫拉維亞會（Moravians）——所有這些和很多其他自由教會都擁有悠久和豐富的宣教歷史。第五，正如已經變得明顯的是，教會紀律和內部紀律都得到強調，因為教會由信徒組成，他們無條件地將生命交給基督。第六，近年十分重要的是「世俗」（secular）這個觀念。與「文化基督教」（cultural Christianity）這個觀念相反，信徒教會反對將教會和世俗認同，但同時想給教會以外的生活一份尊嚴和正直。他們以「世俗」政府而不是以中世紀「基督教」國家——神職人員和君王一起統治，而後者則是前者的僕人——這個觀念為例子。[17]

自由教會教會論的代表，已提出很多其他普遍的特點，描述他們自己對教會的觀點和教義，例如，訴諸新約聖經而不是教會傳統，以作為教會教義的基礎；原初主義（primitivism），或者復原（restoration）的原則；以及對宗教自由的肯定。[18] 而且，威廉斯（George H. Williams）提出，一個可能與信徒教會等同的詞語就是「聚集的教會」（gathered church），這是與較舊傳統「給定的教會」（given church）相對立的。「聚集的教會」這個觀念，相對於「基督教身體」（*corpus christianum*；即在作管理的社會保護下的建制教會）

17 Franklin H. Little, " The Concept of the Believers' Church, " in *The Concept of the Believers' Church*, ed. James Leo Garrett (Scottdale, Penn.: Herald, 1969) , 15 ~ 33.

18 William R. Estep Jr., " A Believing People: Historical Background, " in *The Concept of the Believers' Church*, ed. James Leo Garrett (Scottdale, Penn.: Herald, 1969) , 57 ~ 58.

的教會，它「可以證明是……中世紀基督教世界那存活下來的國有化遺迹……並在任何相關的國家、種族、階級和地區的亞文化〔之中〕」。[19] 為了強調聚集的教會的親密性質，在歷史上已用過一些隱喻，如「婚姻」；在穆斯特會（Musterite）和門諾會（Mennonite）重洗／浸派背後的靈恩傳道人賀夫曼（Melchior Hofmann），將信徒浸禮比作以色列新娘的幸福（耶二 2）。公理會的清教徒認為，純潔的會眾是曠野中等候永存智慧來擁抱的蒙愛者（歌八 5）。[20]

・ 信徒皆祭司 ・

正如所指出的，自由教會教會論其中一個特別的強調， 65
是堅持每個信徒作為平等的伙伴，在職事上都有權利和恩賜。任何關於「特別職事只給予教會中少數人」的觀念，都受到他們的堅決反對。自由教會一般都延續徹底宗教改革運動的傳統，但他們也批評那過分沒有彈性的教會架構，以及將職事限制在受按立的神職人員中的做法。他們想實踐信徒皆祭司（priesthood of all believers）這個觀念。[21] 大部分自由教會都會按立牧者，但在兩個基本方面，它們與較古老的教

19 George H. Williams, "A People in Community: Historical Background," in *The Concept of the Believers' Church*, ed. James Leo Garrett (Scottdale, Penn.: Herald, 1969), 102; George H. Williams, "The Believers' Church and the Given Church," in *The People of God: Essays in the Believers' Church*, ed. Paul Basden and David S. Dockery (Nashville: Broadman, 1991), 325～332.

20 Williams, "People in Community," 118.

21 一個關於較古老和較近期自由教會對職事和信徒皆祭司的觀念的研究，參 James Leo Garrett, *Systematic Theology: Biblical, Historical, and Evangelical* (Grand Rapids, Mich.: Eerdmans, 1995), 2:560～563；關於浸信會，參 Robert G. Walton,

會不同。即或有，但始終很少自由教會把按立理解為聖禮之一，如天主教對聖禮及按立所理解的那樣。對大部分自由教會來說，按立只是對神聖呼召的一個公開肯定，即肯定這呼召已經活躍於個人生命之中。[22]

自由教會對職事的第二個不同強調，在於信徒皆祭司：「這表示所有信徒都可以接觸上帝和參與職事」。[23] 在這裏，「基督的門徒」(Disciples of Christ)這個觀點具有代表性。根據芒羅(Harry Clyde Munro)：

> 透過耶穌基督……每個信徒都可以直接和即時接觸上帝。信徒不需要任何專業的人類中介。如果某人確實與上帝失去接觸，並似乎不能重新與上帝建立這個人的關
> 66 係，一位基督徒弟兄便可以幫助他找到回去的路……與

The Gathered Community (London: Carey, 1946), 102; Herschel H. Hobbs, *You Are Chosen: The Priesthood of Believers* (San Francisco: Harper & Row, 1990)；及 Paul Beasley-Murray, "The Ministry of All and the Leadership of Some: A Baptist Perspective," in *Anyone for Ordination*? Ed. Paul Beasley-Murray (Tunbridge Wells, U.K.: Monarch, 1993), 157 ~ 174；關於公理宗，參 Cyril Eastwood, *The Priesthood of All Believers: An Examination of the Doctrine from the Reformation to the Present Day* (London: Epworth, 1960), 164 ~ 171；關於貴格會，參 Douglas Gwyn, *Apocalypse of the Word: The Life and Message of George Fox (1624 ~1691)* (Richmond, Va.: Friends United Press, 1986), 166；關於五旬宗，參 Veli-Matti Kärkkäinen, *Spiritus Ubi Vult Spirat: Pneumatology in Roman Catholic-Pentecostal Dialogue (1972 ~1989)*, Schriften der Luther-Agricola-Gesellschaft (Helsinki: Luther-Agricola-Society, 1998), 332 ~ 345。

22 進一步參 Fisher Humphreys, "Ordination in the Church," in *The People of God*, 288 ~ 298；關於浸信會(最古老的自由教會)創立人史密斯的觀點，參這細緻的討論：Volf, *After Our Likeness*, 245 ~ 247。關於五旬宗教會在國際天主教—五旬宗對話(International Roman Catholic-Pentecostal Dialogue)中那被界定的觀點，參 Kärkkäinen, *Spiritus Ubi Vult Spirat*, 346 ~ 349。

23 Balthasar Fischer, "Catholic Liturgy in the Light of Vatican II and the Post-Conciliar Reform of the Liturgy," *One in Christ* 13 (1977): 28 ~ 30.

> 那永久作為信徒及上帝之間必要中介的專業祭司不同，以這樣的祭司方式來事奉的牧者或平信徒弟兄，在關係重建後便會即時走到一旁，這樣，那得到幫助的人便可以成為自己的祭司。[24]

鄧恩（James D. G. Dunn）指出，五旬宗和靈恩派教會，以及其他較新的自由教會，已成功地表現出在他們的教會中靈恩式職事那更強烈的經驗和表達。[25] 或許這是真的，雖然較舊的教會（特別是天主教）典型地——根據天主教徒加里祖—古貝（Miguel M. Garijo-Guembe）講法，這是「一面倒地」[26]——將他們對職事、職位（office）和權威的理解，建基於教牧書信，但自由教會則選擇哥林多模式，而在這模式中，所有信徒能靈恩式地得到能力而成為祭司，這更是焦點。

自由教會到目前為止仍沒有闡釋職事的神學性基礎，雖然他們在實踐上已實現了「信徒皆祭司」這個新教原則的意義。教會的會友，包括沒有或受過一點教育的婦女，都有機會參與教會的各種事奉。

・「使命的説明」・

自由教會為了使命（mission）和佈道而活，也因使命和佈道而活。使命不是教會的**一個**任務，而是所有教會生活的**惟**一目的。近期一份由一些自由教會主要神學家所發表的聲

24 引自 Garrett, *Systematic Theology*, 2:561。

25 J. D. G. Dunn, *The Christ and the Spirit*, vol. 2, *Pneumatology*（Grand Rapids, Mich.: Eerdmans, 1998）, esp. 293.

26 Garijo-Guembe, *Communion of Saints*, 144.

明，便把教會的存有訴諸於使命的重要性：「我們發覺，我們本身同意：教會在世界的使命，是要在世界中間活出它作為立約羣體的身分。可見的羣體是宣告使命的器官。把團契和生命方式結合起來，這是個人佈道呼召之的真正目標。」[27] 尼爾主教（Bishop Stephen Neill）頗為正確地提出，除了傳統宗教改革運動的教會標記外，還應該加上三個標記，那就是「地上的火」（宣教的活力）、為基督受苦的意願，以及朝
67 聖者的流動性。[28] 其中一位先驅西蒙斯（Menno Simons），當他在宗教改革運動的兩重觀點（宣講道和正確施行聖禮）以外，再加上四個教會標記時，他也說出同樣的話；那四個標記是聖潔的生活、弟兄般的愛、毫無保留的見證和受苦。尤達（John H. Yoder）稱尼爾的三個標記為「使命的說明」（*notae missionis*, " the notes of the Mission " ）。這些屬性的最終目的，是要實踐使命，換句話說，就是要令教會為上帝在世界的目標而成為一個樂意的工具。[29]

聖潔的生活總是自由教會那以倫理為取向的心態所十分關心的。重洗/浸派教會有「禁制令」，可以藉以將教會成員逐出教會。波蘭《拉寇教義問答》（*Racovian Catechism*）列出五個維持重洗/浸派羣體之嚴格紀律的原因，而大部分原因都反映出其徹底與世界分離的策略：

---

27 " Report of the Findings Committee " of the 1967 Louisville Conference " The Concept of the Believers' Church " in *The Concept of the Believers' Church*, ed. James Leo Garrett (Scottdale, Penn.: Herald, 1969) , 320.

28 Stephen Neill, *The Unfinished Task* (London: Lutterworth, 1957) , 19 ~ 20.

29 John H. Yoder, " The Church in the World: Theological Interpretation, " in *The Concept of the Believers' Church*, ed. James Leo Garrett (Scottdale, Penn.: Herald, 1969) , 250 ~ 283.

1. 讓墮落的教會成員可以得到醫治，並重返教會的團契之中；
2. 阻嚇其他人犯同樣的錯誤；
3. 將醜聞和失序從教會中排除；
4. 阻止主的道在教會以外陷入惡名之中；
5. 阻止主的榮耀被褻瀆。[30]

西蒙斯那真教會的第二個標記，即是弟兄般的愛，也是其他改教者所關心的，但在徹底派中，這個特點就有更具體的教會論形式。弟兄般的愛是每個門徒在跟隨主時的生活方式。教會第三個獨特的標記是見證人和作見證。對西蒙斯來說，教會的目的是確保「基督的名、意志、言語和訓令，不斷在面對世界各種殘忍、暴虐、騷動、烈火、刀劍和暴力時，得到承認，並被持守到底」。[31] 最後，宣教的教會（missionary church）要預備為基督和福音受苦。這種苦難不是行為不當的結果，而是因為依循基督的道路所致的（彼前四 14～16）。

30 引自 McGrath, *Christian Theology*, 417。

31 引自 Yoder, "The Church in the World," 267。

6

在聖靈能力中的教會
五旬宗／靈恩教會論

The Church in the Power of the Spirit
Pentecostal / Charismatic Ecclesiologies

・ 五旬宗／靈恩現象的浮現和擴展 ・

隨著五旬宗[1]和較後期的靈恩運動[2]的浮現和快速增長， 68
二十世紀見證了基督教教會這個戲劇性發展，而這發展有助在第二個千禧年結束時重塑全球基督教教會。

大部分普及的五旬宗的成文歷史，都通常將其美國背景

1 關於五旬宗的浮現和基本定義的短文，可以在這篇編者文章找到："The Pentecostal and Charismatic Movements," in *Dictionary of Pentecostal and Charismatic Movements*, ed. S.M. Burgess and G. McGee（Grand Rapids, Mich.: Zondervan, 1988）, 1～6。今天，對全球五旬宗的歷史和神學最突出的介紹是：Walter J. Hollenweger, *Pentecostals*（London: SCM Press, 1972 and subsequent editions）；以及其後續：Walter J. Hollenweger, *Pentecostalism: Origins and Developments Worldwide*（Peabody, Mass.: Hendrickson, 1998）。

2 或許對主要靈恩運動的來源和歷史最容易的介紹是：Peter Hocken, "The Charismatic Movement," in *The Dictionary of Pentecostal and Charismatic Movements*, 130～160；也參最近兩期的期刊：*Pneuma*, vol. 16, no. 2（1994）和 *Pneuma*, vol.18, no. 1（1996）。

的起源，追溯到一九〇一年一月一日，在肯薩斯州托皮卡（Topeka, Kansas）於帕勒姆（Charles F. Parham）的伯特利聖經學院（Bethel Bible School）所開始的復興：那些學生在花了大量時間研究使徒行傳的記述後說出（不明的）方言。幾年後這復興透過一位非洲裔美國聖潔運動（Holiness）傳道人西摩（William J. Seymour）而得到更多公眾注意，他在加州洛杉磯的阿蘇撒街佈道所（Azusa Street Mission）宣講關於五旬節的新信息。從一九〇六年開始，關於聖靈「傾出」的消息傳遍全國和全世界。不久，五旬宗的復興（Pentecostal revivals）便可以在加拿大、英國、斯堪的納維亞、德國、亞洲、非洲和拉丁美洲找到。

69 大約五十年後，這復興開始進入較古老的教會。關於這復興的消息（那被稱為「靈恩復興／運動」〔Charismatic renewal/movement〕）[3] 於一九六〇年開始在美國全國浮現，因為有報導指出在加州曼納斯（Van Nuys），一位聖公會教區牧師貝內特（Dennis Bennett）的事奉發生了一些了不起的事情。隨著運動的發展，它傳到其他新教、羅馬天主教，最後傳到正教會之中。它為很多教會帶來屬靈生命的復興。

一九六七年都肯大學（Duquesne University；位於匹茲堡〔Pittsburgh〕）的教員和學生組成靈恩祈禱小組，這通常被視為羅馬天主教靈恩復興的開始。美國信義宗（Lutheran Church of America）在明尼蘇達州聖保羅（St. Paul）的五旬宗式復興，是靈恩運動進入信義宗的開始；在克里斯坦森

3 Henry I. Lederle, *Treasures Old and New: Interpretations of "Spirit Baptism" in the Charismatic Renewal Movement*（Peabody, Mass.: Hendrickson, 1988）, xiii；這文章給我們一個方便的方法去看那差別，主要是根據來源方面：「五旬宗和靈恩運動之間最有用的區別是，考慮他們的根源是在一九〇六年還是一九六〇年。」

（Larry Christenson）領導下，這復興後來變得十分著名。

在二十世紀，五旬宗/靈恩運動（Pentecostal/Charismatic movement）變成新教第一大類別。[4] 霍倫韋格（Walter J. Hollenweger）說：「它的人數在九十年間由零增長到四億，在整個教會歷史上，這都是前所未有的。」[5] 如果目前羅馬天主教是最大的基督教團體，那麼古典五旬宗則是第二大的團體，並且增長得很快。天主教徒現在大約佔所有基督徒的一半，而五旬宗信徒則佔差不多四分一。

從一開始，五旬宗的特點便是多元化，因此任何分類最多也只是概括性的。一個明顯的原因是，它的開端是多元文 70
化的和跨國的，而且它在多個不同文化處境中增長。[6] 事實上，我們需要說眾數的五旬宗（Pentecostalisms）而不是單數的五旬宗（Pentecostalism；作為單一的現象）。[7]

4　麥克朗（L. Grant McClung Jr.）說：「巴雷特對現在人數已經超過四億，每年增長一千九百萬，每天增長五萬四千人的五旬節/靈恩傳統的描述是，它以『驚人地多的類別』的形態出現——具有三十八個主要類別，一萬一千個五旬宗宗派和三千個獨立靈恩宗派，跨越八千個種族—語言文化和七千種語言。全球五旬宗的橫切面顯示著，國際五旬宗/靈恩運動的組合——城市比鄉郊多，女性比男性多，第三世界（百分之六十六）比西方世界多，貧窮（百分之八十七）比富裕多，以家庭為取向的比以個人為取向的多，而且平均在十八歲以下。」（L. Grant McClung Jr., "Pentecostal / Charismatic Perspectives on a Missiology for the Twenty-First Century," *Pneuma* 16, no. 1 [1994]: 11.）

5　Walter J. Hollenweger, "From Azura Street to the Toronto Phenomenon: Historical Roots of the Pentecostal Movement," *Concilium* 3（1996）: 3.

6　有關近期一個討論，參 A. A. Anderson and W. J. Hollenweger, eds., *Pentecostals After a Century: Global Perspectives on a Movement in Transition*（Sheffield, U.K.: Sheffield Academic Press, 1999）。

7　Robeck, "Taking Stock of Pentecostalism," 45；有關五旬宗神學的多樣性，參 Vinson Synan, "Pentecostalism: Varieties and Contributions," *Pneuma* 8, no. 2（1986）: 34～36。

・教會生命的中心那動態的、靈恩式的靈性・

五旬宗代表草根的靈性運動（grassroots spiritual movement），而不是創新的神學性建構。它沒有產生一種新的神學，而是產生一種新的靈性和進取的新佈道方法。

> 五旬宗那突出的特點是它相信屬靈恩賜於現在顯明，例如奇蹟的醫治、預言，以及最特別的説方言。五旬宗肯定這些屬靈恩賜（spiritual gifts, charismata）是由聖靈賜下的，而且是當代教會生活和職事的規範。[8]

很多這運動的觀察者都認為，「靈恩的重估」(revalorization of the Charismata）[9]——而不是神學性分析——牽涉到五旬宗和較後期的靈恩運動那最重要的貢獻。[10] 五旬宗將動態、熱誠的靈性（重新）引入現代教會。[11] 五旬宗靈性（Penetcostal spirituality）的焦點是把上帝密契地經驗為超自然的。經驗的範疇對理解五旬宗信徒的靈性，因而對理解他們的崇拜，都是必不可少的。用研究五旬宗靈性的阿爾布雷克特（Daniel Albrecht）的話來説：

> 從很實際的意義來説……〔五旬宗〕教會的主日崇拜是

8 Jon Ruthven, *On the Cessation of the Charismata*（Sheffield, U.K.: Sheffield Academic Press, 1993）, 14.

9 Synan, "Pentecostalism," 36.

10 Synan, "Pentecostalism," 37.

11 有關對五旬宗靈性一個清楚明確的描述，參 Daniel E. Albrecht, *Rites in the Spirit: A Ritual Approach to Pentecostal/Charismatic Spirituality*（Sheffield, U.K.: Sheffield Academic Press, 1999）。

> 為提供密契**相遇**——與上帝的經驗——的處境而被設計
> 的。這相遇由即時的神聖臨在感覺所傳遞的。崇拜和祭
> 壇/啟應的主要禮儀，是經特別構造的，以令會眾敏感 71
> 上帝的臨在，並刺激人對上帝那有意識的經驗……姿
> 勢、禮儀行動和象徵，都在這處境裏發揮著功用，以談
> 及那明顯的臨在。[12]

對五旬宗來說，「崇拜」是另一種言說「上帝的臨在」的方式。[13] 他們的崇拜是自發性（spontaneity）的有趣混合：運用如說方言、說預言、禱告醫治等屬靈恩賜；以及專注於與上帝的密契相遇。聖靈不是崇拜的中心。在聖靈能力中的耶穌基督和上帝，才是中心。五旬宗那善於表達的崇拜（expressive worship），往往被公眾和學者稱為「感情主義」（emotionalism）或「狂熱」（enthusiasm），而這種崇拜延續著孟他努派（Montanists）、重洗/浸派、貴格會、震顫派（Shakers）和其他復興運動的傳統。這種崇拜往往伴隨著以方言歌唱、向主鼓掌、舉手和高聲喊「阿們」及「哈利路亞」。[14]

透過聖靈加力以見證和服事，這都得到強調。個人和集體的佈道均取得高度重視，或許這是該運動那驚人增長的主要原因。五旬宗靈性和崇拜都強調超自然。

> 五旬宗設想了一個受到超自然元素介入的世界。五旬宗

12 Daniel E. Albrecht, "Pentecostal Spirituality: Looking through the Lens of Ritual," *Pneuma* 14, no. 2 (1996): 21.

13 Albrecht, "Pentecostal Spirituality," 9.

14 Synan, "Pentecostalism," 37.

> 教導信徒期望與超自然相遇……記號、奇事和神蹟的宣稱並不只限於主日的禮儀之內，它們應是日常生活的一部分。[15]

五旬宗神學影響和模塑了它的教會論，其辨識可以用他們所喜歡的標籤來描述，那標籤就是「全備福音」（full gospel）。這全備福音包括五個神學主題：

1. 在基督裏的因信稱義；
2. 因信得以成聖，這是恩典第二個確定的工作；
3. 身體得醫治是所有人在救恩中都可以得到的；
4. 基督會在千禧年前再來；
5. 聖靈裏受洗／浸，以說方言作為明證。

72 最後一個主題是古典五旬宗最特別的特點。[16] 或許，所有信徒的「先知身分」，可以加到「信徒皆祭司」這個身分上面，以作為第六個主題。[17] 關於五旬宗這五重（或六重）描述，在最終的分析中是否合法，不能在這導覽中被確立；但要留意的中心點是：對活的靈恩靈性的強調，而不是論證神學的強調。

霍倫韋格提出，界定五旬宗身分的範式，必須更廣闊地被理解。他的經典描述包括五旬宗以下幾個方面，以表明如何形成其身分：

15 Albrecht, "Pentecostal Spirituality," 23.

16 Steven J. Land, *Pentecostal Spirituality: A Passion for the Kingdom* (Sheffield, U.K.: Sheffield Academic Press, 1992), 18.

17 Land, *Pentecostal Spirituality*, 18.

- 禮儀的口頭表達；
- 神學和見證的敘事性；
- 在思想、禱告和作決定的層面有最大的參與，因此有一種復和性的羣體形式；
- 將夢和視象（vision）包括在崇拜的個人和公共形式中，以作為個人及羣體的一種聖像（icon）；
- 對身體/思想的關係的理解，是由身體和思想之間那對應的經驗所提供的，最驚人的應用是禱告醫治的職事。[18]

・ 五旬宗教會論：究竟是否存在？ ・

天主教徒李保羅（Paul D. Lee）是對五旬宗十分熟悉的分析者，他提問到，談論一種獨特的五旬宗教會論，究竟這是否合理：

> 如果五旬宗是一個運動，那麼談論教會論，這是否有用或有效？教會論對五旬宗有甚麼意義？最初，五旬宗是那麼忙於傳揚關於聖靈「在末後的日子」傾出這個「好消息」，以致他們對要形成一個宗派，顯得毫不關心。將臨的國度那千禧年前的迫切，令五旬宗專注於他們的準

18 W. J. Hollenweger, "After Twenty Years' Research on Pentecostalism," *International Review of Missions* 75（January 1986）: 6；他在無數其他著作中也提出這種清單，很多這運動的觀察者，無論來自內部的還是外部的，都熱誠地加以引用。更近期的是，霍倫韋格（Hollenweger, "From Azura Street," 3～14）以這些話總結五旬宗的「根源」:（1）黑人的口述根源；（2）天主教根源；（3）福音派根源；（4）批判根源；和（5）〔教會〕合一根源。W. J. Hollenweger, "Verheissung und Verhängnis der Pfingtsbewegung," *Evangelische Theologie* 53, no. 3（1993）: 265～288；也參 Veli-Matti Kärkkäinen, *Pnueumatology: The Holy Spirit in Ecumenical, International and Contextual Perspective*（Grand Rapids, Mich.: Baker, 2002）, 87～98。

> 73 備——透過個人的歸信和重生，從而令任何教會論的思考都頗為不相干，或者至少是次要的。[19]

這是一個合法的觀察，特別是因為五旬宗關於教會論的著作是出奇地少，而惟一重要的貢獻是霍奇斯（M. L. Hodges）的經典著作《教會及其使命的神學：五旬宗的視角》（*A Theology of the Church and Its Mission: A Pentecostal Perspective*）。[20] 霍肯（Peter Hocken）在〈教會的神學〉（"Theology of Church"）這篇收錄在《五旬宗和靈恩運動辭典》（*The Dictionary of Pentecostal and Charismatic Movements*；由一位天主教神學家所撰寫）的文章中指出：「宗派化（denominationalization）的過程沒有……就教會觀方面產生任何五旬宗的獨特觀點，除了那些尋求恢復以弗所書四章 11 節那五重職事的團體。」[21] 可以理解的是，五旬宗教會論具一臨時安排（adhoc）之特性，這製造了有很多即興創造的空間。[22]

---

19 Paul D. Lee, *Pneumatological Ecclesiology in the Roman Catholic-Pentecostal Dialogue: A Catholic Reading of the Third Quinquennium (1985~1989)* (Dissertatio Ad Lauream in Facultate S. Theologiae Apud Pontificiam Universitatem S. Thomae in Urbe, Rome, 1994), 15.

20 Peter Kuzmic and Miroslav Volf, "Communio Sanctorum: Toward a Theology of the Church as a Fellowship of Persons," a position paper read at the International Roman Catholic-Pentecostal Dialogue, Riano, Italy, May 21 ~ 26, 1985 (unpublished), 2；庫茲米和沃爾夫卻指出，缺乏關於教會論的著作，這不單限於五旬宗，也包括普遍的福音派。有關近期建構福音派教會論的嘗試，參 George Vandervelde, "Ecclesiology in the Breach: Evangelical Soundings," *Evangelical Review of Theology* 23, no. 1 (1999): 29 ~ 51。

21 Peter Hocken, "Theology of Church," in *The Dictionary of Pentecostal and Charismatic Movements*, ed. S. M. Burgess and G. B. McGee (Grand Rapids, Mich.: Zondervan, 1988), 213.

22 Michael Harper, "The Holy Spirit Acts in the Church, Its Structures, Its Sacramentality, Its Worship and Sacraments," *One in Christ* 12 (1976): 322.

由於大部分五旬宗都強調教會那屬靈的、因而是不可見的性質，所以他們很多著作都是關於教會的體制是，並以復原主義式的渴望回到使徒時代為特點的。[23]

當李保羅說：五旬宗教會論「不是主題式的神學，而是活出來的實在」，這是對的；因此對以上問題所提出的答案，「幾乎肯定不是一個在神學上令人滿意的答案」。[24] 但這並非表示教會論不大重要，或者是附加到個人靈性生活的奢侈品。[25]

幸好在一九七二年，五旬宗與羅馬天主教展開了國際性對話。這擴展的對話迫使五旬宗反思教會及其生命及職事。雖然在會談的早期階段只偶然討論到關於教會論的課題，但 74
第三個五年（即 1985 ～ 1989 年）則以「團契」（*koinonia*）為總題，致力討論教會這個主題。[26] 它幫助五旬宗闡釋其對教會教義的理解。

教會論一個反覆出現的問題，是聖靈/靈恩和制度之間的關係。[27] 可以理解的是，天主教更多強調階級、受按立的神職人員、教會權威和聖禮安排；而作為近期的復興運動，五旬宗則尋求靈恩在教會自由流動的經驗。不過，五旬宗預備好超越那太簡化的「靈恩**對**制度」（charisma versus institution）這種二分法，並接受一更有成果的觀念，就是教

23 Lee, *Pneumatological Ecclesiology*, 16.

24 Lee, *Pneumatological Ecclesiology*, 16 ～ 17.

25 Lee, *Pneumatological Ecclesiology*, 17.

26 有關詳細分析，參 Veli-Matti Kärkkäinen, *Spiritus Ubi Vult Spirat: Pneumatology in Roman Catholic-Pentecostal Dialogue (1972~1989)*（Schriften der Luther-Agricola-Gesellscahft 42; Helsinki: Luther-Agricola Society, 1998）, esp. 234 ～ 330；以及 Lee, *Pneumatological Ecclesiology*。

27 進一步參 Luigi Sartori, "The Structure of Juridical and Charismatic Power in the Christian Community," *Concilium* 109（New York: Seabury, 1978）, 38 ～ 55。

會既是靈恩的、又是有架構的。

這對話向我們顯示，五旬宗教會論沒有天真地貶低權威/架構的角色，而天主教教會論也不是滿足於過分強調階級的。而且，關於教會架構和制度應該怎樣組成，五旬宗之間也沒有一致的意見。他們的觀點由主張會眾制的到主張主教制的都有，[28] 但重要的是他們接受：以不同方式組織而成的教會，都有完全的教會身分。對五旬宗來說，沒有單一的準則以顯示某間教會的「真本性」(true nature)。[29] 他們的觀點是基於一個觀察：新約聖經似乎沒有向我們顯示出一個架構，而是顯示出幾個架構。[30]

・教會作為靈恩的團契・

正如已經提到的，天主教—五旬宗之間對話的第三個五年會談，集中在「團契」這主題上，這是自從一九八〇年代以來，〔教會〕合一教會論的主要主題。雖然直到最近，五旬宗才參與該討論，但關於教會的討論，他們總是喜歡使用團
75 契的語言。在〔教會〕合一神學開始重提聖經和教父根源，以求恢復將基督徒羣體理解為「團契」這古老神學理解之前幾十年，五旬宗信徒便在被聖靈充滿的姊妹和弟兄中活出團

28 Harper, "The Holy Spirit Acts in the Church, Its Structures, Its Sacramentality, Its Worship and Sacraments," 324；哈柏提出，關於建立教會架構，五旬宗整體上已顯示出些少原創性。

29 "Final Report of the Dialogue between the Secretariat for Promoting Christian Unity of the Roman Catholic Church and some Classical Pentecostals," *Information Service* 55 (1984/2～3), #84.

30 "Final Report of the Dialogue between the Secretariat for Promoting Christian Unity of the Roman Catholic Church and some Classical Pentecostals," #84.

契。五旬宗靈性和神學幾乎從一開始便欣賞團契的語言多於「建制教會」(作為有階級的架構)。[31]「五旬宗救恩論和聖靈論……明確地指向一個**與人團契之教會論**(ecclesiology of the fellowship of persons)這個方向。」[32]

五旬宗的對話隊伍致力尋求建立一種五旬宗對教會的觀點，就是視之為靈恩的團契，即一個從聖靈論角度來構成的實在。這是他們在新約聖經的教會圖畫中所看見的一種強調：「團契是**透過聖靈受洗而加入基督的身體的共同經驗**(比較林前十二13)。」[33] 這團契是一些要被經驗的東西，即是一個在羣體的日常生活中所共同分享的經驗。在這個意義上，「教會在哪裏？」這個問題如果不指涉到聖靈活潑的臨在，便不能被回答。[34]

根據五旬宗的教會論，這裏存在著三個基本模式：首先，傳統新教的「演講室」(lecture room)環境——這焦點在於講壇和宣講；第二，天主教作為「劇院環境」(theater setting)——其強調在於崇拜的戲劇性元素；第三，五旬宗的「團契」——其強調則落在羣體聚集一起，以求互相建立。在不想排除宣講和聖禮的元素底下，他們提出，新約聖經的崇拜的基本特點是在團契中互相分享。上帝不單透過成文的文字或宣講的文字或禮儀崇拜活動，使祂自身與基督徒相通：「祂更多藉著聖靈，**透過彼此分享**而這樣做。」[35] 引述紐比真的話，他們說：「真的會眾制生活，其中每個成員都有

31 "Final Report of the Dialogue between the Secretariat for Promoting Christian Unity of the Roman Catholic Church and some Classical Pentecostals," #10.

32 Kuzmic and Volf, "Communio Sanctorum," 2；強調為原文所有。

33 Kuzmic and Volf, "Communio Sanctorum," 14；強調為原文所有。

34 Kuzmic and Volf, "Communio Sanctorum," 4.

35 Kuzmic and Volf, "Communio Sanctorum," 5；強調為原文所有。

機會透過聖靈所賦予的恩賜，而在整個身體的生命上作出貢獻，而這種生活既是教會的本質（*esse*, essence）部分，也是職事和聖禮。」[36] 團契的動態，透過靈恩具體地活出來。「正如團契應該是教會存在那不能分割的方式，那麼靈恩應該是教會生命一個永久的特點。」[37]

76 庫茲米（Peter Kuzmic）和沃爾夫提出，如果羣體中每個成員都被賦予恩賜，而他們在運用恩賜上亦彼此倚靠，那麼階級的架構和順服權威的問題便應該重新作出評估。[38] 但對靈恩架構的教會的強調，並不表示會因著強調靈恩而犧牲了架構和制度。兩位作者均指出：「在社會學和歷史上，這都會是天真的做法。」[39] 他們指出，歷史給我們的教訓是，從僵化的教會架構突破出來的運動，很快便發展出它們自己的架構和制度。[40]

・靈恩運動的教會論的特點・

雖然五旬宗和靈恩運動有一些基本的共通點，但它們也有明顯的分別。這是可以理解的，當我們考慮到靈恩神學是由它們各自的教會傳統所模塑的。[41] 例如：天主教靈恩運動既是由對天主教的委身所模塑，同時也是由對一種屬靈經驗

36 Kuzmic and Volf, "Communio Sanctorum," 16, quoting from Lesslie Newbigin, *The Household of God: Lectures on the Nature of the Church*（London: SCM Press, 1953）, 106.

37 Kuzmic and Volf, "Communio Sanctorum," 16.

38 Kuzmic and Volf, "Communio Sanctorum," 21.

39 Kuzmic and Volf, "Communio Sanctorum," 22.

40 Kuzmic and Volf, "Communio Sanctorum," 23.

41 有關基本文件，參 Kilian McDonnell, ed., *Presence, Power, Praise: Documents on the Charismatic Renewal*, 3 vols.（Collegeville, Minn.: Liturgical Press, 1980）。

的委身所模塑的。[42]

五旬宗代表著的一種復興運動，是具有復原主義傾向的，因此，對歷史和傳統也持比較輕視的態度。對比起來，靈恩神學通常更留意傳統，也會回到他們傳統的歷史根源。天主教靈恩運動特別經常提醒我們，屬靈恩賜的運用從沒有離開過教會的生活，他們在自己的歷史中都找到有關的例子（甚至是「在聖靈裏唱歌」）。

而且，靈恩基督徒通常比五旬宗的同道更專注於羣體。他們對羣體生活有更強烈的感覺，尤其是那些在更著重禮儀的宗派的靈恩基督徒。聖靈被視為透過傳統工作，這過程帶 77
有並詮釋著神聖啟示。對聖靈的新經驗是根據聖經和傳統來詮釋的。靈恩基督徒相信，聖靈透過教會歷史工作，所以他們尋求在他們的新經驗和所傳遞下來的信仰之間，找出延續性。例如：在天主教更新運動中，聖靈也被視為透過教會的七個聖禮工作，這些聖禮都基於上帝的恩典和接受者的信心（如果是嬰孩洗禮，那則是基於父母的信心）。

靈恩運動另一個特點是，從一開始便建立神學。他們的目標是要顯示出，他們的經驗怎樣補充他們的傳統神學，並成為那神學的一部分，而不是對抗那神學。孔加爾關心到，在很多靈恩神學中存在著「靈恩」和「制度」之間那不健康的

42 進一步參 Francis A. Sullivan, "Catholic Charismatic Renewal," in *The Dictionary of Pentecostal and Charismatic Movements*, 110 ～ 125；Kilian McDonnell, "Catholic Charismatic Renewal and Classical Pentecostalism: Growth and Critique of a Systematic Suspicion," *One in Christ* 23（1987）: 36 ～ 61；Kilian McDonnell, ed., *The Holy Spirit and Power: The Catholic Charismatic Renewal*（Garden City, N.Y.: Doubleday, 1975）；Kilian McDonnell, *Charismatic Renewal and Churches*（New York: Seabury, 1976）；Kilian McDonnell, *Charismatic Renewal and Ecumenism*（New York: Paulist, 1978）。

對抗，[43] 這對五旬宗來說肯定是真的。

・ 五旬宗／靈恩教會論的顯著特點 ・

東正教（後來是聖公會）的神父、英國的哈柏（Michael Harper）這樣描述五旬宗／靈恩教會生活的貢獻：

1. 聖靈在賜生命和能力給個人、並透過個人而賜生命和能力給教會和世界的過程中，均佔重要的角色。
2. 上帝的百姓那整體的聚集，在崇拜的行動和施行聖禮中積極參與。
3. 在教會和世界的職事中平信徒被釋放，以及他們在所有教會生活中具有積極的角色。
4. 地方性的教會作為上帝百姓聚集的重要性，能集體對世界表達基督的生命。
5. 經驗上帝的靈恩行動。一種準聖禮主義（quasi-sacramentalism），在百姓的生命中積極工作。
6. 整間教會恢復可經驗到的使徒身分。羅馬天主教在很大程度上以歷史用語、使徒傳承（apostolic succession）等來強調教會的使徒性質。新教教會則將強調轉向教義，以求嘗試恢復使徒給教會的教導⋯⋯五旬宗的貢獻是要恢復使徒的標記——即醫治、神蹟、預言、說方言等。
78 7. 五旬宗最大的貢獻，可根據他們在第三世界開始注入本色化原則的能力來加以評估，這也部分地解釋了其極大的增長。儘管歷史上著名的十九世紀教會宣教的努力，是在建

43 Congar, *I Believe in the Holy Spirit*, esp. 2:165 ~ 169.

立帝國和將其他文化西方化的氣氛下來從事的，但五旬宗的外展工作則很大程度上擺脫了這些缺點。[44]

我們不能否認的是，五旬宗/靈恩基督教以它獨特的、又往往彼此矛盾衝突的見證，深深影響了其餘的基督教世界。例如：在近年，較古老的教會開始欣賞五旬宗的動力，並渴望在他們的禮儀形式中捕捉一點這種動力，正如在堪培拉（Canberra）的普世基督教協進會大會（World Council of Churches Assembly，1991 年）和在聖安東尼奧（San Antonio）的世界宣教會議（World Missions Conference，1989 年）所明顯可見的那樣。

44 Harper, " The Holy Spirit Acts in the Church, Its Structures, Its Sacramentality, Its Worship and Sacraments, " 323.

7

教會作為一
〔教會〕合一運動教會論
The Church as One
The Ecumenical Movement Ecclesiologies

・普世主義對教會的挑戰・

〔教會〕合一運動的目的和議程，基本上是簡單和直截了當的：它是所有相信基督的人的羣體，因此它標榜要促進基督徒和教會的合一（unity）。[1] 如果教會是基督的教會，而由於只有一位基督，因此合一是教會的本性。普世基督教協進會在新德里（New Delhi，1961 年）舉行的第三屆大會，便將教會的合一置於三一上帝的合一之中：

> 父和子在聖靈的合一中的愛，是三一上帝希望所有人類和受造物所擁有的合一的來源和目標。我們相信，我們在耶穌基督的教會裏分享著這合一……這合一的實在於

1 關於「**普世主義**」這個詞的經典定義和它意義的不同方面，參 W. A. Visser't Hooft, "The Basis: Its History and Significance," *The Ecumenical Review* 2 (1985): 86。

> 五旬節在聖靈的恩賜中被顯明；透過聖靈，我們在現今這世代得知道子與父的完美聯合那最初結出的果子，而只有在基督於祂的榮耀中把萬物圓滿之時，這聯合才能為人所知。[2]

換句話說，教會的合一根本上不是人的努力，而是由上帝賜下的，作為給所有基督徒的命令。這是基本的〔教會〕合一信念，在所有層面引導著基督徒合一工作的。這是初期教會的信經所認信的：「獨一的、神聖的、大公的、使徒的教會。」(《尼西亞信經》〔*Nicene Creed*〕)「簡單來說，新約
80 聖經在言說教會的同時，沒有不提及教會合一的。因此，教會的合一是關乎基督教的信仰和認信，而不是一些受制於我們的態度的東西，或者不是一個只關乎實用的考慮。」[3]

在其最全面的意思裏，「普世主義」(ecumenism) 這個詞不單指教會之間的關係，也指宗教之間的關係，最後也指全人類在一位的上帝之下的合一 (unity under one God)。潘寧博和其他人擁護著這最後一方面，他堅持，上帝的教會在地上是一個記號，指向所有男女在終末時的合一。天主教的龔漢思提出，〔教會〕合一的工作有兩個方向，就是對內的 (*ad intra*)，即涉及與其他教會的關係；以及對外的 (*ad*

2 "New Delhi Section on Unity," in *A Documentary History of the Faith and Order Movement 1927～1963*, ed. L Vischer (St. Louis: Bethany, 1963), 144.

3 Harding Meyer, *That All May Be One: Perceptions and Models of Ecumenicity* (Grand Rapids, Mich.: Eerdmans, 1999), 8；在新約聖經的學術研究中，主要的取向主張，無論新約聖經的教會論之間有甚麼差異，它們仍然有一個統一的核心 (如布朗〔Raymond Brown〕所強調)。蓋士曼 (Ernst Käsemann) 挑戰這個假設，他懷疑新約聖經的見證是否支持對合一的追尋。Risto Saarinen, *Johdatus Ekumeniikkaan* (Helsinki: Kirjaneliö, 1994), 22, 23；也參 James Dunn, *Unity and Diversity in the New Testament* (London: SPCK, 1977)。

extra)，即涉及與其他世界宗教的關係。[4]

不過，關於〔教會〕合一運動的地位，目前聽到兩組互相
衝突的意見。[5] 一方面，大部分教會都顯示出，真的很願意
致力追求教會的合一。另一方面，一九四八年普世基督教協
進會成立以作為〔教會〕合一的正式場合，而在大約首三十年
的熱情過後，很多有影響力的聲音開始提及一個危機：[6] 關 81
於〔教會〕合一運動的性質和現時的狀況，人並不容易得出正
確的理解，因為它現在不是、而且從來也不是一個統一和同
質的現象。多樣的動機支持著這運動，而它們以各種尋求合
一的方式，「在不同『運動』中」被表達出來，「所有這一切便
構成『那』〔教會〕合一運動」。[7]

4 Hans Küng, *Theologie in Aufbruch: Eine Ökumenishce Grundlegung* (Munich: Kaiser Verlag, 1987), 246.

5 關於普世主義和〔教會〕合一運動的不同方面那最好的介紹是：*The Dictionary of the Ecumenical Movement*, ed. Nicholas Lossky et al. (Geneva, Switzerland: WCC Publications, 1991)；關於那歷史，參 *A Documentary History of Faith and Order Movement: 1927～1963*, ed. Lukas Vischer (St. Louis: Bethany, 1963)，及 *A Documentary History of Faith and Order: 1963～1993*, ed. Gunther Gassman (Geneva, Switzerland: WCC Publications, 1993)；關於〔教會〕合一運動最重要的文件的結集，參 *Growth in Agreement and Agreed Statements of Ecumenical Conversations on a World Level*, ed. Harding Meyer and Lukas Vischer (New York: Paulist, 1984)；關於主要的文本，參 *The Ecumenical Movement: An Anthology of Key Texts and Voices*, ed. Michael Kinnamon and Brian E. Cope (Grand Rapids, Mich.: Eerdmans, 1997)。

6 一本由其中一位主要的普世主義者所寫關於普世主義的新書這樣說：「〔教會〕合一的迫切性正在衰退的迹象有很多。對〔教會〕合一的主題、事件和出版的共同興趣明顯減少。〔教會〕合一的動機背後所潛在的損失，與對〔教會〕合一的成就的輕視和對〔教會〕合一的取向的不確定有關聯。保留與抵抗——即〔教會〕合一運動一直都要與之鬥爭的——取得新的力量。」(Meyer, *That All May Be One*, 152) 關於在法國薩爾斯堡 (Strasbourg)〔教會〕合一研究學院所產生的一份立場文件，參 *Crisis and Challenge of the Ecumenical Movement: Integrity and Indivisibility* (Geneva, Switzerland: WCC Publications, 1994)。

7 進一步參 Meyer, *That All May Be One*, 2。

整體來説，合一所含有的意思已被大大縮減。[8] 自從庫爾曼（Oscar Cullman）提出通過多元而達至合一的建議後（在其中，新約聖經關於身體各部分的比喻，從地方性的教會的處境中被抽離出來，並應用到現時不同宗派的處境中[9]），我們聽到好像「對立中的普世主義」（ecumenism in oppositions, *Ökumene in Gegensätzen*）[10] 和最矛盾的「沒有合一的普世主義」（ecumenism without unity）這樣的話。[11]

可以理解的是，令〔教會〕合一工作變得複雜和備受挑戰的是，基督徒和教會將他們自己對教會的特定理解，並他們認為在神學和教會論上正確的那種合一，引入〔教會〕合一運動之中。教會論決定一個人對普世主義的觀點：人對教會和它的教會性所相信的，會影響人對合一的挑戰所採取的進路。不過，重要的是，要留意對合一的不同理解之間的衝突，發生在〔教會〕合一運動裏面。這表示，對合一的理解的差異，不一定妨礙〔教會〕合一的努力的共同性（commonality）。[12] 我們現在來看看這些不同的觀念。

8 關於〔教會〕合一模式和那些合一的方法，一個簡潔介紹是：Thomas Best, "Models of Unity," and "Ways to Unity," in *The Dictionary of the Ecumenical Movement*, 1041～1043 and 1043～1047。

9 Oscar Cullman, *Einheit durch Vielfalt*（Tübingen, Mohr, 1986）.

10 Erich Geldbach, *Ökumene in Gegensätzen*, Bemshemier Heft 66（Göttingen: Vandenhoek & Ruprecht, 1987）.

11 改革宗的普世主義者、南非的萊德利（Henry I. Lederle），稱這模式為「最廉價的」（cheapest），卻沒有任何意義（Henry I. Lederle, "The Spirit of Unity: A Discomforting Comforter: Some Reflections on the Holy Spirit, Ecumenism and the Pentecostal-Charismatic Movements," *The Ecumenical Review* 42, nos. 3～4 [1990]: 291）。

12 進一步參 Meyer, *That All May Be One*, 7。

・ 對教會合一的不同觀念 ・

對於最古老的基督教會，即正教會（Orthodox Church）
來説，要界定正式的〔教會〕合一立場，並不容易，因為我們
缺乏任何官方的公告。不過，那具決定性的是在教會裏現存
分裂的痛苦。教會的合一一再受到破壞。[13] 至少能讓正教會 82
基督徒克服這些痛苦分歧的東西是：主教制（episcopacy）和
聖禮祭司身分的使徒傳統（apostolic tradition），以及古老信
經所建構的使徒傳統。[14] 正教會也提出：「教會的合一〔是〕
建基於那藉我們主耶穌基督所立的基礎，也建基於聖三一的
相通，以及聖禮。」這合一可以在哪裏找到？根據正教的詮
釋，這「合一透過使徒傳承和教父傳統被表達出來，並在正
教會中存活到今天」。[15]

另一個古老基督教家庭——羅馬天主教——在第二次梵蒂岡會議（1962～1965年）中，便明確地界定了其對基督徒合一的理解。根據《教會憲章》（關於教會的教義憲章）和《大公主義法令》（*Unitatis Redintegratio*；關於普世主義的法令），聖餐是基督徒合一的可見表現，而聖靈則是教會合一的原則。合一在這些條件下達至可見的彰顯：

> 透過使徒和他們的繼任人——以彼得的繼任人為首的主教——忠心地宣講福音，透過他們施行聖禮，並透過他

13 關於近期有用的研究，參 Meyer, *That All May Be One*, 15 ～ 36；我也得益於 Saarinen, *Johdatus Ekumenikkaan*, 81～110, 113～121。

14 進一步參 C. G. Patelos, ed., *The Orthodox Church in the Ecumenical Movement*（Geneva, Switzerland: World Councils of Churches, 1978）。

15 The statement of The Third Panorthodox Pre-Conciliar Conference in Chambesy, Switzerland, 1986, in *Episkepsis* no. 369（December 1968）.

> 們在愛中管理，耶穌基督希望祂的百姓在聖靈的行動下加增；祂在合一中，在他們信仰的認信中，在一起歡慶神聖的崇拜中，以及在上帝家庭那如兄弟般的和諧中，使其團契得以完全。[16]

根據天主教對普世主義的理解，主教——在他們當中以羅馬的主教（教宗）為首要——是教會合一的監護人（guardians）。[17] 羅馬天主教大膽地宣稱，教會的合一在羅馬天主教裏面已經「存在」，因此期望其他教會會「返回」這教會中。雖然這種「分離弟兄的返回」的心態受到梵二限制，但它仍然是天主教普世主義觀點的一部分。「我們相信，合一在天主教中存在，猶如一些她永遠不能失去的東西，而我們希望這合一會繼續增長，直到末了。」[18]

83 宗教改革運動的教會為基督教合一也作了一個最低的規定，就是要宣講上帝的道和正確地施行聖禮。這是信義宗的立場，正如在《奧格斯堡認信》第七項中所建構的那樣（同一個原則也可以在改革宗《第二瑞士信條》〔*Second Helvetic Confession*〕第十七項中找到）：

> 人們也教導說，基督教會必須總是獨一聖潔的，並維持這樣，即是所有信徒聚集，而在他們當中，福音得到純全地宣講，以及聖禮能根據福音被施行。因為對於基督教會的真合一，這已經足夠了，就是福音得到和諧的宣講，而聖禮根據上帝的道而被施行。教會的真合一毋須

16 *Unitatis Redintegratio* 2.

17 進一步參 *Lumen Gentium*, esp. 23。

18 *Unitatis Redintegratio* 4.

在任何地方都遵守由人確立的儀式。

只要對福音的理解有基本的一致，那麼教會架構、禮儀、領導模式和其他外在的事物都可以不同。雖然獨立個體的個人信仰並非毫不重要，但合一永遠都不能建基其上。

對普世聖公宗團契（Anglican Communion）而言，正如在一五六三和一五七一年的〈三十九條信綱〉（"Thirty-nine Articles"；即第十九項和第三十四項）中所闡釋的，教會的合一也是建基於上帝的道的宣講和聖禮。不過，後來於一八七〇年的〈芝加哥蘭柏四綱領〉（"Chicago-Lambeth Quadrilateral"），在關於合一的細節中便走得更遠，它勾畫了四個方面：聖經、《使徒信經》、兩個聖禮和主教團。[19] 儘管宗教改革運動的教會對領導的問題存開放的態度，但對聖公會來說，教會的合一則要求主教的存在。

最年青的基督教會——自由教會——對普世主義的觀念則心存很多懷疑，甚至疑慮。他們那具影響力的原則是「屬靈上的合一」（spiritual union）的觀念；根據這個觀念，上帝賜下的合一已經存在於「真」教會之間，或者至少在「真」信徒個體之間。自由教會沒有將合一置於信經甚或聖經之上，雖然對他們大部分人來說，兩者都十分重要；他們反而將合一置於獨立個體那顆相信的心之內。[20]

19 *The Book of Common Prayer*, Historical Documents of the Church, Lambeth Conference of 1888, Resolution 11.

20 關於最大的自由教會——五旬宗——對合一的理解，參 Veli-Matti Kärkkäinen, *Spiritus ubi vult spirat: Pneumatology in the Roman Catholic-Pentecostal Dialogue 1972～1989*, Schriften der Luther-Agricola Gesellschaft 42（Helsinki: Luther-Agricola Society, 1998）, chap. 5；關於浸信會，參 William L. Pitts, "The Relation of Baptists to Other Churches," in *The People of God: Essays on the Believers' Church*, ed. Paul Basden and David S. Dockery（Nashville: Broadman, 1991）, 235～250。

84 奧地利和瑞士的浸信會聯會（Unions of Baptist Congregations）以及德國的福音派自由教會聯會（Union of Evangelical-Free churches），這樣界定他們對合一的理解：

> 基督徒對羣體相通的經驗，首先在於信徒的地方聚集之中。在這聚集裏面，為承認信仰而行的洗禮得到執行，而由獨一的主賜下的那餅被擘開和分享。正因為這樣，地方性的教會把自身理解為基督獨一身體的彰顯，被獨一的聖靈所充滿的，並為獨一的盼望所實現的。[21]

這合一的四個方面在自由教會中得到強調：首先是每個基督徒的個人信仰；第二是以地方性的教會作為焦點；第三是信徒皆祭司；第四是對可見的合一的保留。[22]

總括來說，在基督教教會中間，對合一的不同觀念，就兩個主要方面而論，擁有一共同的基礎：所有教會都想將教會的合一建基於三一上帝的合一之上，以及建基於聖經和信經所傳遞給我們的使徒傳統之上。另一方面，教會在兩方面也是有分歧的：有些教會視主教制度（和聖禮職事）為必要的（即東正教和天主教）；有些教會視一般的主教制度（即東正教和聖公會）或視特別是教宗身分（即羅馬天主教）為強制的；而新教則對領導的問題保持開放的態度。而且，儘管自由教會認為獨立個體的個人信仰是合一

21 Bund Evangelisch-Freikirchlicher Gemeinden in Deutschland, ed., *Rechenschaft vom Glauben* 2, no. 7（1977）；這期由奧地利和瑞士的浸信會聯會及德國的福音派自由教會聯會所編輯，用來界定他們對合一的理解。

22 Meyer, *That All May Be One*, 24～27.

的關鍵，但所有其他教會——雖然沒有否認個人信仰的角色——卻將合一建基於教會和傳統之上。

最受激烈辯論的〔教會〕合一問題是合一的性質：它究竟應該是可見的，還是以其他方式來界定？在很多地方，這繼續是最受激烈辯論的問題。

・ 可見的合一：疑慮和潛力 ・

除了大部分自由教會外，幾乎所有其他基督教教會，目
前都視可見的合一為普世主義所希望達到的目標。關於甚麼 85
東西令合一成為可見的，這方面的理解可能各有不同，但整體的目標卻是清楚的；這個目標被稱為「〔教會〕合一的責任」(ecumenical imperative)。自從一九七五年，普世基督教協進會便界定它首要的功能和目的為：「於一個信仰和一個聖餐團契中那可見的合一，在崇拜中和在基督裏的共同生命中，給表達出來。」[23] 雖然這個觀念並不新奇，但它在過去二三十年卻顯得十分重要。

關於希望達到的可見的合一的性質，存在著好些保留和誤解。有些人害怕「可見的合一」這個觀念只是一個統一的教會組織。其他人認為，可見的合一，與「不可見的」、「屬靈的」合一不同，或是不可見的、屬靈的合一以外的一個選擇。還有一些人相信，基督獨一的教會已經——至少在他們自己的教會中——達到了合一的可見實現，因此現在所追求的合一的形式，只是將分開的教會「重新聯合」(reuniting) 起來。[24]

23 Meyer, *That All May Be One*, 10；現在關於信仰和教階的規章（#2）也說同樣的話。

24 Meyer, *That All May Be One*, 13 ～ 15.

要正確地理解普世主義的這一目標，我們必須記得，這個觀念希望保存由上帝賜下作為恩賜的合一與人類對上帝的行動和渴望的回應之間的區別。因此，〔教會〕合一運動——就此而論，或任何其他人類的組織——的任務，不是在教會之間創造合一，而是把一種形式賦予那已經由上帝所創造的合一。換句話說，由於上帝在地上已經創造了基督的獨一教會，所以基督徒應該在生活經驗中活出那事實。

而且，可見的合一不應該與齊一（uniformity）混淆。例如，信義宗和聖公會之間的《波沃共同聲明》（*Porvoo Common Statement*）十分清楚地表達這真理：

> 在基督裏的合一，並不是在忽略多元性底下存在，也不是相對於多元性而存在，而是與多元性一起並在多元性之中而被給出的。由於這多元性對應著很多由聖靈給予教會的恩賜，它是一個對教會有基本重要性的觀念，與教會生命的所有方面都有關，而不只是對神學多元主義（pluralism）的妥協。教會的合一和多元性，最終都建基於聖三一上帝的相通。[25]

・ 相通教會論 ・

86 「我們相信聖靈，神聖大公教會，聖徒相通。」近期一份關於〔教會〕合一的文件〈走向信義宗對相通的理解〉

---

25 *The Porvoo Common Statement*, Conversations between the British and Irish Anglican Churches and the Nordic and Baltic Lutheran Churches, 1992 (London: Council for Christian Unity of the General Synod of the Church of England, 1993) , 23.

（“Toward a Lutheran Understanding of Communion”），[26] 以這句引自《使徒信經》的話作開始，而這文件闡釋了，世界信義宗聯會（Lutheran World Federation, LWF）將自身理解為「教會相通」（communion of churches）。關於羅馬天主教和五旬宗教會之間的國際對話的《最後報告》（*Final Report*, 1985～1989年），以一個重要的相互肯定（第二十九項）作為開始：

> 五旬宗和羅馬天主教都相信，基督徒之間的團契植根於父、子和聖靈的生命中。而且他們相信，這三一生命是我們一起渴望的合一之至高表達：「我們將所看見、所聽見的傳給你們，使你們與我們相交。我們乃是與父並他兒子耶穌基督相交的。」（約壹一3）

同時，三一那位格的合一／相通，是基督徒合一的至高表達。《最後報告》（1985～1989年；第七十項）指出，這是「團契最深邃的意義」，呼應著《大公主義法令》和《教會憲章》所說那基礎性的話。[27]

---

26 “Toward a Lutheran Understanding of Communion: A Contribution by Working Group on Ecclesiology,” #1 in *The Church as Communion*, ed. Heindrich Holze, Lutheran World Federation Documentation No. 42, 1997（parallel edition in German: *Die Kirche als Gemeinschaft: Lutherische Beiträge zur Ekklesiologie*）（Geneva, Switzerland: LWF Publications, 1997）, 13 ～ 30；關於路德對團契的理解那細心的分析，參 Simo Peura, “Die Kirche als geistliche Communio bei Luther,” in *Der Heilige Geist: Ökumenische und Reformatorische Untersuchungen*, ed. Joachin Heubach, Veröffentlichungen der Luther-Akademie Ratzeburg 25（Erlangen: Martin-Luther Verlag, 1996）, 131～156。

27 參《教會憲章》起首幾段；*Unitatis Redintegratio*（The Constitution on Ecumenism）, #2。

這兩個近期的例子只是冰山的一角。它們顯示出，〔教會〕合一運動教會論那最重要的主題是「團契—教會論」（*koinonia*-ecclesiology）。近期一份普世基督教協進會的文件總結說：「團契是對教會的基本理解，是從雙方對話中浮現出來的。」[28] 事實上，活在像我們所身處的多元時代裏，如「團契」這樣的特定範式能夠自我確立為主導〔教會〕合一的視角，這實在不可思議。這是大部分基督教教會近年其中一個樂意接受的少數取向——由東正教到羅馬天主教到信義宗
87 和其他新教教會到甚至一些自由教會，也是一樣。[29]

新約聖經和教父傳統都見證「相通」這個觀念對理解教會的中心性。[30] 在它的基本意義中，「**團契／相通**」這個詞表示「在一個共有的實在中分享」。團契的同義詞是**分享**、**參與**、**羣體**和**相通**。教會是在聖靈裏的相通，因為惟有基督的靈，才能令所有基督徒在獨一的教會中聯合起來。聖靈論視角在新約聖經那相通教會論中的中心性，於天主教教會論者勞勒（Michael Lawler）和沙納漢（Thomas J. Shanahan）合著的《教會：有靈的相通》（*Church: A Spirited Communion*）[31] 這本書

28 *Fifth Forum on International Bilateral Conversations: Report*（Geneva, Switzerland: WCC Publications, 1991）, 46；有關近期的研究，參 Risto Saarinen, "The Concept of Communion in Ecumenical Dialogues," and "East-West Dialogue and the Theology of Communion," in *The Church as Communion*, ed. Heindrich Holze（Geneva, Switzerland: LWF Publications, 1997）, 287～337。

29 有關簡短但有用的研究，參 "The Church as Communion," in *The Catholicity of Reformation*, ed. Carl E. Braaten and Robert W. Jenson（Grand Rapids, Mich.: Eerdmans, 1996）, 1～12。

30 有關團契的經文和在新約聖經的解經那一分完整的清單，參 George Panikulam, *Koinonia in the New Testament: Expression of Christian Life*（Rome: Biblical Institute, 1979）。

31 Michael Lawler and Thomas J. Shanahan, *Church: A Spirited Communion*（Collegeville, Minn.: Liturgical Press, 1995）；關於新約教會論的聖靈論闡釋，也參 "Toward a Lutheran Understanding of Communion," #8～11。

的書名中，得到很好說明。

團契—教會論其中一個必然的特點——對追求教會的合一性這是必不可少的視角——是避免零和的命題（all-or-nothing proposition）。它容許不同程度的差異存在。「它對準那不可接受的差異，但同時又承認在差異中確實存在某程度的合一。」[32] 這正是梵二《大公主義法令》（第三項）所承認的，它談及羅馬天主教和其他教會之間存在著「某程度、但不完美的相通」。這個觀察帶有巨大的〔教會〕合一潛力：

> 承認這實況能開啟那努力朝向更大的合一之路（但又不會要求齊一）——與那只是將教會融合包含的那種貧乏一起。換句話說，團契堆積了足夠的活力，以致可以把現時教會的差異分歧，揭示為醜聞；也堆積了足夠的聖經實在主義，以致可以對此做點事。[33]

・ 改變信仰和共同見證 ・

改變信仰（proselytism）近年已經成了〔教會〕合一教會
論和宣教學其中一個「熱門話題」。可以理解的是，這是那 88
些較古老、更已被接納的、具歷史意義的教會所關注的。通
常對改變信仰的指控是來自較古老的教會，這些教會宣稱其
有權界定「**改變信仰**」的意思。較年青的教會，就是那些被

32 George Vandervelde, "Koinonia Ecclesiology: Ecumenical Breakthrough," *One in Christ* 29 (1993): 133.

33 Vandervelde, "Koinonia Ecclesiology," 133；也參天主教徒伍德（Susan Wood）：Susan Wood, "Communion Ecclesiology: Source of Hope, Source of Controversy," *Pro Ecclesia* 2, no. 4 (1993): 428。

其他人視為「改變信仰者」，他們往往沒有被邀參與這個題目的討論，而且也不能明顯看到，他們特別關注處理這個問題。例如：很多自由教會和它們無數外展組織的佈道活動都已很有效，以致較古老的教會開始關心其結果——失去無數會友。

聖地牙哥信仰及教制會議（Santiago Faith and Order meeting）就關於較新的團體和那些針對他們使人改變信仰的行動的指控，作出了或許是最充分的解釋：「〔我們〕相信，大部分從事這些活動的團體和個人，都是出於真誠關心他們所關注的救恩的。」不過，同一句聲明接著呼籲大家進行對話，至使一些做法和意圖有機會接受到其他教會挑戰。[34]

早在一九五四年，普世基督教協進會已經開展一項研究：「改變信仰和宗教自由」（"Proselytism and Religious Freedom"）。兩年後，該會草擬了一份具影響力的文件《基督徒見證、改變信仰和宗教自由》（*Christian Witness, Proselytism and Religious Freedom*），並在一九六一年的會議中推薦給成員教會。較早的多倫多宣言《一教會、眾教會和普世基督教協進會》（*The Church, the Churches and the World Council of Churches*, 1950），是在普世基督教協進會成員教會中間，又在與羅馬天主教有關的情況下，其中一個首先界定改變信仰的〔教會〕合一嘗試。在一九六〇年代，羅馬天主教草擬了梵二文件《信仰自由宣言》（*Dignitatis Humanae*），這份文件所處理的其中一個課題，便是宗教自由和改變信仰。在一九七〇年，普世基督教協進會產生了另

34 *On the Way to Fuller Koinonia: Official Report of the Fifth World Conference on Faith and Order*, ed. T. F. Best and G. Gassmann, Faith and Order Paper No. 166 (Geneva, Switzerland: WCC Publications, 1994), 257.

一份聯合文件《共同見證和改變信仰》（*Common Witness and Proselytism*）。

在較古老的教會中，羅馬天主教是在與其他教會相互對話中——包括與東正教[35]和較年青的基督教家庭如福音派 89
（evangelical）、[36]浸信會[37]和五旬宗[38]對話——最積極討論這個敏感問題的教會。在多邊的層面上，羅馬天主教和普世基督教協進會之間的聯合工作小組，近期（1996年）出版了一份研究文件，稱為《改變信仰的挑戰和共同見證的呼召》（*The Challenge of Proselytism and the Calling to Common Witness*）。

根據《共同見證和改變信仰》這份聯合文件，改變信仰的觀念，包括所有在歸信過程中不恰當的嘗試，即違反個人宗教自由，並阻止別人自由地作出宗教決定的嘗試。[39]文件

35 "Uniatism, Method of Union of the Past, and the Present Search for Full Communion," Joint International Commission for the Theological Dialogue between the Roman Catholic Church and the Orthodox Church: Seventh Plenary Session, Balamand School of Theology, Lebanon, June 17～24, 1993, *Information Service* 83（1993）: 95～99.

36 "Evangelical and Roman Catholic on Mission, 1977～1984: A Report," *International Bulletin of Missionary Research* 10, no. 1（1986）: 2～21; available in book form in *The Evangelical Roman Catholic Dialogue on Mission, 1977～1984*, ed. John R. Stott and Basil Meeking（Grand Rapids, Mich.: Eerdmans, 1986）.

37 "Summons to Witness to Christ in Today's World: A Report of the Baptist-Roman Catholic International Conversations, 1984～1988," *Information Service* 72（1990 / 1991）: 5～14.

38 "Evangelization, Proselytism and Common Witness," Final Report from the fourth phase of the International Dialogue 1990～1997 between the Roman Catholic Church and some classical Pentecostal churches and leaders.

39 "Common Witness and Proselytism: A Study Document of the Joint Working Group of the Roman Catholic Church and the World Council of Churches," *Information Service* 14（1971）: 18～23, #4～8.

鼓勵教會避免那些會當然被視為改變信仰的行動和態度：每一種暴力、道德限制、壓力、物質利益的運用、其他引誘的方法等。[40] 值得留意的是，文件不是大量地談及改變信仰的負面地方，而是以解釋那見證的正面質素作為開始的：即見證必須源自愛的靈，它必須關心上帝和人類的好處，而非關心一個羣體的好處，它必須給對象完全的自由以作個人決定。[41] 那稱為《共同的見證》（*Common Witness*）的文件由聯合工作小組（1982 年）擬定，這小組發展了這些基本指引，並令它們更具體。在東正教—天主教的《巴拉曼報告》（*Balamand Report*）中，教會間的差異被呈現為一個「與教會本性相反的情況」（"Uniatism", #6）。團契的重要性（#13）及宗教自由的原則（#15），都得到強調。這份聯合文件促請教會免除過去的疑慮，並走向合一和共同的見證（#20ff.）。

與很多基督徒（特別是較新、更有福音派思想的基督教教會和羣體）的信念相反，其實關於改變信仰的討論不是要
90 貶低或阻礙佈道（evangelization）的工作，而是要幫助之。
這一點在羅馬天主教—五旬宗國際對話中清楚表明，在這對話中，天主教和五旬宗互相總結說：「改變信仰之不道德的活動，其多種形式」包括：

- 所有推廣我們本身信仰羣體的、而在智性上不誠實的方式，例如，將我們自己羣體的理想呈現，與另一個基督教羣體的弱點作對比；

40 "Common Witness and Proselytism," #26～27.

41 "Common Witness and Proselytism," #22ff.

- 所有智性上的懶惰和應受責備的無知，就是忽略其他傳統那可以輕易得到的知識；
- 故意對其他基督徒羣體的信念和實踐的每一個錯誤詮釋；
- 每一種個人、心理、身體、道德、社會、經濟、宗教或政治等性質的強迫、強制、迫使、嘲笑、或威脅。[42]

這個來自目前兩個最大的基督教家庭——一方代表其中一個最古老的基督教傳統，而另一方則代表最年青的傳統——之間的協議，應該能讓人對佈道的共同任務有更好的理解。事實上，宣教和佈道屬於教會的本質，如果教會缺乏分享信仰的渴望，它便不配稱為教會。

・ 對教會傳統的總結性思想 ・

兩個古老的教會論傳統——東正教和羅馬天主教——分享著一個共同遺產，那是可以追溯到初期教會的，即使徒性（apostolicity）和大公性（catholicity）的觀念。**使徒性**表示忠於使徒的生命和傳統；而**大公性**在這裏指教義的圓滿，即救恩所需要的一切都一無所缺這一觀念。宗教改革運動的教會也宣稱具有使徒性；它們的焦點在於宣講的道，即使徒的信息。所有這些教會都宣稱站在使徒的基礎上，因此是在地上代表上帝的教會。它們不單包括那些已有意識地作出信仰認信的人，也包括那些接受信仰培育、並希望將來會承認基督的人。

自由教會傳統的浮現——包括那些新來者：五旬宗和靈

42 *Evangelization, Proselytism and Common Witness*, #6.

恩派——是關心教會**所有**成員的聖潔生活所產生的結果。雖
然較古老的教會從不放棄關於聖潔的呼召，但在較年青的教
會的眼中，它們強調得不足夠。因此出現了信徒教會這個觀
91 念。這些教會也宣稱具有使徒性，它們以活出委身和佈道的
使徒生命來作出這宣稱。

較古老的教會通常強調羣體和基督徒生命的羣體導向，而較新的教會則更留意個體的責任和角色。這些強調也帶到關於職事的觀念之中。可以理解的是，較古老的教會往往更專注於教會的架構，並視聖禮為獲取恩典那不可或缺的途徑。較年青的教會雖然不認為這些是毫不相干的（例如，聖禮幾乎是所有基督教團體都實行的），但它們卻更強調信心的回應和教會模式的彈性。宗教改革運動的教會，大多站在這兩個極端之間，並嘗試同時持守東方和西方天主教的取向，以及較年青的自由教會的取向。

教會歷史可悲地見證了教會缺乏愛和敏銳的觸覺。不同宗派之間出現了鬥爭、敵視的態度甚至迫害——視乎誰最有權力。可惜的是，基督教所強調的愛這高貴的心態並非總是得勝的。天主教和宗教改革運動教會之間，以及宗教改革運動教會的右翼和左翼之間，曾出現爭鬥和戰爭。

〔教會〕合一運動的興起在這可悲的圖畫上，投下一絲盼望。雖然以普世基督教協進會這個形式出現的〔教會〕合一運動頗為年青，只有半個世紀，但它已經顯示了它的潛力。無論人對普世主義的目標有甚麼看法——是「可見」的合一還是在某些其他層面上的合一——基督教的信息本身都指向所有上帝的百姓在一位上帝之下合一。那有待觀察的就只是：這些發展對教會論將會有甚麼含義。

目前，很多關於教會的思想，都來自那些在某程度上與

各自的傳統緊密相連的神學家。在一方面，他們代表自己的傳統；另一方面，他們也作為自己傳統的評論者。我們接著會討論部分主要神學家的教會論。

第二部

當代主要的教會論者

Leading Contemporary Ecclesiologists

這裏選來更仔細研究的神學家，很自然地分成兩組：即一些神學家——薛斯奧拿、莫特曼和潘寧博——是毋須進一步解釋的；而其他——龔漢思、紐比真、麥克倫登、沃爾夫——則不是一些不言而喻的名字，特別是在像本書這類的書當中。薛斯奧拿無疑是目前東正教主要的神學家，他的影響力透過〔教會〕合一的事業而遠超出他自己的教會。莫特曼於一九七〇年代後期的《聖靈大能中的教會》(*The Church in the Power of the Spirit*)使教會論思想得以復興，並附和著當時很多神學的、社會學的、文化的和智性的抗議和貢獻。潘寧博在他的巨著——三冊的《系統神學》(*Systematic Theology*)——於一九八〇年代後期開始出版前，沒有產生過任何主要的教會論著作；然而神學界不耐煩地尋找他的最終系統。人們的期望並沒有變成失望，就在第三個千禧年開始之時，人們便對這主要著作的含義進行評估。

在「當代主要的教會論者」這個標題下，其他所選擇的神學家則需要進一步解釋。在廣受讚揚的《教會》（*The Church*）中，沒有人會質疑龔漢思對教會論那開創性的貢獻，特別考慮到的是：他令梵二的很多主題都得以實現，而他本人也是梵二其中一位締造者。但考慮到這著作出版後不
94 久，他便失去眾望，最後並與教會的管理層決裂，很多人會懷疑他是否合適代表**天主教**教會論的神學家。將他包括在這本書中的理由有兩方面。首先，在他主要的教會論著作出版時，他仍然得到天主教的歡心，而實際上他也是現代天主教神學其中一把主要聲音。第二，我們或會問：如果不選龔漢思，還可以選誰？當然，天主教不乏曾撰寫關於教會的神學家。但那些甚至好像拉納這樣的神學泰斗，他們也沒有以教會作為主要的研究對象，卻只專研其他範圍。誠然，好像孔加爾和呂巴克（Henri de Lubac）這樣的神學家，他們對天主教教會論有重大貢獻，但他們的著作卻並非是廣大的讀者可以容易理解的，而且它們也往往只適合那被更狹窄地定義的教會論主題。好像杜勒斯這樣的美國人物，他們擁有大量關於教會的著作，但他們的貢獻只在於仔細分析現存的觀點，而非建構性地提出新的觀點。

具豐富宣教經驗、已故的紐比真，出現在當代主要的教會論者中間，這也不是不言而喻的。將他包括在內，這反映了我傾向強調宣教學對神學的重要性。雖然紐比真曾撰寫關於教會的著作，但正如他早期著作《上帝的家》（*The Household of God*）所顯示的，他主要的重要性在於細心考

慮教會的宣教性質，特別在我們這世界那不斷改變的文化環境中。

在這本書中包括兩位自由教會的教會論者——麥克倫登和沃爾夫——這也反映了我的確信：一般的基督教神學的將來，特別是教會論的將來，很大程度上在於這一部分的教會。不單在數目上，而在這一事實上——即很多傳統教會生活和教會論都受到自由教會的影響——這個命題也似乎得到支持。已故的麥克倫登在美國場景中已確立自己為一個來自浸信會背景、主要〔教會〕合一的自由教會神學家。在他逝世前，他已經將其大部分神學系統聚集成一個連貫的形式。沃爾夫——來自東歐，現在於耶魯大學（Yale University）任教——已經確立了其作為富創意的神學家這個聲譽，特別基於他的兩本著作：《擁抱神學》（*Exclusion and Embrace*）——研究教會與世界的關係；及《按我們的樣式》（*After Our Likeness*）——則研究教會的內在生命與正教和天主教教會論（分別是薛斯奧拿和拉青格〔Joseph Ratzinger〕）彼此間的批判性關聯。麥克倫登和沃爾夫都代表自由教會的取向，雖然他倆彼此不同；而且在對應著潘寧博和莫特曼的方式的會議方式（conciliar way）上，他們每位都以自己獨特的方式，提供了他們對教會那〔教會〕合一的新教教義的詮釋。

8

薛斯奧拿 相通教會論

John Zizioulas
Communion Ecclesiology

・ 存有作為相通 ・

薛斯奧拿（John Zizioulas）在名義上是佩加門（Pergamon）的主教，或許也是東正教最能幹的教會論者；他在東方教會論那悠久的傳統上批判地發展其教會論。他主要的教會論著作就是那深受讚賞的文集《存有作為相通：位格性和教會的研究》（*Being as Communion: Studies in Personhood and the Church*）。[1] 雖然他支持洛斯基（Vladimir Lossky）和其他人的著作，但他把那獨特的「聖靈的經世行動」（economy of the Spirit），以及教會那「客觀的」和「主觀的」架構之間的

1 John Zizioulas, *Being as Communion: Studies in Personhood and the Church* （Crestwood, N. Y.: St Vladimir's Seminary Press, 1985）, esp. 124 ~ 125；關於薛斯奧拿的教會論——與天主教和自由教會教會論那關鍵的對話——近期一個很好的研究是：Miroslav Volf, *After Our Likeness: The Church as the Image of the Trinity* （Grand Rapids: Mich.: Eedrmans, 1998）, part 2。

區分等這些觀念，視之為造成困難的觀念。

毫無疑問，薛斯奧拿主要的神學主題是「團契」（*koinonia*），即「相通」（communion）。這主題模塑和影響著他對教會所說的一切話：

> 因著一個人是教會的成員這個事實，他便成為「上帝的形象」，他存在好像上帝自己存在一樣，他亦具有上帝那「存有的方式」（way of being）。這種存有的方式……是一種與世界、與其他人和與上帝的**關係**的方式，即**一相通**事件；正因為這樣，它不能以**個體**的成就來具體表現出來，而只能夠以**教會**的實況來表現。[2]

真存有（true being）不能沒有相通；沒有任何東西以自身作為一「個體」（individual）而存在。相通是存有論（ontology）的範疇；甚至上帝也在相通中存在。薛斯奧拿批評古希臘的存有論——這存有論認為，上帝首先是上帝（即祂的實體〔substance〕），然後作為三一（Trinity）而存在，
96 即作為三個位格（person）而存在。[3] 相反，他的觀念則是希臘教父的觀念：他們宣稱上帝是作為三個位格的羣體的位格（the person as the community of three persons）。在三一以外並沒有上帝。換句話說，上帝的存有與上帝那相通的位格性相一致。

在與我們僅是生物性存在（biological existence）——其中我們以沒有聯繫的個體形式而存在——的區別中，位格的

2 Zizioulas, *Being as Communion*, 15.

3 那基本的哲學和神學取向見：Zizioulas, *Being as Communion*, chap. 2。

教會性意義便湧現出來：在教會裏，我們被造而成為位格，即是在相通中的位格。透過洗禮和信心，生物性存在讓位給在團契中的存在。

不過，相通中的存有並不表示貶低每一個體那獨特的位格性。「位格不能沒有相通而存在；但每種否定或壓抑位格的相通形式，都是不容許的。」[4] 我們可以將這觀點表達為：去個體化（deindividualization）和位格化（personalization）之具體的焦點，就是教會。[5] 這是基於在一方面，上帝只有在三一位格裏的相通中才是位格；另一方面，基督是那最典型的位格。基督不單是個體，而是位格，因為祂的身分是由兩重關係所構成的：也就是祂作為子與父的關係，以及作為頭與祂身體的關係。[6]

・ 聖餐和相通 ・

薛斯奧拿是正教神學家。因此，對他來說，聖餐是教會那基礎性的行動——事實上那是產生教會的行動。「對正教會來說，教會是在聖餐之中，並透過聖餐而有的。」[7] 相通在聖餐的團契中變得可能和被活出來。他的聖餐神學建基於保羅的話，即是那明確地與團契有關的話：「我們所祝福的杯，豈不是同領〔相通、團契〕基督的血嗎？我們所擘開的餅，豈不是同領〔相通、團契〕基督的身體嗎？我們雖多，仍是一個

4 Zizioulas, *Being as Communion*, 18.

5 Volf, *After Our Likeness*, 83.

6 進一步參 Volf, *After Our Likeness*, 84～88。

7 John Zizioulas, " Die Welt in eucharistischer Sachau und der Mensch von heute, " *Una Sancta* 25（1970）: 342.

餅，一個身體，因為我們都是分受這一個餅。」（林前十 16～17）這是具體呈現那「多中的一」（One in many）的原則，反過來也呈現「一中的多」（many in One）這原則。很多基督徒都被併入那一位基督之中，而那一位基督就是很多基督徒那典型的、集體的位格性。[8] 以這思想為基礎，薛斯奧拿提
97 出一個深入的觀察：當保羅和初期教父談及「上帝的教會」（*ekklesia tou theou*）或「整個教會」（whole church），或甚至「大公教會」（catholic church）時，他們主要指到那具體的聖餐羣體。因此，地方性的聖餐聚集就是上帝的教會。[9]

根據薛斯奧拿，地方性的教會要能夠守聖餐，以致能實際令守聖餐的教會成為教會，那必須有一個條件，就是要有主教的存在。為甚麼這樣？要明白這點，我們就需要明白他對按立的理解。按立主要並非權力或權威的轉移，而是表示身分那根本的改變。它令個別的人，就是那接受按立的人，成為一「具關係性的實體」（relational entity），並以十分具體的方式將他聯繫到地方性的羣體。[10] 接受按立的人，並不擁有一些與羣體相反的東西，而是「成為羣體中的一些東西」。[11] 他成為「出神」的實體（ecstatic entity）；換句話說，他成了一位能夠超越自己之個體性、並代表整體會眾（whole congregation）的人。而由於聖餐的聚集是基督的像，那麼，主教作為這聚集的頭也是基督的像。主教作為守聖餐的主持人，他可見地辦那教會的頭——即基督自己——所不可見地辦的事；以致這「作為主持的頭本身，因而取得那些專屬於

8 Zizioulas, *Being as Communion*, 145～149（引文見頁 145）。

9 Zizioulas, *Being as Communion*, 148～149.

10 John Zizioulas, "Ordination et communion," *Istina* 16（1971）: 9.

11 Volf, *After Our Likeness*, 110.

基督的權利」。[12]

但平信徒也有其位置。薛斯奧拿視教會所有成員都藉著洗禮而受按立——特別因為在東方神學中，洗禮和堅振禮是不能分開的——而這在聖餐的處境中發生。受洗的人不單透過洗禮成為基督徒，而且也受按立。在堅振禮中，那人接受按手，還有宣召（*epiclesis*），即祈求聖靈。[13] 平信徒在聖餐中的角色就是說「阿們」，並因而接受那歡慶。

不應感到驚訝的是，對一個這樣集中注意位格性的神學家而言，所有將聖餐客體化的觀念都是陌生的。他不想將聖餐變成一個我們幾乎透過它便自動地接受上帝恩典的工具。對薛斯奧拿來說，聖餐這主要的禮儀性行動，是一個「聚集，一個羣體，一個關係網絡，而在其中，一〔個人〕『存在』」。[14] 更何況是，由於每次守聖餐，教會都會完全接受基 98
督的位格。但這句大膽的話對薛斯奧拿有甚麼意義？這帶領我們進到他聖餐神學的核心。他把基督那聖餐式的臨在和挪用，設想為最緊密地對應著他那從聖靈論來理解的基督論：「吃基督的身體和喝祂的血，這表示與祂有分，而祂背負了『眾人』……藉此令他們成為**一個身體，即祂的身體**。」[15] 換句話說，在守聖餐時，那一位（即基督）的身體和那多人（即教會）的身體是等同的。[16]

聖餐也是那超越時間之處：在一方面，它是記憶

12 John Zizioulas, "La Mystère de l'Église dans la tradition orthodoxe," *Irénikon* 60 (1987): 321 ~ 335.

13 Zizioulas, *Being as Communion*, 215 ~ 216; Volf, *After Our Likeness*, 113 ~ 114.

14 Zizioulas, *Being as Communion*, 60.

15 John Zizioulas, "The Ecclesiological Presuppositions of the Holy Eucharist," *Nicolaus* 10 (1982): 333 ~ 349.

16 進一步參 Volf, *After Our Likeness*, 97 ~ 99。

（*anamnesis*）、記念、對基督的回想；但另一方面，它也——弔詭地——是將來的記憶（*anamnesis* of the future），即記念那將要來的事情。[17] 這樣，它也超越所有差異、自然、社會或任何其他事情。

・ 聖靈論和基督論作為教會的雙重基礎 ・

薛斯奧拿承認，對於羅馬天主教梵二在《教會憲章》中，對教會的闡釋缺乏聖靈論面向，東方神學家提出批評。（幾位東方神學家指摘，西方教會在已經以基督論的角度來理解教會後，才將聖靈帶進教會論之中。）不過，薛斯奧拿也承認，即使東方教會論也缺乏對基督論和聖靈論之間作恰當的平衡。[18] 薛斯奧拿明顯嘗試恰當地綜合基督論和聖靈論，以作為教會論的基礎。[19] 他正確地指出，新約聖經提出兩者之間的相互性，而不是任何一方較為優先。在一方面，聖靈由基督賜下（約七 39）；但另一方面，聖靈首先在基督受洗（馬可福音）或出生（馬太和路加福音）中工作，基督才出現。這兩個觀點可以在同一個正典中並存。由於洗禮和堅振禮被區
99 分開來，所以在禮儀層面很早便出現混亂。只要這兩個儀式聯合起來，我們便可以說，堅振禮（聖靈論）和洗禮（基督論）形成一實體（entity）。[20]

17 Zizioulas, *Being as Communion*, 254.

18 Zizioulas, *Being as Communion*, 124～126.

19 進一步參 John Zizioulas, "Die Kirche als Gemeinschaft," in *Santiago de Compostela 1993,* Fünfte Weltkonferenz für Glauben und Kirchenverfassung, Beiheft zur Ökönomischen Rundschau 67, ed. G. Gassmann and D. Heller（Frankfurt: Verlag Otto Lembeck, 1994）, 100; John D. Zizioulas, "Die pneumatologische Dimension der Kirche," *Internationale Katholische Zeitschrift" Communio"* 2（1973）: 134～138。

20 Zizioulas, *Being as Communion*, 126～129.

薛斯奧拿提出那明顯但了不起的觀察：在新約聖經中，教會被稱為基督的身體（林前十二27；弗一22～23，四15～16）。教會從沒有被稱為「聖靈的身體」（body of the Spirit），基督徒也從沒有被稱為「聖靈的成員」（members of the Spirit）。[21] 因此傳統將教會建基於基督論似乎是合理的，但卻不能排除聖靈。

根據薛斯奧拿，基督論有兩種。首先，我們可以將基督理解為個體；第二，我們則可以在祂與其身體——即教會——的關係中，將祂理解為「集體的位格性」（corporate personality）。[22] 以他的用語，在前者我們把基督談論為「個體」，在後者則把祂談論為「位格」。聖靈的角色在這裏便變得重要：「在這裏，聖靈不是**幫助**我們，以縮短基督和我們之間的距離的那一位；而是三一的位格，祂實際上在歷史中實現那我們所稱為基督的……在這裏，我們的基督論**基本上**是受聖靈論所制衡的，而非好像前者的看法那樣，聖靈論只是從屬基督論；事實上基督論是以聖靈論來**構成**的。」[23]

薛斯奧拿提出，這種由聖靈論構成的基督論，是合符聖經的，因為在聖經裏，基督只有在聖靈裏才成為一位歷史性人物（太一18～20；路一35）。他甚至預備說：「基督**只聖靈論地存在**。」按照東方對三一的敏感，他補充說，談及基督表示同時也談及父和聖靈。他也說：「因此教會的奧祕便在三一的整個經世行動中，也在由聖靈論所構成的基督論中

21 比較 Zizioulas, "Die pneumatologische Dimension der Kirche," 133；也參 John Zizioulas, "Implications ecclésiologiques de deux types de pneumatologie," in *Communio Sanctorum: Mélanges offerts à Jean-Jacques von Allmen*（Geneva, Switzerland: Labor et fides, 1982）, 141～154。

22 薛斯奧拿的用語：Zizioulas, *Being as Communion*, 130。

23 Zizioulas, *Being as Communion*, 110～111；強調為原文所有。

誕生。」[24]

因此，薛斯奧拿談及教會是由基督「設立」，並由聖靈「構成」的。[25] 他提出，只談論聖靈論與教會的關係並不足夠，而要令聖靈論——並和終末論一起[26]——成為教會的
100 構成元素。換句話說，聖靈論必須完全勝任成為教會的存有論。聖靈不是一些令那已存在的教會有生命的東西。「聖靈論並非指向教會的安好（well-being），而是完全指向教會的存有（being）。」換句話說，聖靈論是教會論的存有論式範疇。[27]

正如已經提到的，基督的集體位格性是由聖靈論構想的。重要的是，自從保羅的時代開始，聖靈已經被聯繫到「團契」這個觀念。聖靈論把相通的面向增添入基督論（因此也增添入教會論）之中。[28]

這樣，教會生活那恰當的聖靈論定向，有甚麼主要的結果？首先，它防止過分制度化。哪裏缺乏聖靈論，結果便是一個教會階級化、中央集權的觀念。第二，它恢復以地方性的教會作為最重要的實體。如果聖靈論不是在存有論上構成基督論，這就可以表示首先有一間教會，然後才有多間教會。不過，如果聖靈論構成教會論，那麼基督的身體在存有論上便由聖靈構成。換句話說，五旬節事件在教會論上是一

24 Zizioulas, *Being as Communion*, 111 ～ 112；強調為原文所有。進一步參 Risto Saarinen, "Die moderne Theologie und das pneumatologische Defizit," in *Der Heilige Geist: Ökumenische und Reformatorische Untersuchungen*, ed. J. Heubach（Erlaugen, Germany: Martin-Luther-Verlag, 1996）, 246 ～ 251。

25 Zizioulas, *Being as Communion*, 132, 136, 140.

26 關於終末論在教會論的角色，參 Zizioulas, *Being as Communion*, 131 ～ 132。

27 Zizioulas, *Being as Communion*, 131 ～ 132；引文在頁 132。

28 進一步參 Zizioulas, "Die Kirche als Gemeinschaft," 95 ～ 104。

件具構成性的事件。[29] 第三，所有金字塔式觀念都在聖靈論式教會論（pneumatological ecclesiology）中消失——在這教會論中，「一」和「多」作為同一存有的兩面而並存。[30] 第四，根據薛斯奧拿，聖靈論幫助教會論打開終末論式視角。包含終末論式視角，能避免「後設歷史主義」（meta-historicism）——即教會的教義脱離歷史實在（有時歸因於東方傳統）；也避免教會制度的「歷史化」（historization）——即教會教義只把教會言説為歷史實在（西方教會內的危險）。[31] 第五，聖靈論定向影響我們對職事的看法。教會的職事是基督的職事。但當基督論由聖靈論構成時，那麼，聖靈便構成基督和職事之間的關係。事實上，這與保羅在哥林多前書十二章所提出的一 101
致。基督身體的生活和職事，以聖靈恩賜的角度，由聖靈論構想。無論是按立的問題還是平信徒的角色，那恰當的處境都是聖靈在基督身體的成員中間的團契。靈恩的生命，是構成而不是源自教會存有的。[32]

有趣的是，薛斯奧拿指出，東正教會沒有某些西方教會的經驗——例如教權主義（clericalism）或反建制主義（anti-institutionalism）的問題或靈恩運動——這可以視為一個指標，以顯示出在很大程度上，聖靈論至今拯救了東正教的生

29 Zizioulas, *Being as Communion*, 132～133；不過，薛斯奧拿視較古老東方那對地方性的教會的強調是有問題的，根據他的評估，這樣會引致一種「會眾制」(congregationalism)。這是阿法納西夫(Afanasiev)和其他人那聖餐教會論的錯誤，因為那是以聖靈論優先，而不是強調聖靈論和基督論之間的平衡（頁 133）。

30 Zizioulas, *Being as Communion*, 139.

31 Zizioulas, *Being as Communion*, 139 ～ 140；有關終末論和聖靈論對教會論的重要性，參這重要著作：Gerhard Ebeling, *Dogmatik des Christlichen Glaubens* (Tübingen: Mohr, 1979), 3:5～32。

32 Zizioulas, *Being as Communion*, 210～212, 217 n. 20.

命。[33] 無論我們認為這句話在東正教教會的實際生活中有多準確，但我相信，它包含了值得進一步思考的神學洞見。

・ 地方性的教會、普世教會和相通 ・

正如現在已經清楚的是，對薛斯奧拿的聖餐教會論來說，每間地方性的教會都是整個教會，因為它有整個基督（whole Christ）。每當聖餐得到持守，教會便可以完全被找到。教會主要是地方性的教會。與羅馬天主教的教會論不同，對薛斯奧拿來說，所有其他的教會架構，包括普世教會（universal church），都源自地方性的教會。對羅馬天主教的神學來說，地方性的教會的教會性來自普世教會；但對薛斯奧拿來說，情況並非這樣。事實上，他明確地說，一個「都主教教省（metropolis）、一個總主教區（archdiocese）或一個牧首轄區（patriachate）本身不能稱為教會，而是藉著引申才能稱為教會，也就是說，因為它是建基在⋯⋯地方性的教會，才能夠稱為教會；而只有地方性的教會⋯⋯才能夠恰當地稱為教會」。[34]

不單地方性的教會因為守聖餐而成為教會，它也是大公教會，只要它涉及整個教會在特定的地方聚集。如果整個基督在聖餐中臨在——而根據薛斯奧拿祂確實是這樣——那麼可以理解的是，教會的大公性受基督的臨在所保證。這也是地方性的教會和普世教會之間關係的關鍵。沃爾夫準確地總結這點：「更大的教會臨在於地方性的聖餐聚會（*synaxis*）之中；反過來說，聖餐聚會不單是具體的聖餐相通，也是更

33 Zizioulas, *Being as Communion*, 140.

34 Zizioulas, *Being as Communion*, 252～253.

大的教會的行動。因此每個聖餐都預示著上帝**所有**百姓那 102
終末的聚集。」[35]

但是在每個地方，教會的大公性——雖然那不是人類努力的結果、而是來自基督的臨在——對人類也是一基礎性的挑戰。為了讓教會成為大公——這個詞源自希臘語 *katholos*，字面的意思是「根據整體，也就是不能分開的」——它需要超越所有自然差異和障礙。薛斯奧拿說：

> 那區分種族、性別、年齡、職業、社會階級等的聖餐，不是違反某些倫理原則，而是違反它的終末性質。因為這個原因，這種聖餐不是「壞」的——即在道德上有缺欠——聖餐，而根本就不是聖餐。它不能被視為能使萬物在祂裏面同歸於一的那一位。[36]

因此，對薛斯奧拿來說，大公性也表示普遍性（universality），基督在其中將所有基督徒都包括在祂裏面。如果這樣，沒有地方性的教會被容許以孤立、封閉的方式生活——即使它們是整個教會——而它必須與所有其他教會相通地生活。地方性的教會不是從其他教會取得它們的教會性，但藉著那接受整個基督的聖餐聚集，它們便轉向其他教會。[37]

35 Volf, *After Our Likeness*, 104；強調為原文所有。

36 Zizioulas, *Being as Communion*, 255.

37 進一步參 Volf, *After Our Likeness*, 106～107。

9

龔漢思
靈恩教會論

Hans Küng
Charismatic Ecclesiology

・需要更新的教會・

透過上帝在基督裏的終末拯救行動所給予教會的本性(nature)，是作為一個責任來給予教會的。這本性必須由我們個人的信仰決定、在歷史中不斷被重新實現和賦予新的形式。歷史性的教會不能不重複更新這形式。形式的更新表示，藉著人的決定和責任來改變形式。上帝沒有將教會的本性作為一個客觀事實來呈獻給我們，祂也沒有以密契的不可避免性來掩蓋這本性，祂亦沒有以有機的發展在它裏面工作……不可能把教會永遠保持為原始教會時那種原來的形式。時間的改變要求形式的改變。不過，不管形式有任何改變，由上帝在基督裏的拯救行動所給予教會的基本架構必須被保存，如果它要繼續成為真教會。因此不是每個形式的改變，都配合教會的本性的。透過人在自由的責任中的失敗，本性和形

> 式之間的差異便會發生：即錯誤和誤解、判斷的錯誤和虛假的發展。[1]

龔漢思（Hans Küng）不單是羅馬天主教其中一位最富生產力和創意的後會議神學家（post-conciliar theologian），也是其教會最具爭議性的人物。雖然羅馬天主教正式褫奪了他作為羅馬天主教神學家的教學資格，但他仍然能夠保持在德國圖賓根大學（University of Tübingen）的教席，直到退休。他為更新教會和基督教信仰而持續不斷發聲，這聲音在他自己的信仰羣體以內和以外都讓人聽見。龔漢思那重要的著作《教會》（*The Church*），在第二次梵蒂岡會議之後推出，而他——還有其同事拉納及其他人——在會議的預備工作中甚有影響
104 力。這本書不單成為天主教的分水嶺，在當代的〔教會〕合一教會論中也是這樣。與莫特曼的《聖靈大能中的教會》[2]一樣，龔漢思的巨著將關於教會的神學思考更新過來，使其變為更具參與性的、更以靈恩來組織的及開放的模式，而在這模式中，上帝那整個教會，而不單是其階級，都置於上帝的道之下，並可以參與上帝在世界的使命。在較後期的神學事業中，龔漢思已轉向跨宗教的對話和相關的問題，但他仍然繼續對教會論的不同方面感興趣——雖然他繼續致力批評他自己教會的階級，特別是對教宗無謬誤的批評。[3]

---

1 Hans Küng, *The Church*（1967; reprint, New York: Image Books, 1976 [orig. 1967]）, 341.

2 Jürgen Moltmann, *The Church in the Power of the Spirit*（London: SCM Press, 1977）.

3 Hans Küng, *Infallible? An Inquiry*（Garden City, N.Y.: Doubleday, 1971）.

幾個特點令《教會》一書，在系統地處理教會這課題的進路上，顯得獨特。或許最特別之處是它異常地大量討論聖經經文。沒有其他關於教會的系統神學著作，會好像這本書那樣包含那麼多聖經領域。從十分合理的角度而言，《教會》也可以被稱為教會的聖經神學。那基本主題很簡單：「我們只能夠在知道教會原來的樣貌下，才能夠知道教會應該是怎樣的。」[4]

另一個持續的主題是與龔漢思其餘的神學一致的，就是他對更新和改革教會的呼籲。龔漢思主張，教會總會犯錯，因此它必須預備重新給自己定向，並更新自己。事實上，有時教會邪惡的「非本性」(un-nature)變得那麼明顯，以致與教會的真本性產生衝突(頁 51)。在渴望更新自己之同時，教會一方面嘗試按世界的實況來改變自己，但它也看著自己本身的來源，即看著那些給它生命的事件(頁 13，14，16)。

·　目前的教會　·

不過，身為教會的改革者，龔漢思想要避免一嚴重的過失，即避免對教會有過分理想化的、模糊的觀念這個他認為嚴重的過失。事實上，對他來說，教會的「本質」(essence)，無關乎「形而上的靜止狀態，而只有在不斷改變的歷史性『形
式』中存在」。教會現在向我們顯示的歷史性形式是改革的 105
出發點，而不是「神學理論那抽象的屬天領域」。換句話說，「真實(real)教會的真實本質在歷史性形式中被表達出來」(頁 23)。如果教會真的視自己為上帝的百姓——在龔漢思的思想中它確實是這樣——它便永遠不能是一個靜態的和超歷史

4　Küng, *Church*, 11；也參如頁 13：「上帝的道總是在帶領教會。」在這一章以下部分，大部分提到《教會》的頁碼都放在引文的括號內。

的現象，即那「不受地上的空間和歷史的時間干擾」而存在的現象（頁 176）。

教會的歷史，也包括教會自我理解的歷史，不是在新約聖經之後、而是在新約聖經之中便開始，並自此繼續下去的（頁 37）。那脱離現時生活實況的抽象和理想化的教會論，傾向忽視教會的「非本性」，或傾向只是表達敬虔的願望（頁 52）。與這實證的態度相一致，龔漢思批評人們那往往用來描述不可見和可見的教會之間的區分的方式，例如新教改教者的方式。由真實的人組成的真實教會不可能是不可見的。可見的教會便是真教會，不是假教會。不過，教會同時是可見的和不可見的。教會那可見的方面由不可見的方面來激發、形成和控制（頁 59～64，342）。

作為真實的教會，信仰羣體由有罪的男女所組成，它也為有罪的男女而存在。龔漢思的觀點接近路德的觀點，路德亦視教會為罪人的羣體（頁 140）。因此，作為「罪人的相通」（*communio peccatorum*）的「聖徒的相通」（*communio sanctorum*），總是需要赦免和悔改的（頁 230）。

不過，嚴厲地審查真實的教會，這毋須引致悲觀或絕望。欣賞和批評教會的人都必須察覺到，歸根究底，教會是一信仰對象。龔漢思對信經關於教會的信念的指涉，提出了出色的詮釋：他區分了對上帝和聖靈的「**信**」（believing in），以及「相信（believing）教會」。對龔漢思來說，提出我們不是「對教會的信仰」，而是「相信教會」，這意思是指出：**我們**就是教會，即信徒的團契。

龔漢思提醒我們，信仰永遠不能從愛區別出來。信仰從來都不是關於持守信條，而「是關於一個人對另一個人的犧牲和捨己」（頁 55）。所以人對教會的參與和愛，甚至應該影響其批評教會的方式。因此，只有那些在信仰家庭裏面的人，才有資格對教會表達批評。

‧ 上帝的百姓 ‧

正如已經提到的，龔漢思在第二次梵蒂岡會議的神學性 106
的和教會論式改革中起著重要作用。後會議關於教會的思想，其中一個主要觀念是「上帝的百姓」（people of God）。龔漢思在《教會》中用了很長的一節來討論這個觀念的不同方面；他既附和著《教會憲章》——關於教會的教義性憲章——的主要定向，也闡述它的教導。

很久以前，新興的基督教會（the emerging Christian church）擁有某些特有的形式，它們指向一些超越「上帝的舊百姓」——即猶太人——的發展，例如，洗禮和羣體的禱告服事、終末筵席的記念和愛的活潑團契。

龔漢思提出，令上帝的百姓那麼獨特的是：每個成員都是透過上帝的呼召而屬於這羣體的；我們必不能試圖令教會成為私人的和排他的。它永遠都不能只是那些想法相同的宗教人士的自由聯盟。「教會無論何時何地，都是倚靠上帝的自由選擇和呼召的；祂願意萬人得救。」（頁 171）相對於很多自由教會教會論的主導傾向，龔漢思提出，如果教會真的是上帝的百姓，那便不可能在個人中——即在歸信的基督徒中——看見教會的來源。這個錯誤觀念將教會化約為私人的東西，即一些敬虔的個體的聚集。

透過洗禮加入教會（在過程中，人降服於施洗的人，繼而降服於整間教會，以及降服於那「透過參與聖餐而使基督徒生命獲得的」支撐）顯示出，獨立個體加入於一羣體之中、而不是單單以獨立個體的形式來存在的。[5]

> 但在與其他提供拯救的東方宗教相比時，基督教的信息那不可或缺的分別和優越之處是：它的目的不是單拯救個體，令個體的靈魂脫離痛苦、罪和死亡。基督教信息那必不可少的部分是「整個百姓的羣體得拯救」這個觀念，而個體是這羣體的一個成員。（頁 172）

當龔漢思主張了上帝在教會的教會性中具主動性後，他
便加上一個限制：我們是透過我們人類自身的決定而成為上
帝的百姓。身為上帝的百姓，教會永遠不能只是一超實體
（super-entity），盤旋在真實的人類及其真實的決定之上。
107 「教會無論在何時及在任何情況下，都是倚靠人類自由之肯
首的。」（頁 173～174）在實行嬰孩洗禮的教會，人們應該
留意到，這個行動不應該被視為一種回避這種個人信仰決定
的方法。

身為上帝的百姓，信仰的羣體是朝聖的百姓，這是梵二對教會的理解另一主導的特點。「教會基本上是在途中（*en route*）、在旅途中，即一個朝聖的旅程。」（頁 176）

「上帝的新百姓」——即基督徒——那獨特之處是，所有忠信者都是上帝的百姓，因此教會必須沒有教權化（clericalization）。「如果我們視教會為上帝的百姓，那麼，教會明顯永遠不能只是某特定的階層或種姓（caste）、也不是忠信者的團契中的一羣要員或一個小圈子。教會無論在何時及任何情況下，都是上帝的**整體**百姓，是**整個**教會，是忠信

5　關於聖禮作為將個人連結到教會的重要性，參 Küng, *Church*, 266～292。

者的**整個**團契。每個人都屬於被揀選的族類，君尊的祭司，聖潔的國度。」（頁 169；強調為原文所有）因此，龔漢思批評對神職人員和平信徒作不健康的區分，這區分嘗試除去平信徒在教會裏那具決定性的活動和主動性。[6]「條文主義的思想基本上不信任上帝的靈在教會自由運行，因為聖靈隨自己的意思吹，並不等候正式的批准。」[7] 龔漢思作出準確的釋經觀察，他指出：在新約聖經，*laos* 這個詞並不表示在羣體中祭司和百姓之間的區分；反而，這詞所暗示的區分，是在上帝的百姓和「非百姓」——即那些在信仰以外的人——之間的區分（頁 170）。

每個教會成員的祭司功能，都源自「那獨一、持續和
永恆的大祭司那最終、不能重複，因而是無限的獻祭」（頁
469）。因此，整間教會都與基督聯繫起來，並向上帝獻上那
可悅納的祭：「取消那特別的祭司階級，並以獨一和永恆的
大祭司的祭司身分來取代其位置，這得到一個事實——作為 108
那古怪但合乎邏輯的結果——就是所有信徒都分享那普遍的
祭司身分。」（頁 473）附和著他同事拉納的觀念模式，龔漢
思主張，真崇拜的核心不單在聖所，也在世界中；那些祭「不
是在聖所中崇拜的一部分，而是在世界中的崇拜，在每日生

6 *Lumen Gentium* 10；在龔漢思的精神中，天主教教會論者和聖禮論者勞勒（Michael Lawler）和夏納罕（Thomas J. Shanahan；Michael Lawler and Thomas J. Shanahan, *Church: A Spirited Communion* [Collegeville, Minn.: Liturgical Press, 1995], esp. 73～83）嚴厲地批評他們自己的教會，指出它缺乏平信徒神學，並持續過分強調受按立的神職人員/教階，這表示它貶低了上帝的百姓在職事和宣教中那（原本）的合一。平信徒的「世俗」領域，並不表示貶損他們在教會的角色，以相對於宗教羣體的「神聖」領域。他們宣稱，「單一職事或神職專制」這個觀念——即最重要的恩賜集中在一個人或一羣被精選的人身上——從保羅對恩賜的觀點和現時教會的需要來說，都是完全得不到支持的。

7 Hans Küng, "The Charismatic Structure of the Church," in *The Church and Ecumenism, Concilium* #4, ed. Hans Küng（New York: Paulist, 1965）, 41.

活的中間，即上帝那充滿愛的服事」(頁478)。

・基督的身體・

然而，龔漢思喜歡用來形容教會的另一個形象，是「基督的身體」這個古老的聖經觀念，這個觀念在很多天主教教會論中都扮演著決定性的角色。龔漢思對這個觀念的進路徹底革新了較舊的天主教正典，並更接近當代新教的觀點，也接近〔教會〕合一的共識。事實上，上帝的百姓和基督的身體這兩個觀念，在保羅的神學中有緊密的聯繫。時間的範疇在上帝的百姓這個觀念中扮演了重要的角色；身為上帝的百姓，教會從舊約聖經的揀選中出發，經過現在，走向將來。空間的範疇也主導著基督的身體這個觀念，以作為教會與它的主的聯合。兩個觀念都以它們獨特的方式來尋求表達教會與基督的聯合，以及表達在成員中間的聯合(頁292～293)。

龔漢思主張，每個地方性的羣體作為基督的身體，都是完全的(full)教會，這與會議前的天主教教會論不同。會議前的天主教教會論認為，地方性的羣體的教會性源自普世教會。保羅的強調指出地方性的羣體便是基督的身體。但保羅的另一個用法——在歌羅西書和以弗所書——指出，整個教會是基督的身體。基督臨在於整個教會之中，而教會永遠不會窮盡或包含基督，就好像它不能窮盡或包含聖靈一樣(頁299～308)。

・教會作為聖靈的創造・

上帝的靈是自由之原則(principle of freedom；林後三17)。

自由是對教會的要求，正因為自由已經賜給教會。聖靈的教會
便是自由的教會。最終，這不是因為自由需要爭取和贏取得
來，而是因為自由已經賜下，所以教會可以也必須將它活出。
真自由不是植根於人類自己的存在之內，而是從外面而進到他
們那裏的。聖靈也是終末的恩賜，因此祂解放上帝的百姓，以 109
進入上帝的將來。這解放的工作在五旬節那天已經明顯可見，
那時，由於上帝的靈傾倒在所有人身上，社會障礙便被除去。[8]

與他的實在教會論（realistic ecclesiology）一致，龔漢思也強調，上帝那內住在教會中的靈，不是「模糊和無名的能力」，正如希臘的諾斯底主義（Hellenistic gnosticism）或較後期的神學所主張的那樣，而是上帝在基督裏、（並從而衍生地）在教會中那具體的臨在。[9] 換句話說，聖靈是榮耀的主在教會中那地上的臨在。

雖然教會是聖靈的核心，但它從沒有擁有聖靈；相反，教會活在聖靈的統治之下。教會從屬於聖靈。正如我們不能將教會等同基督——像十九世紀天主教教會論中「教會作為基督延續的道成肉身」這個觀點那樣——我們也不能將教會等同聖靈，如同時期的舍本那天主教教會論的傾向那樣。教會是聖靈的教會，但聖靈不是教會的聖靈，而是上帝和基督的聖靈（頁229）。事實上，聖靈先於教會。聖靈不是從外加給教會的收獲，仿佛教會可以沒有聖靈而存在。上帝的聖靈首先來到，而透過聖靈，上帝在祂的自由中創造了教會（頁 232）。

8　Küng, *Church*, esp. 215 ～ 218，但也參頁 201 ～ 224。這一節的標題是龔漢思這一章的標題。他十分明白，新約聖經的不同作者，對聖靈的理解都有不同的取向，但他的主要論證卻沒有受到聖經這內部差異所影響；尤參頁 217 ～ 221。

9　Küng, *Church*, 217, 220；當代一個有力的「實在聖靈論」——附和著龔漢思很多關於聖靈的思想的關注——是 Michael Welker, *God the Spirit*（Minneapolis: Fortress, 1992）。

上帝的聖靈完全有自由隨己意在何時、何處和如何工作。聖靈不能受教會限制。聖靈不單在教會的職事中工作，也在上帝所有的百姓中工作。「祂不單在『聖城』中工作，也在任何祂願意作工的地方工作：在那獨一的教會的所有（小）教會中工作。祂不單在天主教中工作，也在任何祂願意作工的地方工作：在整個基督教中工作。最後，祂不單在基督教中工作，也在任何祂願意的地方工作：在整個世界中工作。」（頁 232）

・ 教會的靈恩式架構 ・

根據龔漢思，天主教在承認教會的靈恩式架構（Charismatic
110 structure）這方面感到十分艱難，這似乎有兩個原因。[10] 第一個原因是上述的教權主義和條文主義。關於第二個原因，龔漢思指出，天主教教會論完全建基於教牧書信，但這些書信沒有好像如哥林多前書那樣，表達出在教會架構中聖靈的性質。[11]

那麼恩賜是甚麼？我們怎樣從神學角度來解釋它？對恩

10 為恢復教會的靈恩式架構而有的〔教會〕合一基礎工作，由幾位學者進行；以下是一些最重要的學者：范甘賓侯臣（Hans von Campenhaus, *Ecclesiastical Authority and Spiritual Power in the Church of the First Three Centuries* [London: Black, 1969（orig. 1953）], esp. 68 ～ 71）重申了索赫姆（Rudolph Sohm）的強調，堅持指出，對保羅來說，聖靈是教會的組織性原則；也堅持指出，職事是運用由聖靈所賜下的恩賜。蓋士曼（Ernst Käsemann, "Ministry and Community in the New Testament," in *Essays on the New Testament Themes* [Naperville,Ill.: Allenson, 1964], 63 ～ 94）嘗試比范甘賓侯臣更有力地超越恩賜和職位的對立，透過以辯證的關係來看待它們。關於新約聖經的基礎，參 J. D. G. Dunn, *The Theology of Paul*（Grand Rapids, Mich.: Eerdmans, 1998）, 567 ～ 568。

11 Küng, "Charismatic Structure of the Church," 47.

賜的神學性描述是：「根據羣體中某特定的服事，上帝給予個別的人呼召，這包括實行這一服事的能力。」[12] 龔漢思提出，恩賜主要不是不平凡的，而是普通的；它們不是單一種的，而是多種多樣的；它們不限於一羣特別的人，而是要給整間教會的（頁 58）。為了給自己這個提議——恩賜並不限於特別的羣體——作辯護，龔漢思提出三個論據。首先，他指出，在哥林多前書十二章 28 至 31 節，保羅對教會的「階級」組織之描述，是差不多將神職人員放在清單的最後的。第二，教會是處於「未濟」與「既濟」之間，這表示沒有一個人擁有所有恩賜。第三，聖經清楚地指出，聖靈把恩賜賜給每個人（林前十二 7）。[13]

服事的元素總是附隨於恩賜的。真的恩賜不單是神蹟；它總是與羣體服事相關的某些東西（林前十二 7）。由於羣體有很多需要，所以恩賜也相應地是多樣化的。一個常見的誤解便是假設恩賜有某種齊一，特別是關乎按立這方面。但這個觀點在保羅神學中卻找不到基礎。但由於存在著不同的靈和屬靈現象，所以十分重要的是：總應該存在著「辨別諸靈」的恩賜（林前十二 10）。[14]

然而，在恩賜的多樣性和聖靈的自由中，也存在著合一 111
的原則。龔漢思勾畫出三個來自保羅的指導性原則，以指出合一的需要和可能性。首先，每個教會成員本身都擁有那來自上帝的聖靈的獨特恩賜。第二，有「與別人一起而為著彼此」（"with another for one another"）這原則存在。恩賜是為了培育整個教會。基督徒不應該運用自己的恩賜作為在

12 Küng, "Charismatic Structure of the Church," 59；也參 Küng, *Church*, 247。

13 Küng, "Charismatic Structure of the Church," 55 ～ 57.

14 Küng, *Church*, 239 ～ 246.

教會攫取權力和地位的武器，而應該用恩賜來服事別人和羣體。第三，順服主意味著在教會中與其他人和諧共處。所有恩賜都源自同一位賜予者，也就是上帝在聖靈裏透過基督的上帝自身。教會那以恩賜為定向的組織，既不表示變得狂熱，會帶來無政府狀態（anarchy）和失序；但也不表示變得墨守成規，會僵化而成為平庸和齊一。即使初期教會那正在浮現的階級架構（即委任長老）中，也不一定顯示一種神職統治的系統，卻可以根據教會基本的恩賜架構這背景來加以理解（頁 248～249）。

・ 教會是獨一的 ・

在信經中，教會被稱為「獨一的」，也被稱為聖潔的、使徒的和大公的。我們可以找到關於教會教義一個〔教會〕合一的進路，以容許我們承認，上帝在地上的獨一教會是可見的教會、而不只是一個不可見的觀念嗎？這個問題是龔漢思很多關於教會的思想那背後的推動力。

龔漢思坦白承認，天主教神學是不反對改教者那關於教會教會性的兩重描述的，即宣講道和正確地施行聖禮。惟一的困難是這兩個準則太含糊；它們並不真正將真教會從假教會或「非教會」中區分出來。幾乎任何羣體——包括異端——都會肯定這兩個原則。不過，這兩個原則的有效性，則倚靠上述教會的四重古典「標記」（頁 342～348）。

對龔漢思來說，那為基督獨一教會的合一而從事的工作，並不表示要壓抑現存教會的多樣性。歸根究底，教會的合一不是基於會友在他們中間的合一，而是基於上帝的合一。「這是同一位上帝，將分散的人由各地方和各世代聚集在

一起，並令他們成為上帝那獨一的百姓。」（頁353）因此，
教會的多重性（multiplicity）本身並不是件壞事。龔漢思這樣 112
總結他那以地方性的教會為定向的、多元中的合一的普世主
義觀點：

> 不過，如果每間地方性的教會都是一個羣體，如果每間地方性的教會按其本身都是教會、上帝的百姓、聖靈的創造、基督的身體，那麼，教會的多重性本身會是件壞事嗎？教會的合一不應該只在羣體的地方性聚集以外來尋求。確實，地方性的教會的合一——暗示著一些自足但不是孤立的東西——涉及眾教會的多重性，因為這地方性的教會不能是惟一的。因此，教會的合一假設了那由所有地方性的教會一同分享的共同生命（頁354～355）。

因此，教會的合一假設了教會的多重性。不同的教會不需要否認它們的來源、它們特定的處境、它們生活和思想的方式，或者它們的架構。同一件事物並不適合每一個人。教會的合一不單假設教會的多重性，甚至令這多重性重新興旺。從新約聖經的時代開始，獨一的教會基本上具有不同的歷史性形式，而它們都是合法的。不同教會的並存，本身並不危害教會的合一；只有那敵意的對抗才危害合一。換句話說，排除和排斥差異是有害的，但我們本身的差異，現在卻可以被視為資產（頁356～357）。

潘寧博 普遍教會論

Wolfhart Pannenberg Universal Ecclesiology

・ 系統神學的「教會性」性質 ・

研究潘寧博(Wolfhart Pannenberg)神學的人都可能感到奇怪，雖然他龐大的《系統神學》(*Systematic Theology*)[1]第三冊可能是近期關於教會的〔教會〕合一教義那最突出的貢獻，但他以前並沒有對教會論作過全面的研究。他的《教會》(*The Church*)[2]——這是較大的德語著作《倫理學與教會論》(*Ethik und Ekklesiologie*)[3]這本文集的翻譯——只觸及一些主要的問題，但它卻不是旨在對教會的教義作出描述。較早時的一篇文章〈上帝的國與教會〉("The Kingdom

1 Wolfhart Pannenberg, *Systematic Theology*, vol. 3 (Grand Rapids, Mich.: Eerdmans, 1998).

2 Wolfhart Pannenberg, *The Church* (Philadelphia: Westminster, 1981).

3 Wolfhart Pannenberg, *Ethik und Ekklesiologie* (Gottingen: Vandenhoeck & Ruprecht, 1977).

of God and the Church”）充滿著幾個教會論主題，但它們都只是雛形。[4] 令人更驚訝的是，他所參與和教會論有關的事情，主要都是關於實踐性質的。對任何熟悉他一般神學進路的人來說，這個觀察似乎與他一向的工作背道而馳；他幾乎將生命中所有富生產力的光陰都獻於建立神學的方法論，並對各種理論議題進行尚佳的分析。或許，潘寧博在《系統神學》之前對教會論那最持久的貢獻，便是在普世基督教協進會所草擬的〔教會〕合一文件《洗禮、聖餐禮和職事》（*Baptism, Eucharist, and Ministry*）——這是最近幾十年其中一份最有影響力的文件——中，扮演了重要的角色。[5]

為了對他的教會論取得一點了解，我們需要承認，對潘
114 寧博來說，神學——因而也包括教會論——是一門公共學科而不是敬虔的操練。他堅決反對將信仰和神學廣泛地私人化，而這種做法十分普遍，特別像最終在士來馬赫及其他人所呈現的現代新教思想那樣。神學需要提及共同關注（common concerns），因為沒有特別的「宗教真理」（religious truth）。現代神學大致上捨棄了真理的問題，結果便損害了自己，但潘寧博自己卻不願意放棄對獨一真理的追尋。

葛倫斯（Stanley J. Grenz）是潘寧博神學其中一位詮釋者，[6] 他正確地指出，潘寧博的神學有「教會的」本性

4 Wolfhart Pannenberg, “The Kingdom of God and the Church,” in *Theology and the Kingdom of God*（Philadelphia: Westminster Press, 1969）, 72 ～ 101, Wolfhart Pannenberg, *The Apostles' Creed in Light of Today's Questions*（Philadelphia: Westminster Press, 1972）；此書也觸及一些教會論的主題。

5 Faith and Order Paper no. 111（Geneva, Switzerland: WCC Publications, 1982）.

6 Stanley J. Grenz, *Reason for Hope: The Systematic Theology of Wolfhart Pannenberg*（New York: Oxford University Press, 1990）, 150.

(“churchly” nature)。這在潘寧博那教會論的進路所展示出的幾個特點中，變得明顯。[7] 作為簡介，其中三個特點會被提出。首先，教會教義有一個明顯的聖靈論式定向。潘寧博的聖靈論最特別之處，是它那延續性(continuity)的目標；那位促使在創造和人類中創造及維持生命，並在信徒中創造新生命的聖靈，也是那位在教會中工作，並將世界和教會推向最終實現的聖靈。[8] 第二，和大部分的系統神學(先討論在個別信徒生命中所接受的救恩，然後才論述教會論的主題)不同，潘寧博將救恩論的討論置於教會的教義之中。換句話說，他不想視信仰是首先被個人內心所接受，然後教會是後加的。相反，潘寧博堅持，雖然信仰的挪用是一高度個人化的回應，但它亦只能夠在教會內進行，就是那盛載著上帝的聖靈和恩典的教會。個別信徒和教會的關係是相互的和互滲互存的(perichoretic)：「教會要嘗試實現它的功能，就是作為指向上帝的國的、但又是與上帝的國有區別的記號，就只有把信徒有分於終末拯救的保證傳遞給他們，因而教會本身在其禮儀生活中，能夠成為一處地方，讓聖靈那已臨在此岸的終末圓成(consummation)，可以臨在。」[9] 第三，關於揀選(election)的教義聯繫到教會論，而不是如傳統那樣，聯繫到系統神學的第一部分，即關於上帝或人類的教義。

7　進一步參 Grenz, *Reason for Hope*, 150。

8　進一步參 Veli-Matti Kärkkäinen, *Pneumatology: The Holy Spirit in Ecumenical, International and Historical Perspective* (Grand Rapids, Mich.: Baker, 2002), 117～125。

9　Pannenberg, *Systematic Theology*, 3:xv；在這章餘下部分，引述潘寧博的《系統神學》第三冊時，大都會將引文的頁碼放在括號內。

・ 普世主義為人類的合一所作的服事 ・

115 在撰寫那主要關於教會教義的部分時，潘寧博以全球所有教會為對象，而不是以任何特定的宗派——包括他自己的信義宗——為對象。更準確地說，他甚至不滿足於單向教會和基督徒寫作，他也要向其餘的人寫作，因為在他的觀點中，教會是將來所有人類在一位的上帝之下合一的預視（anticipation），也是這合一的記號。對〔教會〕合一的敏感可說是潘寧博的教會教義最特別的地方。他提出一個了不起的觀察：幾乎沒有任何因素比教會分裂和它伴隨的現象——特別是教會牧者追逐權力、並加上他們對教會的合一擁有狹窄的眼光——更模糊了耶穌的福音的真理（頁 xv）。

但潘寧博不滿足於單單為了普世主義而促進普世主義；對他來說，〔教會〕合一的努力，指向的是教會的最終目標，即上帝所有百姓在一位的上帝之下合一。[10]「如果基督徒成功解決他們自己多元主義的問題，那麼，他們可能可以產生一種模式，結合多元主義和最廣泛的道德合一，這對政治生活也會是有效的。」[11]

潘寧博與羅馬天主教會議的神學，就教會作為「記號」和聖禮的描述，展開充滿趣味的對話。[12] 梵二把教會表達為那

---

10 進一步參 Wolfhart Pannenberg, "Unity of the Church – Unity of Mankind: A Critical Appraisal of a Shift in Ecumenical Direction," *Mid-Stream* 21 (October 1982) : 485～490。

11 Wolfhart Pannenberg, "Christian Morality and Political Issues," in *Faith and Reality* (Philadelphia: Westminster Press, 1977) , 38.

12 有關梵二對教會作為聖禮（聖禮記號）的看法，參 *Lumen Gentium* (The Dogmatic Constitution on the Church) , 3。

與上帝最內在聯合和所有人類合一的記號和工具。雖然潘寧
博基本上同意新教對此作出的批評，即將聖經的「奧祕」觀
念過分聖禮化（因為以弗所書三章4節將奧祕聯繫到基督而
不是教會）的做法，但他仍然認為，維持教會在基督裏為將
來所有百姓在一位的上帝之下聯合的記號，這在神學上是有
幫助的。但他很快指出，教會本身不是即時被視為合一的聖
禮；人類在上帝的國中的合一，在教會中可以找到具預視性
的描述，而教會在歷史中為了人類的復和而工作。理由是
明顯的：在教會的歷史性形式中，拯救的神聖奧祕只獲得破
碎的彰顯。扭曲和權力遊戲大量存在。只有藉著與基督團
契——雖然不是與基督等同——教會才會傳遞它作為記號的 116
功能。「作為基督的身體，教會是上帝從所有百姓中招聚出
來的終末百姓，因此，它是將來被更新的人類在上帝的國中
合一的復和記號。」（頁43）[13]

教會作為記號，指向上帝那在教會本身以外的最終目的，這個觀念是潘寧博十分喜歡的稱號；對他來說，將教會主要視作工具、以得個人拯救這種觀念，實在是一個太有限的目標了。這個目標之所以太有限，原因有兩個：首先，潘寧博的神學是非常具形體的（corporeal），特別是他的終末論。沒有其餘的羣體，個體也不能獲得最後之拯救。第二，教會雖然在上帝於世界的經世行動中有其重要性，但它本身從來都不是目標，而是為更高的目標而作服事，那就是為上帝將來在上帝的國來臨時的統治而作服事。潘寧博也是盼望的神學家——雖然是以十分獨特的方式；因此甚至教會論也總是期盼著上帝的目的最終達到其高潮。記號的任務是指向

13 進一步參 Pannenberg, *Systematic Theology*, esp. 3:38～44。

超越它本身的東西，因此，「記號」的觀念準確地捕捉了他關於教會教義的主要方面。

潘寧博視教會和普世主義為所有百姓的合一而作服事這整個方案，也模塑了他對教會領導的觀點。與一般的新教神學家不同，潘寧博認為，在基督教整體的合一中，牧職/牧者是合理的。他提問，除了在地方性和地區層面的領導外，在整體教會的普世層面上，為了基督徒的合一，是否也需要牧職？而這不單是以由主教所主持的大公會議的會議形式來從事，也是以「個體承擔的職事（這個體可成為整個教會的代言人）」的形式來從事。雖然他對現時羅馬天主教就教宗擁有這職事的宣稱有所保留，但潘寧博基本上對他自己的提問給予正面的答案。他這樣為自己那非新教的立場辯護：

> 基督教歷史的事實是，隨著原始的耶路撒冷教會結束後，羅馬的教會便成為基督教的歷史性中心。在任何有需要的情況下，若要基督教的主教代表整個教會說話，那麼主要便是羅馬的主教。雖然基於在權力政治中，羅馬的權威長期被誤用而引致充滿怨恨的爭論，但我們沒有其他實際的選擇……我們應該坦率地承認羅馬教會和它的主教在基督教中的首要性。（頁 420～421）

117 潘寧博主張，信義宗的宗教改革運動從沒有在原則上排除這種職事，以在作為整體的普遍層面上保護基督教的合一。根據信義宗的信仰，由於基督的應許，教會作為整體是不能犯錯的（約十 28）。因此，普世教導的職事——而教導是潘寧博對羅馬主教和大公會議那普世職事的觀點——降服於合一的服事（頁 423～424）。

・上帝的國、社會和教會・

教會與上帝的關係和對上帝的倚靠，是潘寧博的進路的必然特點。在他的神學中，上帝是所有神學的對象和具決定性的實在：上帝是決定一切的能力。如果關於上帝的觀念不單必須能夠照亮人的生命，也必須能夠照亮世界的經驗，那麼，教會論也應該這樣。

因此，教會是上帝的國的預視；所以它的本質由那國度來構成，它是那國度的記號（頁 30 ～ 33）。這個事實解釋了教會論和終末論之間那不可或缺的聯繫，在潘寧博對基督教信仰的系統性描述中，這是十分明顯的。令人驚訝的是，潘寧博不單將教會，也將社會置於國度之下。換句話說，他將上帝的統治遍及所有人類秩序（頁 49 ～ 57）。教會得到一個尊貴的任務：「它既作為記號，指向將來一個和平及公義的社會，那是沒有任何政治系統可以帶來的；它也作為提醒，讓人記得所有社會秩序，在與上帝統治的不變性（finality；或譯「最終性」）相比下，都只是短暫的。」[14]

正如任何其他德國神學家一樣，潘寧博不斷與巴特展開批判性的對話。雖然潘寧博在巴特對教會的進路中找到幾個缺點（例如，巴特幾乎將教會和基督等同起來），但他也稱讚那視國度為「超越它自己而指向人類在一位上帝之下的合一」這一觀點。如果記號和它所意指的東西沒有清楚區分，那麼就連基督教信仰那將來的盼望也受到損害：「如果教會沒有清楚作出這區分，它便擅取了國度的不變性和榮耀，以自身生命的貧乏和所有太人性的特點，它也令基督徒的盼望顯得

14 Grenz, *Reason for Hope*, 153.

不可信。」正如耶穌在地上的宣告中，謙卑地將自己從父和祂
118 國度的將來，區分出來，[15] 教會也必須將本身從國度和它的將來，區分出來（頁 32）。可是，雖然教會不等同上帝的國度，但上帝的將來已經臨在於教會裏面，是人們透過教會、透過教會的宣講和禮儀生活可以接觸得到的。基督徒已經被父的聖靈遷移到上帝愛子的國度中（西一 13；頁 37）。

現在應該清楚的是，作為上帝將來國度的記號和工具，教會所擁有的終局不在於其本身，而在於人類的將來，就是那與上帝復和、並藉在上帝的國度中共同讚美上帝而被聯合起來的將來。對潘寧博來說，與上帝在基督裏復和那普遍的適切性一致，關於教會的本性那最基本的真理，就是它要所有人類在一位的上帝之下聯合起來這一目標。因此，教會根本上是宣教性的（頁 45）。

潘寧博對上帝的國度那統管萬有之特性的觀點，也表達了他對公義和這公義在世界上的實現的觀點。與西方文化自古典自由主義（liberalism）開始所想像的相反，人類的方法不能實現那國度，也不能實現它的公義。公義的觀念建基於宗教而不是人的能力。國度的來臨——在終末時會透過上帝主權的介入而發生——會帶來公義及和平。無論基督徒和其他人朝那目標所從事的甚麼崇高的活動，都不是無關緊要的，但它們卻不會致使這目標實現。潘寧博總是堅持，人類命途的實現——好像其餘創造的命途一樣——不能在政治秩序中被找到，而只能在上帝的國度中來到。他批評官方〔教會〕合一運動，嘗試藉著致力研究「在促進人類合一方面那

15　關於潘寧博的三一教義中（子從父）自我區分這個主要的觀念，參 Wolfhart Pannenberg, *Systematic Theology*, vol. 2（Grand Rapids, Mich.: Eerdmans, 1991），375～379。

純粹的倫理興趣……而不理會人們和他們的文化之間的宗教差異」，以求實現公義及和平（頁 47）。在基督徒之間和在他們及他們的上帝之間的合一與和平，是被更新的人類那預期的記號。[16]

而且，潘寧博強烈指出，雖然基督教於上帝將來的國度裏的盼望是具有政治內容的，但耶穌是向個人發出關於上帝那將臨的統治的宣告，而祂並沒有宣佈任何關於解放的政治計劃。「只有在個體的信仰中——他們回應耶穌的呼召，並 119
將生命中所有其他關注都從屬於神聖統治的臨近——這個將來才確實變成現在的。」（頁 98）

不過，雖然這樣説，潘寧博並不否認教會生活那潛在的政治含義。雖然教會的團契是「屬靈的」（林後三 6），因為教會成員的身分不在於肉身的傳承，而在於作為與基督及與祂身體的成員團契的記號的洗禮（林前十二 13）；但總有一個可能性，就是基督徒與基督的關係和藉由基督而有的關係，不單在他們那個別生命的成聖中實行出來，也在他們共同生活的每個領域中實行出來，包括這生活的政治和經濟形式。潘寧博主張，特別是當基督徒的團契在非基督教的社會中不只是少數派時，那麼，「基督教精神便應該影響共同生活的政治和經濟形式」。那可能「被設想和期望為，將所有不受基督教精神控制的社會生活形式推翻和重建」（頁 479）。但同時，基督徒察覺到，所有這種社會生活的重建，都只能具有暫時的意義，在原則上它將總是開放而好作修訂的；它至多也只能是將來的國度那暫時的記號。因此，基督徒的終末團契，不能在任何此世的政治秩序中，具有完全充分的模樣。

16　進一步參 Grenz, *Reason for Hope*, 157。

不論是基督徒的團契還是它的個別成員，都不能毫無保留地與任何政治秩序的模式認同（頁 478 ～ 483）。

・聖徒相通・

潘寧博是信義宗神學家。有時不容易說他是信義宗的，這意思是說，他一方面吸取了最好的宗教改革資源，但他亦熱切地要對自己的傳統提出糾正性的批評。這個特點在他的教會論中，比在他討論教會的內在生命時更普遍存在。與路德一樣，他也建基於聖徒相通這個古典的教會觀念，但卻是以十分獨特的方式表述；他往往批評路德和信義宗對這觀念的挪用。對於教會，他喜歡綜合地稱為「彌賽亞團契」（messianic fellowship），這個詞彙被他的德國同事莫特曼所廣泛使用，但潘寧博的用法卻有點特別的意思。

基本上，潘寧博把教會的內在生命界定為信徒團契
120 （*koinonia*）和基督的身體。不過，「信徒聚會」（assembly of believers）這個詞並不單單表示個別基督徒的聚集或社羣。他指出，甚至對新教也是這樣，因為根據《奧格斯堡認信》（*Confessio Augustana*, #7），教會不是個別相信的人那隨意的聯繫，而是團契——在這團契中，福音得到純全的教導，而聖禮亦按所設立的那樣得到恰當地施行。因此，福音的教導和聖禮便形成了基督徒團契的基礎，並使這團契得以可能。這也為教會的合一立下基礎，實際上這也是教會合一惟一的條件。信徒團契藉道和聖禮得以可能，這便將聖徒相通這條公式那個人的意義，與在神聖事物中——即在道和聖禮這拯救的恩賜中——的相通那聖禮意義聯繫起來。這樣，參與並有分於神聖事物就正是參與並有分於基督本身。聖餐特別代

表「在個別信徒與存在於道和聖禮中的主之間的團契，以及信徒彼此建基於道和聖禮的團契」（頁 101～102）之間的這個聯繫，而這個聯繫就構成教會。因此，「基督的身體」這個觀念與耶穌基督在守聖餐時真實臨在，是有直接關連的。

在潘寧博的〔教會〕合一教會論中——這教會論總是嘗試克服天主教—新教的差異、並嘗試將不同的傳統整合成一融貫的傳統——教會作為基督的身體和信徒團契這雙重觀念，在互相制約的關係中成了焦點：

> 稱教會為基督的身體，這不僅僅是隱喻，也不僅僅是聖經其中一種描述教會的本性的方式。相反，信徒與基督那不能分開的聯合，這個實在——在教會作為基督的身體這個觀念中得到表達——對理解教會作為信徒團契、因而也是上帝的百姓這方面，是基本的。教會是信徒團契，這只是基於每個獨立個體，偕在獨一的主裏面有分。（頁 102）

潘寧博正確地主張，那視教會為與基督聯合的相通這個宗革改革的觀點，站在那可追溯到教父神學（patristic theology）的傳統中，而且更可以在新約聖經中找到其基礎（林前十 16～17；弗四 15～16）。對潘寧博來說，整個基督教教會的合一或相通，在每次守聖禮——亦有基督的臨在——的地方彰顯。換句話說，每次受洗的基督徒守聖禮時，整個基督教都臨在。「教會因此是相通的（*communio*），即由地方性的教會之網絡所組成的。」它首先不是普世的制度；教會的實在，在圍繞著道和聖禮的地方性的羣體中，換 121
句話說，即是在信徒團契中彰顯（頁 103）。

・ 聖靈論式教會論 ・

正如已經提過的，潘寧博的神學和聖靈論那最特別之處，是它整全的、綜合性的進路。[17] 創造、拯救、教會和終末是彼此相連的。上帝那作工的聖靈，也在所有這些領域中作聯合的工作：「聖靈作為終末恩賜的教義……以救恩那終末的圓滿為目標。」（頁 xiii）[18] 上帝那在救恩中活躍的聖靈，也在創造和上帝永恆計劃的圓滿中活躍：

> 上帝以完全獨特的方式——也就是內住在信徒裏面（羅五 9；林前三 16）——賜給信徒的聖靈，也正是在所有自然事件和死人復活這一新的創造中、所有生命的創造主……上帝的靈在祂的教會中和在信徒中的工作，令在創造的世界中的工作得以完成。（頁 2）

潘寧博那著作的第三冊——以教會論和聖靈論作為主題——以「聖靈的傾出、上帝的國度和教會」（"The Outpouring of the Spirit, the Kingdom of God, and the Church"）為題的章節作為此書的開始。潘寧博的教會論式願景，把聖靈和子之間的關係理解為必須的、對話式的關係。「基督論式建構和聖靈論式建構並不互相排斥，而是彼此相屬的，因為聖靈和子作為三一的位格是相互內住

---

17 進一步參 Veli-Matti Kärkkäinen, "Spirit, Christ and Church," *One in Christ* 4（2000）: 343 ～ 346。

18 也特別參 Wolfhart Pannenberg, "The Working of the Spirit in the Creation and in the People of God," in *Spirit, Faith and Church*, ed. W. Pannenberg, A. Dulles and C. E. Braaten（Philadelphia: Westminster Press, 1970）, 13 ～ 31。

的。」[19] 聖靈在各處的工作都與子的工作緊密相連——從創造到拯救到創造於終末的圓滿，也是如此。

那相互性——而非不對稱性（不對稱性通常以基督論優先的形式出現）——藉由一事實而得以強調，那事實就是，
在新約聖經中，[20] 耶穌基督自己在成孕（路加福音）、洗禮（馬 122
可福音）和復活（羅一 4，八 11）中，被視為聖靈及其的工作的接受者。[21] 根據約翰，聖靈「沒有限量的」賜給耶穌基督（約三 34），而對信徒來說，聖靈就是恩賜，那是與藉著跟耶穌基督團契而成為兒女相關的（羅五 15，六 3～5；參頁 9）。由於復活的主完全由生命神聖的靈所充滿，祂也可以將聖靈賜給其他人，只要他們與主團契。[22]

聖靈的恩賜不單是給個別信徒的，它也以建立信徒團契為目標——即「以建立教會和不斷給它新生命」為目標（頁 12）。因此，聖靈把信徒與基督聯合起來，並使他們與他者進入團契之中。五旬節的故事（徒二章）表達出，聖靈不單確保每個信徒個別地與耶穌基督團契；這故事也表達出，祂因而同時建立信徒之間的團契（頁 3）。

潘寧博正確地指出，根據保羅，耶穌基督是教會的基礎（林前三 11）；而根據路加，教會似乎由聖靈的「能力」所建立。在對新約聖經的教導作有系統的評估時，那重要的是，

19 Pannenberg, *Systematic Theology*, esp. 3:16～17；這個強調在他第三冊較早部分那關於教會基礎的討論中，都明顯可見。

20 潘寧博（Pannenberg, *Systematic Theology*, 3:6～7）正確地指出，新約聖經中關於聖靈的概念並不齊一。雖然保羅（但也包括彼得前書三章 18 節）把耶穌的復活追溯到聖靈那裏，但路加和約翰卻沒有就這個主題說任何話。我們還可以加上其他分別；不過，不用多說，根據潘寧博，聖靈的不同概念只想表達出不同方面，即它們建基於舊約聖經的那些不同方面，而在這背景中這些不同方面明顯是一起的。

21 Pannenberg, *Systematic Theology*, 1:316 2:84; 3:4～5.

22 Pannenberg, *Systematic Theology*, 1:269.

我們既不要視這些不同觀念為不同的選擇，也不能以協調來壓抑它們之間的差異。教會的每個神學觀念，都必須把在同一正典內被那些不同定向所闡釋的物質性方面，整合到神學觀念之內。為了這個效果，約翰的話是有幫助的，因為它們和路加一樣，對聖靈作為獨立的東西感到興趣，但同時它們又要處理一個主題，就是聖靈的工作和耶穌基督之間的聯繫。聖靈的工作是要榮耀耶穌（約十六 13～14），但這事發生時，耶穌自己也要透過聖靈的工作來與父合而為一（約十四 20；頁 15～16）。

簡單來說，教會因此同時是聖靈和子的創造。所以，潘寧博提出，那片面地以基督論為教會的基礎的做法，需要被判斷為是不足的，以及是對那圓滿的實在的扭曲。正如西方教會的歷史所顯示，這做法引致過分強調：官方教會架構直接從耶穌基督衍生出來（頁 17～19）。一方面是基督論，而另一方面是聖靈論與創造和終末論那不可缺少的關係，兩者一起能有助於避免從基督論的角度壓縮聖靈論，以致聖靈的工作只限在信徒團契中被找到。潘寧博進一步把這個對聖靈
123 工作的限制，視為對聖靈於這方面的工作的誇大，這在遍及教會歷史的有害狂熱中，明顯表明出來（頁 19～20）。

潘寧博肯定關於教會的古典兩重描述：教會是基督的身體，[23] 這強調基督論的定向；教會也是信徒團契，這強調聖靈論的定向（頁 99～110）。這是聖靈以祂的工作來建立基督的身體，因為祂在信徒心中為耶穌作見證（頁 151）。聖靈就是那中介，使個別信徒在教會——那是基督的身體——中，

23 對潘寧博來說，基督的身體不僅僅是隱喻，也不僅僅是聖經一種描述教會本性的方法。相反，它顯示出信徒與基督那不能分離的聯合的實在性（realism；Pannenberg, *Systematic Theology*, 3:102）。

直接接觸基督（頁 122～135）。

同一位聖靈不單是基督徒與基督直接接觸的基礎，祂也是信徒在基督身體的合一中團契的基礎。

從這一切，潘寧博得出一個十分重要的教會論原則，就是聖靈的工作釋放及調和著在教會的觀念中那團契與個人之間的張力，因此也釋放和調和著社會和個人自由之間的人論式張力（anthropological tension）。聖靈的工作出神地將個人提升到他們自己的獨特性之上，以致不單有分於基督的兒子身分，同時也經驗到在基督身體中的團契；這團契將個別基督徒與所有其他基督徒聯繫起來。而且，聖靈的工作不單在個別的基督徒裏面是出神的（ecstatic），在教會的生命裏面也是這樣（頁 33～34）。聖靈在教會中的角色也在主餐中得到強調，而在主餐中，聖靈在基督的百姓於主餐桌前聚集時，使基督在他們中間的臨在發生（頁 304～324）。

・蒙揀選的羣體・

正如已經提過的，潘寧博的教會論其中一個特點是包含了揀選這個主題。很明顯，對他來說，揀選是十分集體性的實在（corporeal reality），而不是選擇一些個人而使其得救（或反過來說，一些個人被定罪）。關於揀選和它與歷史的關係的討論，使得在教會論和終末論之間需要建立起橋梁。

追隨著墨蘭頓的做法，潘寧博從集體和歷史的方面來重
新詮釋揀選。他留意到，甚至聖經歷史也在上帝揀選的個 124
別定向和集體定向之間搖擺。對潘寧博來說，主要的強調是
集體的揀選概念而不是「抽象」的奧古斯丁式揀選概念。這
個抽象的觀點只能引致決定論（determinism）或伯拉糾主義

（Pelagianism），而潘寧博想盡一切努力避免這兩個陷阱。這抽象的觀點也會將揀選從真正的歷史中分離開來，並將它貶低為上帝在過去的選擇。[24] 這個抽象的理論令「呼召」的觀念變得十分有困難，而且幾乎不能存在；如果上帝在遙遠的過去已經作出有效的選擇，那麼，邀請別人跟隨上帝這行動還可以有甚麼角色？[25]

在舊約聖經中，以及相對於古典基督教教義的主流，揀選這觀念，將上帝永恆的選擇與上帝的整個百姓聯繫起來。個別的人蒙揀選和呼召，為的是要服事百姓。即使新約聖經——雖然個別的人作為神聖揀選的對象這一觀念更為突出——也不採取那引致抽象觀念的做法，因為教會的建立製造了一個機會，讓所有人都被包括在上帝拯救的使命中。揀選從以色列人，向外伸展到外邦人那裏（頁 443～444，456～457）。正是作為「上帝的百姓」，蒙揀選的羣體作為典範而存在，以預視著和預先呈現出那終末的團契，而這團契便是人類在上帝的國度中所命定的。[26]

不過，潘寧博所不願意放棄的是：對作為羣體一部分的獨立個體之揀選。潘寧博的拯救論和教會論具有內置的張力，就是在個人責任，與上帝對羣體的揀選並上帝的國以其自己的力量來到這兩者之間的張力。潘寧博在揀選教義的序言中，以有點複雜的方式來特別關注這張力：

24 Pannenberg, *Systematic Theology*, 3:439～447；也參 Grenz, *Reason for Hope*, 173～174。

25 關於呼召和它與揀選的關係，參 Pannenberg, *Systematic Theology*, 3:447～455。

26 關於「上帝的百姓」這個概念，以及它與揀選和歷史的關係的詳細論述，參 Pannenberg, *Systematic Theology*, 3:463～470；關於它與作為上帝「舊」百姓的以色列之間的關係，參 Pannenberg, *Systematic Theology*, 3:470～477。

> 藉著它們那終末論式的指涉，並就藉著以上帝那終末的將來為背景來預視受洗者的逝世的洗禮而言，教會那具意義的行動，預先向那些適用的人告知生命的整個過程。參加者的生命成了那些行動所預先展示的東西的重複。在那重複中，參加者的自由行動是容許的，雖然它總是重複的。存在於聖禮記號中、並賜給接受者的恩典，總先於那些記號所展示的東西的重複。（頁 435）

換句話說，個體的和集體的揀選之間存在著相互的關 125
係。在某種意義上，上帝對上帝整體百姓的揀選，是個體揀選的基礎；但如果在信仰的形式和聖禮的接受中，欠缺了個體對上帝的邀請所說的「是」（yes），那麼揀選仍然是無效的。

11

莫特曼
彌賽亞教會論

Jürgen Moltmann
Messianic Ecclesiology

・ 處境教會論 ・

莫特曼（Jürgen Moltmann）的頭三部神學貢獻是《盼望神學》（*Theology of Hope*, 1964）[1]、《被釘十字架的上帝》（*The Crucified God*, 1972）和他主要的教會論著作《聖靈大能中的教會》（*The Church in the Power of the Spirit*, 1975）。他較後期的系列包括《三一與上帝國》（*The Trinity and the Kingdom of God*, 1981）、《創造中的上帝》（*God in Creation*, 1985）、《耶穌基督的道路》（*The Way of Jesus Christ*, 1990）和他主要的聖靈論著作《生命的聖靈》（*The Spirit of Life*, 1992）。莫特曼的《聖靈大能中的教會》是龔漢思的《教會》那相應新教的版本，亦是近數十年其中一本關於 126

1 Jürgen Moltmann, *Theology of Hope: On the Ground and the Implications of a Christian Eschatology* (London: SCM Press, 1967) .

教會教義的重要的〔教會〕合一著作。

不過，教會論的討論不限於這本主要著作。在《盼望神學》中，在基督的復活中所賜下的終末應許（eschatological promise）創造了一間宣教的教會，即一間有辯證的盼望（dialectical hope）的教會，由基督的死和基督及我們的復活來模塑和調節的。教會蒙召來服事世界，包括從事政治參與。在《神學與喜樂》（*Theology and Joy*）[2] 中，宣教的教會歡慶自由的節期（festival of freedom），預視著新創造的喜樂。《被釘十字架的上帝》[3] 便在辯證的盼望以外加上辯證的愛（dialectical love）；教會與那些被被釘十字架的基督所認同的人認同。

莫特曼本人將他的神學描述為具有聖經基礎、終末定向
127 和政治責任。[4] 在這些特點以外，需要加上另一個元素，就是對三一的強調。特別是在他後期的著作中，他開始強調三一教義對其他神學核心的重要性。三一架構在《聖靈大能中的教會》也是明顯的。在導言的討論之後，這本書主要按一個三一的架構來劃分：「耶穌基督的教會」（第三章）、「上帝國度的教會」（第四章）和「聖靈臨在中的教會」（第五章）以及「聖靈大能中的教會」（第六章）。在這三一的視角中，他將教會置於生活的具體現實中，並為忠於呼召的教會説話：他將這教會等同為耶穌基督的教會、宣教的教會、〔教會〕合一的教會和政治的教會。[5]

---

2 Jürgen Moltmann, *Theology and Joy*（London: SCM Press, 1973）.

3 Jürgen Moltmann, *The Crucified God: The Cross as the Foundation and Criticism of Christian Theology*（London: SCM Press, 1974）.

4 Jürgen Moltmann, *History and the Triune God: Contributions to Trinitarian Theology*（London: SCM Press, 1991）, 182.

5 Jürgen Moltmann, *The Church in the Power of the Spirit*（London: SCM Press, 1977）, 1～18；這一章此後在引述《聖靈大能中的教會》時，大多會將頁碼放在括號內。

關於他那富創意的工作，他採納了不同的資源：他在普世基督教協進會中以及與東正教相關的〔教會〕合一的接觸及工作（莫特曼的神學其中一個特點，是其與東方靈性和神學那延續性的對話）；他在第三世界的廣泛遊歷；他對五旬宗／靈恩運動的興趣；他與德國國家教會以外的教會，也就是新教自由教會的「自願性宗教」（voluntary religion）、拉丁美洲和其他地方的解放神學，以及與拉丁美洲的天主教基層羣體的接觸。他採納了那麼多不同資源，這令他的神學不單是當代的，在處境上也是相關的。莫特曼的聲音在西方學術界以外也得到注意，而且愈來愈多於三分之二世界（two-third-world）的神學家，都與他的建議進行互動。[6]

・ 基督論焦點 ・

莫特曼形容他的教會教義是彌賽亞和關係性教會論（messianic and relational ecclesiology）。「彌賽亞」式基本上意指「基督論的」；基督論基礎總是指向終末的，因此他的觀點是「以基督論為基礎，並指向終末的教會教義」（頁13）。教會是耶穌基督的教會，單單服從於祂的主權。因此，對
莫特曼來說，教會論只能夠由基督論來發展（頁66）。但重 128
要的是，要留意到，關於基督的話也指向那在教會以外的國度，即基督這位彌賽亞將來施行之的統治。因此，基督的教會需要「彌賽亞式的團契」（messianic fellowship）。作為基督的教會，它活在「記念祂的歷史和盼望祂的國度之間」；教

6　關於莫特曼的教會論，一個十分有幫助的概論是：Richard Bauckham, *The Theology of Jürgen Moltmann*（Edinburgh: T & T Clark, 1995）。

會不是那國度，而是那國度的預視（頁 75）。

作為耶穌基督的教會，教會與它的主的歷史和命途緊密聯繫。受苦和喜樂的辯證關係，是教會存在的特點；十字架和復活定下了它生命的基調。教會有分於基督的受苦，即「聖靈的歎息」，直至上帝喜樂及和平的國度來到。上帝令上帝自身容易為世界的苦難所傷，而教會也受到這特點吸引：「上帝在世界中的痛苦，是通往上帝與世界的快樂的路。」（頁 93）受苦和喜樂的辯證關係在教會的雙重本性中也變得顯而易見。教會同時是「十字架下的教會」和「自由及喜歡節期的教會」（church of the festival of freedom and joy）。

雖然基督論的焦點在莫特曼的系統神學中特別決定著教會教義，但在他較後期的著作中，關於教會的三一視角，特別是聖靈論視角，則取得更大的重要性。三一的觀點在《聖靈大能中的教會》中已經很明顯，但作為整體的三一教義則愈來愈吸引他的興趣。他持續與東正教神學所進行的對話，對這轉變有著決定性影響。

・ 平等位格的團契 ・

對莫特曼來說，教會是平等人士的自由社會，是一個朋友之間開放的團契（open fellowship）。以反映三一位格的平等主義（egalitarian），教會是平等人士的相通。莫特曼提出，人會直接把三一教義應用到教會論中。哪裏有階級性的三一觀念，隨之而來便有具階級性的教會觀念。以開放的三一，我們找到有尊重和忠誠的情感關係。不單三一是開放的，耶穌的友誼也是開放的。它不是封閉和排他的，而是包容的，甚至革命性的：「那走出去與別人接觸的開放和完

全的友誼，就是國度的精神，而在這國度中，上帝來到人那裏和人來到人那裏……開放的友誼為更友善的世界鋪路。」（頁 121）

開放的教會是委身的基督徒那自願性團契（voluntary fellowship），而不是「文化的」國家教會（“cultural” state
church）。莫特曼明顯選擇「自由教會」模式，並強烈批評 129
那有為嬰兒施洗的國家教會模式。[7] 作為基督徒的自願性團契，教會成員將他們自己的生命降服於基督的主權之下。國家教會是「為國民提供牧養的教會」；是「施行社會宗教的公共制度」，以保存現狀；是一個神職制度，只勉強地對宗教需要感興趣。[8] 也就是說，國家教會是沒有羣體和委身的教會。莫特曼喜歡把教會言說為「成熟和負責任的會眾」，這包括在國度服事中的委身的門徒，以及在自由和平等、互相接納和照顧中，並在與窮人和受壓迫的人休戚與共中的團契。在這種教會，洗禮與其說是「信徒洗禮」，不如說是基督徒呼召、門徒身分和服事的洗禮。

・ 為他者的教會 ・

然而，莫特曼的教會教義的另一稱號是「關係性教會論」。教會從來不是為自己而存在，而總是與上帝和世界相關的；因此它是服事的、宣教的教會：「教會不能獨自理解

7 Jürgen Moltmann, “The Challenge of Religion in the 1980s,” in *Theologians in Transition: The Christian Century “How My Mind Has Changed” Series*, ed. J. M. Wall (New York: Crossroad, 1981), 110.

8 Jürgen Moltmann, “Theology in Germany Today,” in *Observations on “The Spiritual Situation of the Age”: Contemporary German Perspectives*, ed. J. Haberman (Cambridge, Mass.: MIT Press, 1984), 189.

自己。它只能夠在與別人的關係中，才真正理解它的使命和它的意義，以及它的角色和它的功能。」（頁 19）

莫特曼的關係教會論有一個**神**學性（*theo*logical）基礎：一切——包括上帝——只在關係中存在。莫特曼對三一的觀點或可描述為「開放的三一」（open Trinity）：在創造中，上帝向世界開放上帝自己，也令上帝自己易被歷史中的事情傷害。[9] 因此，教會論總需要在與基督論、聖靈論和終末論相關的情況下被建立。關係性（relationality）表示向世界和向上帝的將來開放：教會要「為上帝開放，為人開放，並為
130 上帝和人的將來開放。當教會放棄任何一種開放性，並向上帝、人或將來封閉自己時，它便會萎縮」（頁 2）。他主要的教會論著作那普遍版本的英文書名，便清楚集中在他的教會教義的這一方面：那書名就是《開放的教會》（*The Open Church*）。[10]

教會為世界和他者而活的其中一種方式，便是有分於基督的「職事」（offices）。跟隨傳統的改革宗教義學，莫特曼談及基督的三種職事：先知（事奉）、祭司（死亡）和君王（復活／統治）。教會在回應上帝邀請，以成為拯救的工具時，它便有分於這三種職事中。在它先知式的工作中，教會有分於耶穌那彌賽亞式的宣告和祂那使人得自由

9 進一步參 Moltmann, *History and the Triune God*；Moltmann, *The Crucified God*；毫無疑問，莫特曼的神學具有萬有在神論式的（panentheistic）取向，這表示，相比於古典神論（classical theism），上帝和世界更彼此「接近」，兩者有一種相互關係。「**萬有在神論**」（panentheism）這個詞需要與「**泛神論**」（pantheism）區別出來，後者指上帝和世界完全等同。莫特曼的觀點則在古典神論和泛神論之間。

10 Jürgen Moltmann, *Invitation to a Messianic Lifestyle*（London: SCM Press, 1978）；美國版本：Jürgen Moltmann, *The Passion for Life: A Messianic Lifestyle*（Philadelphia: Fortress, 1978）。

的工作。這是教會的解放事奉。有分於耶穌的受苦，教會要在十字架之下生活和事奉，並要與軟弱的人休戚與共地受苦。而作為耶穌高升的一部分，教會在聖靈中以自由和平等的團契而活。在這些傳統的職事以外，莫特曼加上兩種職事，就是基督的變像（transfiguration）：這強調美學一面、崇拜和「自由的節期」；以及基督的友誼：教會藉以在開放的友誼和邀請的團契（inviting fellowship）中開放自己。[11]

教會不為自己而活，而是為世界而存在。因此，教會是為了使命並因使命而活的。但即使使命也需要由開放性（openness）的原則形塑。「以色列、世界的宗教和世界的經濟、政治和文化過程」，是歷史中的伙伴，「它們不是教會，也永遠不會成為教會」（頁134）。換句話說，教會的使命不是「擴展教會，而是擴展國度」；教會不是服事自己，而是服事世界和國度（頁11）。教會作為將來國度的「預視」和國度的「再現」，它是將來的「整體」那不完整的和初步的「部分」。這將聖靈的事奉帶到焦點，那是從聖靈的中介（mediation）和職事這方面來說的：「作為聖靈的中介和能力，它們帶領教會超越它本身，並進入世界的苦難和神聖的將來之中」（頁198）。

莫特曼也是政治神學家（political theologian）。他對政治、社會和生態的關注，也在他對教會的觀點中明顯可見。雖然教會的使命是建基於基督的福音和歷史，但政治的參與是教會向世界的職事那必不可少的一部分。

11　進一步參 Moltmann, *Church in the Power of the Spirit*, part 3。

‧ 聖靈大能中的教會 ‧

131 莫特曼對聖靈重新感興趣，這使他強調聖靈論對彌賽亞終末式教會論（messianic eschatological ecclesiology）的重要性；他有時甚至稱它為「靈恩教會論」（Charismatic ecclesiology）。在三一式的歷史中，因教會活在耶穌的歷史和將來國度來臨的期盼之間，所以聖靈將終末的將來傳遞給我們；聖靈為子將來的國度而服事。在這個意義上，教會參與聖靈的使命。但由於聖靈的工作不限於教會，所以聖靈在創造的所有地方工作。為了這個原因，教會不能將自己絕對化；它的性質總是臨時的（provisional）。

作為聖靈的創造，教會也是平等位格（equal persons）的「靈恩式的團契」（Charismatic fellowship）。承擔職事的人和眾人之間沒有區分（頁 298）。教會對保羅來說（林前十二～十四章）——也對莫特曼來說——是聖靈在滿溢的能力、靈恩中產生的自我彰顯的地方。因此，上帝的百姓在他們的存在中，把自己視為「聖靈的創造」：「聖靈令他們有生命；聖靈給羣體履行它使命的權柄，聖靈使其活潑的能力，以及使那些源自這些能力的事奉變得有效；聖靈聯合、整理和保存它。」（頁 294）因此，教會的職事本質上是靈恩式的。對莫特曼來說，「如果我們不從每個信徒——無論有沒有承擔職事——都是上帝彌賽亞百姓的成員這事實出發，教會論便會變成階級論（hierarchology）」。職事變成乏味、「沒有生氣的公務，而靈恩則變成宗教天才的崇拜，若然我們不以獨一在靈恩中是活潑的羣體為出發點」（頁 289～290）。

莫特曼希望強調靈恩在教會中的角色，但他的做法是藉著擴充那對屬靈恩賜往往太狹窄的理解。傳統上，靈恩被分為兩組：「超自然的」（林前十二8～10）和「自然的」（羅十二6～8）。但是兩組都在教會和個人敬虔的限制中運作。莫特曼強調，聖靈為在世界中服事而賜下屬靈恩賜，例如在解放和生態運動中賜下先知式言語。「如果靈恩不是賜給我們，讓我們可以脱離這個世界，進入宗教夢想的世界；而若靈恩是要見證基督在這個世界的衝突中那解放的主權；那麼，靈恩運動必不能成為非政治的宗教，更不要説成為去政治化的（de-politicized）宗教。」[12]

教會在五旬節那天誕生，而説方言（glossolalia）是它誕 132
生的標記。[13] 作為聖靈的創造，基督的教會倚靠聖靈的靈恩式能力。教會有分於基督的受苦和「聖靈的歎息」中，直到上帝那喜樂及和平的國度來到。説方言是「聖靈這樣強的內在領會，而這領會的表達，離開了那可以明白的言語領域，並以不尋常的方式表達，就好像強烈的痛苦以不能限制的呼喊來表達，或很大的喜樂以跳躍和舞蹈來表達一樣」。[14]

作為國度的預視，教會在聖靈的能力中守聖禮：

> 當它聆聽彌賽亞世代的語言，並在洗禮和主餐中歡慶那黎明和盼望的記號時，教會在聖靈的臨在中視本身為彌賽亞百姓，註定要迎接將來的國度。在彌賽亞的筵席中，它意識到它的自由和職責。在聖靈的能力中，教會經驗到它本身為彌賽亞式團契，在世界中服事上帝的國度。（頁289）

---

12 Moltmann, *Spirit of Life*, 186.

13 Jürgen Moltmann, "The Spirit Gives Life: Spirituality and Vitality," in *All Together in One Place: Theological Papers from the Brighton Conference on World Evangelization*, ed. H. D. Hunter and P. D. Hocken (Sheffield, U.K.: Sheffield Academic Press, 1993), 26.

14 Moltmann, "The Spirit Gives Life," 27.

・ 聖靈的羣體 ・

一般來説，莫特曼的神學，特別是他的教會論，其中一個最獨特和富創意的特點，是他對生態的全面關注。這個生態定向在他更近期關於聖靈論的著作中已趨向完全成熟。莫特曼堅決反對過去他所見到那關於聖靈的極其有限的教義。在新教和天主教的神學和靈修傳統中，它們都傾向單單視聖靈為拯救的聖靈。祂的地位是在教會中的，而祂給男女的靈魂那永遠蒙福的保證。這種拯救的聖靈脱離了身體性的生命和大自然的生命。祂令人轉離「此世」（this world），而盼望在此世以外的一個更美好的世界。神學滿足於談論與上帝、信仰、基督徒生命、教會和禱告有關的聖靈，卻很少談論與身體和大自然有關的聖靈。[15] 這結果是可悲的。這個對
133 聖靈的有限的觀點令教會變得貧乏和空虛，而「聖靈則移到自發的團體和個人的經驗之中」。[16]

莫特曼想復興聖經對聖靈的觀點，即視聖靈為生命的聖靈、生命的神聖能力；而根據舊約聖經，祂貫穿於所有生物中間。他的堅定信念是，哪裏有對生命的激情，那裏就有上帝的靈在運行：生命相對死亡；解放相對壓迫；公義相對不公義等等。因此，惟一合法的態度是肯定生命的態度。

「聖靈的羣體」（community of the Holy Spirit）這個詞在神學中已被用來指涉教會。莫特曼徹底擴展這個傳統觀念，以包括整個「創造的羣體」，由最基本的粒子到原子到分子到細胞到生物到動物到人類到人類的羣體。[17] 任何創造

15 Moltmann, *Spirit of Life*, 8.

16 Moltmann, *Spirit of Life*, 2.

17 Moltmann, *Spirit of Life*, 225 ~ 226.

的羣體都是聖靈的團契。要掌握這點，整全的聖靈教義是需要的。[18]

聖靈被理解為使人成聖的靈（Spirit of sanctification）；「**聖**靈」（Holy Spirit）這個名稱完全清楚表明這點。與稱義的教義在傳統神學中怎樣被理解一致，成聖的教義業已被指向個別信徒中屬靈生命的成長。莫特曼的出發點是一個觀察：由於一切生命都要延續、成長，成聖與生命成長的推進和促進有關。在這個更全面的視角下，成聖包括幾方面：它意味著重新發現生命的聖潔（sanctity）和創造的神聖奧祕，也意味著從對生命的操控、大自然的世俗化和以人類暴力對世界所作的破壞中，保護它們。大地屬於上帝，因此是要受保護的。從這態度便生出「對生命的尊敬」（reverence for life）。教會作為那將要來到的和平及和諧的國度的預視，它蒙召要參與和捍衛生命的成聖，這包括追尋「生命的和諧及一致」。[19]

18 Moltmann, *Spirit of Life*, xiii；莫特曼實際上在此明確稱他的聖靈論為「整全的」（holistic）。

19 Moltmann, *Spirit of Life*, 171～174（引文在頁 173）。

12

沃爾夫
參與性教會論

Miroslav Volf
Participatory Ecclesiology

·　教會作為三一的形象　·

沃爾夫（Miroslav Volf）是在克羅地亞（Croatia）出生的神學家，後來成了耶魯大學（Yale University）教授。在與羅馬天主教、東正教和自由教會教會論所進行的批判性互動中，他勾畫了一種三一式的教會論（trinitarian ecclesiology）。[1] 以與羅馬天主教的拉青格樞機和東正教的薛斯奧拿的觀點所展開的批判性對話作為他的起始點，他標榜要提出一個可行的自由教會教會論；這教會論部分建基於第一位浸信會神學家、十七世紀英國的史密斯（John Smyth）的思想。對於女性主義神學家（feminist theologians）堅持教會作為自由、平等位格的團契，沃爾夫表示支持。雖然沃爾夫

1　Miroslav Volf, *After Our Likeness: The Church as the Image of the Trinity*（Grand Rapids, Mich.: Eerdmans, 1998）；這章此後引述這本書時，會將引文的頁碼放在括號內。

想抗衡在一般新教教會論中——特別是在自由教會教會論中——那個人主義的傾向，但他尋求提出一種關於教會之可行的理解，那是個人和羣體都能得到恰當地位的。「最終的目標是要詳加說明教會作為三一上帝的形象的願景（vision）。」（頁 2）

和女性主義者和自由教會一樣，沃爾夫主張，基督在聖靈裏的臨在——這構成教會——不單只是（在沃爾夫來說，甚至主要不是）透過受按立的牧者來傳遞，而是透過整個教會來傳遞的。因此，整個教會蒙召以參與職事，並決定教會中領導的角色。

和很多教會論式論述——甚至是更近期的論述——不
同，沃爾夫不單小心聆聽傳統的聲音，他也聆聽在西方和特
別在西方以外那些興旺的、正在增長的教會那正在浮現的聲
135 音。他的著作也是獨特的，它是其中一本最早從自由教會角
度、在神學上可靠的、具建構性的著作。標準的教會論傾向
完全忽視較年青的、在神學上通常較不精緻的教會；或至多
也只是對他們的增長或人數順帶一提。沃爾夫問道：「教會的
將來是怎樣？」（頁 11）而自由教會就可能是教會的將來。

・ 基督的臨在和教會的教會性 ・

沃爾夫提出兩個相互關聯的問題，都與教會的教會性有關，它們就是：「教會是甚麼？」和「教會在哪裏？」為了要神學地處理這些問題，沃爾夫把上帝那終末性的新創造視為能恰當地理解教會之包羅萬有的框架。教會在上帝的新創造中的未來，正是三一上帝與祂榮耀的百姓之間那相互的位格性內住（mutual personal indwelling）——這是根據啟示錄

二十一至二十二章那天啟先知的視象（vision）所描述的。參與三一上帝那完全的生命不單是將來的盼望，也是現在的經驗（約壹一 3）。在留意到伊格那丢的（教會的教會性可以藉著指涉基督的臨在而得到保證）[2] 和愛任紐的古老規章（他將教會性聯繫到基督的靈）[3] 的情況下，沃爾夫在聖靈普遍的和特殊的臨在之間，作出那必要的區分（頁 128 ～ 129），並得出以下結論：

> 哪裏有基督的靈——祂作為終末的恩賜，預期著上帝在歷史中的新創造（參羅八 23；林後一 22；西一 11 ～ 20）——在祂的**教會地構成**的活動（ecclesially constitutive activity）中臨在，那裏就有教會。聖靈將聚集的會眾與三一上帝聯合起來，並整合成一歷史——這歷史由基督，實際上由舊約聖經的聖徒，伸展到終末的新創造。這由聖靈作中介而與三一上帝所建立起的關係……將一個聚集構成為教會。（頁 129）

對沃爾夫來說，這回答了教會的身分這個問題。那麼第二個問題「教會在哪裏？」又怎樣呢？天主教和東正教提出，聖禮和主教（後者為要保證聖禮）保證聖靈的臨在，但這不是沃爾夫所能接受的觀念。他也不完全滿意史密斯和其他自由教會的人的提議：他們主張，基督那具構成性的臨在的先決
條件，是服從基督的命令和正確的（根據他們的理解是合符 136
聖經的）教會組織。因此，就教會性的條件來說，主教制和

2　Ignatius *Letter to the Smyrneans* 8:2.

3　Ireanaeus *Adversus Haereses* 3.24.1.

自由教會傳統特別在三方面有分別：(1) 根據天主教和東正教的傳統，自由教會教會論缺少主教以確保基督的臨在，而根據自由教會傳統，這樣的主教是不容許的。(2) 在主教制模式，基督的臨在是透過聖禮而被傳遞的；相反，自由教會表明，基督是不經傳遞，是「直接」在整個地方性的相通中臨在的。(3) 根據主教制傳統，教會透過進行客觀的活動而被構成，而基督那具構成性的臨在不限於主觀的意向(即使後者並非不重要)；但自由教會則已漸漸強調主觀的條件，也就是信心和順服，甚至到一個程度認為，如果沒有這些條件，雖然有客觀方面的存在，但對教會性仍然有嚴重的存疑 (頁 133 ～ 135)。

沃爾夫嘗試超越這〔教會〕合一的僵局，藉著提出教會的教會性的惟一條件，是基督在聚集的羣體中的臨在，這就正如馬太福音十八章 20 節所說的：「因為無論在哪裏，有兩三個人奉我的名聚會，那裏就有我在他們中間。」這教會論的規則可以追溯到伊格那丢、[4] 特土良 (Tertullian)[5] 和 (在一些有限條件底下) 居普良。[6] 基於對馬太福音十八章 20 節的「神學性」釋經，沃爾夫所得出的結論是：「哪裏有兩三個人奉基督的名聚集，那裏就不單有基督與他們同在，而且也有基督教教會在那裏；它或許是一間壞的教會，這間教會可能違反愛和真理，但它仍然是教會。」(頁 136)

・ 教會作為聚會 ・

教會首先是那奉耶穌的名聚集的人的聚會 (assembly)。

4 Ignatius *Letter to the Smyrneans* 8:2.

5 Tertullian *De echartatione castitatis* 7.

6 Cyprian *De unitate* 12.

作為地方性的教會，它是一羣在特定的地方以特定的方式聚集的人。不過，即使沒有聚集，教會仍然繼續是教會；它在其成員的彼此服事和向世界的共同服事中，繼續作為教會而存在。任何地方都沒有教會是「在地方聚集的會眾之上」存在的，「而是『在會眾裏面、與會眾一起和在會眾之下』存在
的」。[7] 會眾是在獨特地點的基督身體；在那裏，會眾聚集在 137
一起。

我們可以怎樣認出哪種聚集才是合法的教會？沃爾夫實在是太好的神學家，他不能表示，任何由思想相近的人所組成的自由聯繫，都會產生教會。「教會是聚會，但〔任何種類的〕聚會尚不是教會。」教會性一個不可或缺的條件，是人們奉基督的名聚集。奉基督的名聚集，是基督在聖靈裏臨在的先決條件。奉主的名聚集，也將教會與耶穌基督的整個歷史聯繫起來；在新約聖經，教會是耶穌基督的教會（羅十六16）。這樣將聚會與基督認同，目的不單是在認知上接受耶穌基督的生命和歷史，也是委身於祂的旨意。換句話說，認知上的詳述和個人的認同都同時需要。在基督裏的認信（confession of faith），雖然是高度個人化的行為，但它遠遠不單是個人的；它是在其他信徒和整個世界面前作出的（頁145～150，尤參頁145）。

認信也打開了沃爾夫對聖禮和職事的角色在與教會性有關的問題上的理解。在這裏，沃爾夫再次在主教制教會（羅馬天主教和東正教）和自由教會之間採取中間路線——前者主張聖禮和職事是教會性那必不可少的條件；但後者則認

7　在這裏：Volf, *After Our Likeness*, 138, quotes from Otto Weber, *Versammelte Gemeinde: Beiträge zum Gespräch die Kirche und Gottesdienst*（Neukirchen, Austria: Buchhandlung des Erziehungsvereins, 1949）, 33。

為，聖禮至多只是對教會的安好（well-being）有貢獻，並且對他們來說，職事的模式問題在教會論中，是實用式的多於存有論式的。

沃爾夫並不把牧者的職事視為教會的構成性元素：「基督並不透過受按立的職事這『窄門』進入教會，而是透過整間教會的動態生命；基督的臨在不是單由職事制度來證明，而是透過整個聚會那多方面的認信。」換句話說，受按立的職事不屬於教會的本質（*esse*），而是屬於教會的安好（*bene esse*）。對比起來，聖禮——洗禮和主餐——則屬於教會的必要條件，只要將它們理解為認信的一種形式和信仰的一種表達。沃爾夫主張，新約聖經中的聖禮實際上就是這樣的。它們是認信的公開表現。在洗禮中，受洗的人公開表明自己對那一位的信仰——洗禮也是奉祂的名發生的；至於主餐，它是由教會對上帝和對上帝的拯救行動的讚美所構成的（頁152～154，尤參頁152）。

・ 教會和眾教會 ・

138 地方性的聚會和上帝全體的終末性百姓之間有甚麼關係？換句話說，「教會」（*ekklesia*）這個詞的基本意思是甚麼？對天主教神學來說，「教會」指向普世教會；東正教主張，每個地方性的教會都與普世教會相一致。自由教會在傳統上堅持地方性的教會的首要性，以致幾乎排除普世教會的觀念。如果我們與自由教會教會論的一般語調一致，以地方性的教會的優先性作為開始，那麼普世教會就是所有地方性的教會的總和。但沃爾夫便提問：每個個別地方的會眾怎樣可以成為上帝終末性百姓的「預期」（prolepsis）？對他來說，關鍵的觀念是「預視」(anticipation)。地方性的教會——不是「現存普世教會的具體實現」(天主教神學)——是「上帝全體百姓於終末的聚集那真正的預視或預期性之實現(proleptic realization)」。地方性的教會和普世教會之間有相互的關係：

> 正是作為部分地重疊的實體(entities)，地方性的教會和普世教會均透過與基督的靈的關係而被算作為教會；基督的靈令它們都成為上帝全體百姓於終末的聚集的預視。正因為這樣，每間地方性的教會也可以完全是教會，雖然它只包含普世教會的一部分。(頁 140～141)

地方性的和普世教會的相互倚靠(mutual interdependence)，在沃爾夫以教會作信仰中介這一理解中(以兩者共同的認信形式)，也變得突出。每次會眾在基督裏表明信仰，它也是向世界表明信仰。那認信永遠不能是地方性的教會個別之獨特行動。作為教會的構成性行動，「每間教會都必須由同一認信所構成」。換句話說，認信將每間教會與所有教會聯繫起來(頁 154)。

由於認信傳遞著基督的臨在，所以每間地方性的教會基於那臨在，都是一合法的教會。在這個意義上，每間地方性的教會都是「獨立的」。當然，自由教會很多時候以一種方式來解釋他們的獨立性，令地方性的教會不單是獨立的，更是完全自給自足的，以致他們不明白，完全漠視其他教會是違反了教會性的原則。沃爾夫在這裏提出一個修正：雖然每間地方性的教會基於基督的臨在而「在屬靈上自立」，但是它的 139
「獨立性」並不表示，其他教會在任何情況都沒有權介入一地方性的教會的生活，或者地方性的教會可以對其他教會和它們的教會性不屑一提。一方面，其他教會可以介入地方性的教會的事務，如果（及只有如果）這間教會的教會性受到威脅——由於認信被扭曲，或在實踐基督的原則時出現持續的抵抗。另一方面，每間地方性的教會都要向其他教會開放；沃爾夫視這點為教會性在教會之間那不可或缺的條件。

他稱這原則為「教會間之最低限度」（interecclesial minimum）。沒有教會——如果是真教會的話——可以在從所有其他教會中孤立出來下，獨立地宣稱為教會而不承認所有其他教會。透過這種對其他教會的開放性，一間教會必然地展開走向它將來的路，在這條路上，它能夠表達和深化它的相通，也就是與所有其他教會那「具差異的合一」（differentiated unity；頁 155 ～ 158）。

・ 靈恩教會 ・

根據沃爾夫，「教會在哪裏？」這個問題不能在沒有指涉聖靈那活潑的臨在的情況下，被妥善解答的。[8] 教會的靈恩式架構的基本觀念，可以總結為五個原則。[9] 首先，「教會是由全體蒙召的和被賜予靈恩的上帝百姓的生活方式所構成的」，這個命題假設著，崇高的基督自己在聖靈的恩賜中

8 Peter Kuzmic and Miroslav Volf, "Communio Sanctorum: Toward a Theology of the Church as a Fellowship of Persons," Pentecostal position paper read at the International Roman Catholic-Pentecostal Dialogue, Riano, Italy, May 21 ～ 26, 1985, 14.

9 Volf, *After Our Likeness*, 228 ～ 233；基本的大綱較早時已經在此提出：Miroslav Volf, "Kirche als Gemeinschaft: Ekklesiologische Überlegungen aus freikirchlicher Perspektive," *Evangelische Theologie* 49 (1989) : 52 ～ 76。

行動。[10] 靈恩第二個界定性特點，是它們的普遍分佈（林前
十二 7；羅十二 3；弗四 7；彼前四 10）。在作為基督身體的
羣體中，沒有成員是沒有恩賜的。因此把服事的人和接受服
事的人區分開來，這在教會論上是不能接受的。普遍的分佈
表示出，成員對教會的生命有共同的責任和互相從屬。靈恩
的第三個特點，是它們在根本上的相互倚靠（羅十二 6；比較
林前十二 7～11）。因此，教會成員的生命必須以相互性為
特點。第四，上帝至高的靈「隨聖靈的選擇」而分派恩賜（林 140
前十二 11）。「聖靈在祂所選擇的**時間**工作；教會不能支配
聖靈在甚麼時候賜下恩賜。」（頁 232；強調為原文所有）最
後沃爾夫表明恩賜那共時的和歷時的多元性（synchronic and
diachronic plurality）。恩賜在不同時間和不同的人身上，都
可以有分別。

沃爾夫強調，他的詮釋在神學或教會生活中並不新鮮。「這個模式涉及……只是將已經在教會實際發生的事情**重新詮釋**（reinterpretation）。」（頁 227；強調為原文所有）他提出，「聖靈透過擁有職事的人而構成教會」的這個模式（天主教和東正教），模糊了一個在教會論上十分重要的事實：在所有教會中，信仰都是由普通人傳遞和保持其有效性的。他進一步指出，平信徒在構成教會一事上的角色，在教會論上被模糊，這是引致平信徒的消極狀態（lay passivity）其中一個最重要的神學原因，而這結果亦帶來「在消極狀態中的教會」（church in passivity）這一模式（頁 227）。

10　沃爾夫在這裏建基於：E. Käsemann, "Amt und Gemeinde im Neuen Testament," in *Exegetische Versuche und Besinnungen*（Göttingen: Vandenhoeck & Ruprecht, 1970），1:109～134。

‧ 走向平信徒的神學 ‧

沃爾夫稱他的進路為「參與性教會論」（participatory ecclesiology）。他相信，自由教會在教會論上給其他教會的真正挑戰，是要呼召他們使「眾人皆祭司」這含義更為充實。沃爾夫宣稱，其他教會必須以新的方式在神學上進行探索，以及學習在今天活出那些他們已經知道的、並從開始已經部分地活出的事情：所有信徒那積極的祭司身分——這個祭司身分是他們原本所理解的，不單在拯救論上，也在教會論上。[11] 教會必須承認一個事實：按照他們蒙上帝的靈呼召和賜予恩賜，教會的所有成員都透過他們的行動和言語來描述和獻出上帝那多重的恩典（彼前四 10～11）。教會透過救恩的傳達而得以成形和甦醒過來，而這傳遞是藉著以聖靈那多種形式的恩賜來互相服事而產生的。

教會所有成員創造出那「看似可信的架構」（plausibility structures），在這架構中，信心的傳達和在信心中的生活首先變成可能。「因此聖靈並不單獨地透過那些擁有職事的人來構成教會，而是透過所有成員——他們以自己的恩賜服事他者。」[12] 他指出，抵消平信徒的消極狀態所要走的一
141 步，是在神學上對平信徒作為媒介、使教會透過他們而被上帝的靈構成這一身分，作重新評價。當教會透過基督在聖靈裏的臨在而成形時，那表示崇高的基督自己在聖靈的恩賜中行動。「由於……所有基督徒都有恩賜，所以基督

11 Miroslav Volf, “A Protestant Response to ‘We Are the Church: New Congregationalism’,” *Concilium* 3 (1996): 37.

12 Volf, “A Protestant Response to ‘We Are the Church: New Congregationalism’,” 38.

也透過教會所有成員來行動，而不單是透過那些擁有職事的人。」[13]

沃爾夫指出，很多教會都已作出批評，指《浸禮—主餐—職事》(*BEM*-document, *Baptism, Eucharist and Ministry*；編按：此乃由普世基督教協進會出版的〔教會〕合一文件)過分強調(單)由受按立的牧者來代表基督。[14] 在恰當的平信徒神學被建立之先，都不會有望能克服在擁有職事的人和羣體之間的兩極化這個長久問題。當平信徒被視為中介、使教會透過他們而被上帝的靈構成時，屬靈的活動和接受(receptiveness)便不再被分屬兩組人，而是代表著每個獨立個體的兩種基本活動：每個獨立個體都在基督的位格中行動，以及每一個也都是這行動的接受者。[15] 可以理解的是，沃爾夫對《教會憲章》(#10)感到不滿：它雖然強調平信徒的角色，但它仍然主張「普通的祭司身分」(common priesthood)和「階級性的祭司身分」(hierarchical priesthood)是確實有分別的，不單在程度上，也在「本質上」。

教會必須承認一個事實：按照他們蒙上帝的聖靈呼召和賜下恩賜，教會的所有成員都透過他們的行動和言語，來描述和獻出上帝那多重的恩典(彼前四10～11)。沃爾夫提醒我們，這並不引致輕視那些擁有「職事」的人那明顯的重要性，而是令人確信，整個教會的生命不是受正式的授職牧者所支使的。只有這樣，沃爾夫所針對的問題才能夠被克服——這問題就是庫克(Bernard Cooke)所稱為的、在會

13　Volf, "A Protestant Response to 'We Are the Church: New Congregationalism'," 39～40.

14　Volf, "A Protestant Response to 'We Are the Church: New Congregationalism'," 40.

15　Volf, "A Protestant Response to 'We Are the Church: New Congregationalism'," 40～41.

眾的生命中「使上帝疏遠」平信徒；[16] 也是帕利坎（Jaroslav Pelikan）所稱為的「聖靈的特權階級」（aristocracy of the Spirit）。[17]

16 B. J. Cooke, *The Distancing of God: The Ambiguity of Symbol in History and Theology* (Minneapolis: Fortress, 1990).

17 Jaroslav Pelikan, *The Emergence of the Catholic Tradition*, vol. 1, *The Christian Tradition* (Chicago: University of Chicago Press, 1971), 107.

13

麥克倫登
浸信者教會論

James McClendon Jr.
Baptist Ecclesiology

・ 教會和教義的實踐 ・

> 在形塑其教導時，教會所尋求的只是成為教會，以致基督徒可以成為一羣百姓——他們在基督裏找到他們的中心，在聖靈裏找到他們的相通，在上帝的統治中找到他們的生命法則。令這一種共享的生命變得可能的信念（convictions），分成三個廣泛及互相重疊的範疇：對基督徒生命有影響的（道德性信念）、展示基督教信仰本質的（教義性信念），以及開發而成一基督教視象或世界觀的（哲學性信念）。[1] 142

已故的麥克倫登（James Wm. McClendon Jr.），其生命和

1. James Wm. McClendon Jr., *Doctrine: Systematic Theology*, vol. 2（Nashville: Abingdon, 1994）, 21.

思想都被置於〔教會〕合一浸信者的遺產(ecumenical Baptist heritage)之中，而這遺產可以追溯到重洗/浸派、門諾會和徹底的宗教改革派先驅；他的神學視野採取綜合(synthetic)和融合(integrative)的進路。我們或許可以稱他為教會那屬自由教會一翼的首要神學家：他的神學，完全是全面地以基督為中心、植根於東西方那豐富的古典傳統，並且它那建設性的提議同時是當代的和往往是富創造性的。他對教會那浸信者式視象是他的神學和倫理學系統那不可或缺的部分，而且只能夠根據整體的神學來被理解。[2]

麥克倫登對教會的理解，與他對神學和教義的觀點緊密結合起來。基督教教義是一些要在教會內實踐的東西；即使它不是世界普遍意義上的「實踐」，但它的能力和合法性都來自教會的實踐(praxis)。在他簡單、深刻的風格中，麥克倫登把教義界定為「教會的教導，這是她必須教導的，如果
143 她在此時此地要成為教會的話」。[3] 他對以往就教義所採取的進路感到不滿意，不論是天主教的傳統：教義包含那傳授給教會的啟示性真理；還是自由新教(Liberal Protestant)的觀點：以宗教感情(士來馬赫及其他人)為核心；當然，麥克倫登的觀點以這兩種古典進路為出發點，但卻超越它們：他主張教義的學習和研究是那給予整體教會——即聚集的團契——的工作。「基督教福音號召所有人在基督的學校中成為學生(門徒〔*mathetai*〕、學習者、追隨者〔disciple；或譯「門徒」〕)。在廣義上——即教會本身就是一位老師——每

2 McClendon Jr., *Doctrine*, 327；這裏明確指出這點，雖然它在他的體系學的架構和論證中，都是明顯的。他承認一個事實：對某些人來說，他在《教義——系統神學》(*Doctrine: Systematic Theology*)結束時才論述教會，這可能來得太遲。

3 McClendon Jr., *Doctrine*, 24；在這一章此後引述此書時，會將頁碼放在括號內。

位成員也是老師。」(頁29)[4]換句話說，他的觀念是：門徒教會(disciple church)致力從事它的教義性或教導性工作，並集中在研究聖經上——對麥克倫登來說，這是教義的客觀內容和特性(頁34～35)。

麥克倫登也稱教會為一敘事[5]羣體(narrative community)，是教義的家鄉。聖經讀者的地方性羣體、耶穌基督的敘事和關於祂的敘事，在一獨特的地方相遇和一起工作，並從這地方那共享的見證處境來面對那詮釋的工作。雖然國家和宗派架構的確具有意義，但是與如哈納克(Adolf von Harnack)的「上帝的父親身分」這個觀念相反，基督教的本質(essence)就是教會作為敘事團契(narrative *koinonia*)這社羣主義式(communitarian)觀點。這社羣主義式進路，不是在階級式身體或單一的神學傳統中找到那本質，而是在忠信的(faithful)教會中找到的——在那裏，**教會**首先意指所有「會眾，即門徒的地方性聚集」。[6]

討論教會教義並不是奢侈品，而是任務，是給基督教神學的責任。理由很明顯：基督徒存在，只會是作為某傳統或某宗派的基督徒而存在。他們不會僅僅是「基督徒」，他們也會是希臘東正教信徒、德國浸信會信徒、斯堪的納維亞五旬宗信徒、非洲改革教會信徒等。而且，基督教過多的宗派——部分基於教義的爭論——更強調了致力從事教會教義的這個責任(頁332)。

4　關於他對教義的理解，尤參 McClendon Jr., *Doctrine*, 23～34。

5　進一步可參麥克倫登那最富創意和挑戰性的著作：James Wm. McClendon Jr., *Biography as Theology: How Life Stories Can Remake Today's Theology*, 2nd ed.(Philadelphia: Trinity Press International, 1990 [orig. 1974])。

6　進一步參 J. McClendon and John Howard Yoder, "Christian Identity in Ecumenical Perspective," *Journal of Ecumenical Studies* 27(1990): 773～781。

・聚集的教會・

144 對麥克倫登的浸信者教會論(Baptist ecclesiology)來說，教會教義始於——但並不以此為終結——實際的聚集，即「有血有肉的門徒聚會」(flesh-and-blood disciples assembly)。教會的特性是有形的、地方的、聚集的。不過，作為信徒教會(在獨特的地點聚集)的教會論，並不會令它成為黨派主義者(particularist)。「浸信者教會論在這意義上必須是大公的，才能夠忠信地成為浸信者。」(頁327～328)它也是大公的——這是從相通的意義上、而非從個人主義的意義上來說的。指控信徒教會為過分個人主義(overindividualism)，這已經幾乎是常見的事，而如果我們觀察很多自由教會的實際生活，我們也可以找到合理的理由作這樣的判斷。但對麥克倫登來說，那是違反浸信者的願景的。對他來說，基督教信仰就正正表達著羣體的觀念(頁329)。

聚集的教會也決定著其他事情。相對於好像田立克(Paul Tillich)和埃利克森(Millard Erickson)等人——他們根據教會的功能來界定教會——麥克倫登強調教會的本性是「信徒的聚合」(coming together of believers)。一個被功能預先主導的教會進路，會出現令教會變成太工具化的危險。

不過，聚集的教會並不必然包含任何聚集，就如俱樂部的會員聚集。教會的聚集是上帝的聚集，有其確定的目的——即使它並非主要被視為具功能性的。它是一處活出基督門徒身分那「新方式」(New Way)的地方。在麥克倫登的神學願景中，救恩被理解為革命(頁105～122)。拯救論被包括在上帝的統治之下，而這統治在性質上是終末性的。基督教神學需要創造一個新的概念性架構，以表達在基督裏的救恩那徹底的性質。革命已經發生了，並正在門徒和教會的生命中延續下去。這革命的目的，是要確立信徒和基督之間的正確關係，並界定生命的新方式，即門徒身分的方式。教會，即「聖靈的團契」（The Fellowship of the Spirit），[7] 便是這門徒生命的核心。

麥克倫登藉著指涉紐比真（Lesslie Newbigin）的著名類型學（typology；以下會更詳細地分析），並對它作出一些調整，以說明浸信者聚集羣體那獨特的性質。除了紐比真提出的首兩個範疇，即天主教和新教類型外，麥克倫登加上浸信者類型，並在這範疇中包括五旬宗在內。第三個類型包括那
些現在稱為自由教會的教會，它們源自從重洗/浸派、門諾 145
會、弟兄會（Brethren）及其他羣體而來的徹底宗教改革運動。以紐比真的分析為基礎，麥克倫登得出一個令人驚訝的結論：這種「地方性的、被聖靈所充滿的、以宣教為定向的、其門徒身分總是由識辨（discernment）的實踐所形塑的」類型，幾乎好得令人難以置信（頁 343）。雖然這些教會往往不幸地未能符合這個模式，但那驅動力就是：要求教會現在根據新約教會的框架以讓人看見。

但在實際的教會生活中，這種教會並不存在，或者只是在一瞥間存在。因此，基督教教會論總是一臨時性的教會論（provisional ecclesiology）；和基督教的終末論相似，它期待著一個仍未達到的實現。這個洞見也承載著很大的潛力。〔教會〕合一的對話和恩賜的交流總在進行之中，並沒有固定的、最終的立場，或已經至臻成熟（頁 344～345）。

基督教教會論不單期待對「教會是甚麼？」作更細緻的理

7　這是麥克倫登的《教義》第三部分的題目，那部分處理關於教會的教義。

解，而且也回望過去。在麥克倫登那富創意的、又往往令人驚訝的論證方式中，上帝舊的和新的百姓——即猶太人和基督徒——之間的關係，獲得計劃上之重要性（programmatic significance）。我們現在就轉向這個課題。

・ 信徒教會和猶太遺產 ・

將這一節的題目之兩部分連結起來，不一定就能展示出它們在麥克倫登的教會論的基礎中那不可或缺的聯繫。我們可能會想知道到，從信徒教會這個獨特的角度看「猶太人—基督徒的關係」（Jewish-Christian relationship）這個古老問題，究竟能有甚麼分別。麥克倫登宣稱，信徒教會這個觀念，具帶出不一樣的理解的潛力。他的論證依靠這個假設：

> 這裏所產生的地方性的教會的進路，令我們脫離其他進路所面對的初始窘境：那些以「普世教會」為開始的人，往往發覺很難容許在教會以外有任何神聖的拯救目的。例如，有些人甚至將教會的定義擴展至包括歷史性的以色列，而這個行動即時看來，既是冒昧的，在歷史上也是錯誤的。然而「普世教會」的普遍性似乎需要這樣的東西。另一種歷史性基督教進路指出，教會是「新以色列」，取代了舊的以色列——但這個觀點並沒有在新約聖經出現過。（頁 347）

麥克倫登注意到，基督教對猶太人所採取的不同進路（尤參頁 347～354）。美國聖公會的范布倫（Paul van Buren）對「世俗福音」（secular gospel）進行過試驗後，後來轉向猶太

教這個課題。在以啟示為基礎的神學裏，啟示的主要媒介是 146
以色列的歷史和聖經，即使在正典確立後也是這樣。以色列的獨特見證，已是關於創造的，並且已是創造及約之間那強大的聯繫。天主教女性主義者呂特爾（Rosemary Ruether）聲稱，那根深柢固的反猶太主義（anti-Semitism）從基督教福音最核心之處湧現出來；它幾乎是「基督論的左手」（the left hand of Christology）。對她來說，歷史性的基督教是對彌賽亞式猶太神學的「神聖入侵者」（divine invader）。重洗／浸派尤達（John Howard Yoder）的分析，為麥克倫登提供了最好的起點。對尤達來說，在這兩個表親宗教之間，分道揚鑣其實並非不可避免的，雖然那似乎是不可避免的；而在開始時那關鍵的幾十年，分道揚鑣的情況並沒有發生！只是在公元一三五年後或較後時期，分離才幾乎變成最終的結果。對尤達來說，二世紀的分裂便是「教會最早的墮落」（original "fall of the church"）。但是，那因以前在建制基督教中受到扭曲、而強烈感到需要使之被重建的信徒教會教會論，與那在大屠殺後，對恢復一種曾經失落了、關於基督教和猶太教之間的正確關係的理解的需要，這兩者之間，尤達發現了一些驚人的相似的特點。麥克倫登想到，這裏或許不只是一個相似的特點，而是一種聯繫。

尤達以亞伯拉罕為開始——聖經的作者們以之為能給別人帶來祝福的，就是亞伯拉罕的信心（faithfulness）。這信仰的遺產將聖經的上帝與列國的諸神——其典型的恩賜是財富和保障——作對比。因此猶太人所繼承的不是另一個宗教，而是上帝寶貴的恩賜，那是要與其餘的世界分享的。隨著耶穌到來，人對上帝有了新的定義：上帝就是按立一僕人式百姓身分（servant peoplehood）的那一位，這僕人式百姓身分猶如在埃及的約瑟，他完全順服上帝，而不忠於地上的統治者。忠信包括順服。尤達宣稱，當時的猶太人就像現在的浸信者，質疑主流宗教所走的方向是否正確。

正如已經提到的，麥克倫登的觀點建基於尤達的洞見，並超越了他的洞見。麥克倫登說：所有人都會同意，猶太人和基督徒是獨特地關連起來的。不過，對他來說，猶太性（Jewishness）不是始於亞伯拉罕，而是始於耶利米——被擄時的難民。由於被擄，大部分猶太人都進入大流散（the Diaspora）的狀態，而且代替品取代了所有古老地區性的希伯來制度。不過，猶太人在被擄中仍然在列國中成為見證人，向列國見證著一位不是用人手所造的上帝。根據麥克倫登和很多猶太教的專家，這個分別出來的百姓身分，引致反猶太主義，而猶太人被選作代罪羔羊，這帶來嚴重的後果。

147 現在給基督教教會和神學的挑戰，是要悔改和在謙卑和對話中回到猶太百姓那裏。對麥克倫登來說，這就是耶穌的方法。

> 哪一種羣體會令在耶穌裏的信徒不可能同時成為祂肉身的弟兄姊妹的敵人（太二十五 40）？哪一種羣體會拒絕與國家的強制聯繫——那強制引致那麼多基督徒進入暴力的漩渦？哪一種基督徒羣體可以在「分道揚鑣」——即否定基督徒羣體那猶太的基礎——的時候之前，把它的遺產挽救過來？（頁 360）

浸信者的視象的任務，因而也是麥克倫登的教會論的任務：就是要勾畫出這種教會論的主要特點，但這種教會論仍然是臨時的。

・上帝的眾百姓和上帝的百姓・

對於那能夠表達出基督的福音，並向上帝舊的百姓擔當復和的中介者（agent）的基督徒羣體，那些廣泛的要求是：整個羣體必須一起過基督徒生命相稱的生活。它必須與上帝將來的應許和上帝所提供的創造，以及耶穌的十字架所展示的社羣模式相一致的。它必須同時是得到拯救和具拯救性的羣體。它必須以現今在聖靈的能力中活著的耶穌基督為中心。雖然太簡短，但這總結了麥克倫登的系統的主要的觀念，而這些觀念建立了他教會論的基礎。

麥克倫登提出，對保羅來說，特別是關於加拉太書六章16節最後的部分，「上帝的以色列民」並非指一**羣**百姓（a people），而是指**兩羣**百姓（two peoples）。在彌賽亞的生平、死亡和復活後，舊的百姓當然沒有被丟棄；相反，根據羅馬書九至十一章，新的植物——即亞伯拉罕在耶穌基督裏的種子——被嫁接到舊的樹上。因此，這是一世紀的圖畫，以顯示出眾百姓（peoples）仍然被組成為一百姓（one people）。麥克倫登喜歡稱它為「在形成中的百姓」（people-in-formation）——上帝的以色列民，並不排除猶太人或非猶太人，撒瑪利亞人或羅馬人，或其他任何人。「那是從眾百姓所形成的百姓，是一個以將來為定向、由恩賜所創造、具多元羣體的命途（plural community of destiny），而其公認的標準或加入準則（entrance standard），在任何情況下都是新的創造。」（頁364）

換句話說，這是由眾百姓所組成的百姓。這觀念的含義是豐富的：基督徒和猶太人一起成為百姓。天主教徒、東正教徒、改革宗信徒、信義宗信徒、浸信者、五旬宗信徒，

任何你可以提到的信徒。或者如聖公會的百姓（Anglican
148 people）、瑞典信義宗的百姓（Swedish Lutheran people）、門諾會的百姓（Mennonite people）。

而且，在麥克倫登以地方性的教會為定向的視象中，一切都回溯到上帝這百姓的地方性的聚集。雖然一間教會不能——也不應——脫離上帝的統治或上帝其他的百姓而成為教會，但在每一間地方性的教會中，「羣體形成的奇事，都在基督中發生了」（頁366）。

因此，歸根究底，在這浸信者的視象中，甚麼東西現在令教會成為上帝的教會？今天甚麼構成那本真的（authentic）基督徒羣體？麥克倫登提出三個元素，它們全都互有關連：上帝的統治規定那些服從這統治的教會成員；耶穌基督的中心性要求教會領袖被基督帶領；聖靈的團契必然包含一共同的生命——這生命的實踐配合將來的世代——以及包含一同時已經得到救贖、又具有救贖性的羣體。雖然根據近期的新約學術研究，教會生活不能有任何單一的模式，但「基督教教導那悠長的延續性」卻是存在的，例如上帝的統治、基督的中心性和聖靈的團契式臨在，而這一切將教會成員聯繫成一羣百姓。例如：從上帝的統治便出現同意那統治的成員身分。「用浸信者的術語，這表示接受聖靈，服從福音，接受基督，接受門徒身分。這表示一間門徒教會，由其獨特的歸信—洗禮（conversion-baptism）所形塑。」（頁367）從基督的中心性而來的是領導者素質，就是對古時的社會性控制說「**不**」（no），並向那復活者的團契說「**是**」（yes）。從被聖靈聚集的羣體的實踐而來的是「羣體的向量（vector），而返之羣體活在時代之間，並適應、調節、轉化、詮釋，以致教會可以在幫助世界視其本身為世界時，成為教會。」（頁367）

・分別出來的百姓・

關於教會職事的觀念，是源自信徒教會——即聚集的百姓——的觀念的。對麥克倫登來說，對職事和領導的理解是一重要的神學課題，它「猶如一把將關節和骨髓分開的刀」，將教會那世俗的自我理解，與由上帝的靈所給予的自我認識分別開來。儘管所有宗教都總有祭司，即那宗教之整羣百姓中一羣特別的人，但耶穌採納了以色列那立約存在的中心主題，也就是上帝的整體百姓作為一個祭司國度（出十九5～6），並令這主題成為祂的追隨者的中心思想：「你們知道，外邦人有尊為君王的，治理他們，有大臣操權管束他們。只是在你們中間，不是這樣。」（可十42～43）耶穌不單代表 149
門徒宣佈放棄世俗的領導標準，祂自己也宣佈放棄這標準；人子來不是要受人服事，乃是要服事別人（可十44～45）。因此，「平信徒」和「神職人員」之間的區分，並沒有清晰的新約根源。那些認為這種區分是成為教會所必不可少的教會，並不是建基於新約聖經的見證，而是建基於後使徒時代（postapostolic age）那正在浮現的世俗標準的（頁367～368）。

麥克倫登認為，教會因此是一處可以進行徹底改革的地方。這要求取消「平信徒」的觀念，即一種被動的、二等的基督徒級別，並要求重新引入「門徒身分」這個聖經觀念。門徒身分那動態的觀念，在保羅關於恩賜被賜給教會每個成員的觀念中出現。哥林多前書十二章——處理在教會中於地位和榮耀上出現的爭競——列出了不同的恩賜。那清單值得留意的是，（保羅自己的）使徒恩賜，與「幫助人」和「說方言」的恩賜放在一起（頁367～70）。

> 領導、出神和最謙卑的服事都是上帝那獨一聖靈的恩賜。以弗所書也有說出同樣的話。「基督長成的身量」（四 13）並不像希臘思想那樣指向個別的人，而是指基督整個身體。因此，這是對職事進行徹底改革的挑戰：不再是一種被分別出來為上帝工作的人的職事，而其他人則為自己工作；而是一羣為上帝被分別出來的百姓。上帝整體的百姓。（頁 369）

要這羣人為上帝而被分別出來，崇拜便是上帝與上帝的百姓之間的相遇。上帝行動並令百姓能以作出回答。「在最廣泛的意義下，這引發出來的回答，正是他們的合理的崇拜（羅十二 1）。」（頁 376）令基督教崇拜如此特別的是，它與例如情感的崇拜不同，崇拜者只期望藉由他們的感情而被改變；它也與法術的崇拜不同，崇拜者只是要控制上帝；但在基督教崇拜中，神聖主動權（divine initiative）是首要的（頁 374 ～ 377）。

例如，基督教崇拜並不把基督的臨在只限於聖餐中，而是仰望那活著的基督，祂在復活後的四十天也是臨在的（徒一 1 ～ 5）。上帝的整體百姓都有責任參與基督教崇拜，這不是源自教會的律法，而是源自一個事實：基督被期望臨在於祂那聚集的百姓中間，無論那聚集在哪裏發生——在大教堂、祈禱室還是在樹林。基督在祂百姓中臨在是為了甚麼目的？讓祂的「故事延續下去」。基督教崇拜是讓復活的基督使祂的故事能在祂的百姓中間延續的方法。那最終重要的不是崇拜
150 者的樂意；在加利利的山上，有些人懷疑祂的臨在，但所有人都跪下崇拜祂（太二十八 16 ～ 17），這樣基督便臨在。

麥克倫登以這些驚人的話總結他大膽的浸信者式願景：

如果在教會裏**成員身分**是有意向的，那麼教會便成為聖靈能力那活潑的線路。那就是〔教會〕合一運動所尋求在教會中實現的合一能力。如果在教會裏**領導**是恩賜中的恩賜，是在基督的圓滿中被賜下的，那麼按立……和階級……便不是領導必不可少的東西，而它們可能具體地妨礙那圓滿的實現。如果**教會本身**是上帝統治的記號，是人類與上帝復和的預嘗，那麼上教會就是來「到錫安山，永生上帝的城邑，就是天上的耶路撒冷。那裏有千萬的天使，有名錄在天上諸長子之會所共聚的總會」（來十二22～23）。（頁371）

14

紐比真
宣教教會論

Lesslie Newbigin
Missionary Ecclesiology

‧ 教會論作為宣教 ‧

會議〔梵二〕對宣教的新理解是建基於一個觀念：教會的根本的性質是宣教的（missionary），而不是把宣教當為給教會的一項**任務**（a task）。這是梵二對羅馬天主教宣教學的重新闡述，以強調「教會的宣教性質」（missionary nature of the church）。[1] 這也是普世基督教協進會的文件——例如〈孔波斯特拉的聖地牙哥信仰與教制〉（Faith and Order of Santiago de Compostela）——最近期的強調：強調團契（*koinonia*）、使徒信仰的共同認信和在宣教及佈道中的共同見證三者之間的緊密關係。[2] 有兩位神學家已經走在最前，為要喚醒教會

1 *Ad Gentes*（The Missionary Document of Vatican Council II）, 2.

2 *Toward Koinonia in Faith, Life and Witness*（The Dublin Paper）, Fifth World Conference on Faith and Order（Geneva, Switzerland: WCC Publications, 1993）, 18.2.1.

和神學，要留意宣教的挑戰，他們便是已故的南非人波希（David Bosch）[3] 和紐比真（Lesslie Newbigin）主教。[4]

紐比真是來自英國聖公會的牧師和神學家，他曾在印度工作了超過三十年（1936～1959 年和 1965～1974 年），也是普世基督教協進會的普世人員（ecumenical officer）；他或許比任何人都更清楚看到，宣教的挑戰不單關乎西方以外的地區，而是基督教世界昔日的中心的一個迫切的任務。[5] 在他於一九九八年逝世前的二十年，他致力於批判地分析
152 教會在西方後啟蒙運動（post-Enlightenment）中的性質和任務。由於這反思，一整個主要在英國、被稱為「福音和文化」（Gospel and Culture）的運動興起。紐比真主要的教會論觀點在他事業的初期已經被提出，當時他出版了一本細小但重要的著作：《上帝的家：關於教會本性的演講》（*The Household of God: Lectures on the Nature of the Church*）。[6] 我們接下來會研究這本書的主要觀念；然後，我們會分析他較後期關於教會宣教的著作。

3 David Bosch, *Transforming Mission: Paradigm Shifts in Theology of Mission* (Maryknoll, N.Y.: Orbis, 1991).

4 Lesslie Newbigin, "The Logic of Mission," in *New Directions in Mission and Evangelization*, ed. James A. Scherer and Stephen B. Bevans (Maryknoll, N.Y.: Orbis, 1992), 16～25.

5 關於紐比真對向（後）現代西方文化宣教的基本觀念，近期一篇很好的論文——很可惜因以芬蘭語寫成，國際讀者讀不到——是：Jukka Keskitalo, *Kristillinen usko ja moderni kulttuuri: Lesslie Newbiginin käsitys kirkon missionsta modernissa länsimaisessa kulttuurissa* (Suomalaisen Teologisen Kirjallisuusseuran Julkaisuja 218; Helsinki: STKJ, 1999)。

6 Lesslie Newbigin, *The Household of God: Lectures on the Nature of the Church* (London: SCM Press, 1953)；對紐比真早期教會論的經典分析是：Antonio Bruggeman, *The Ecclesiology of Lesslie Newbigin* (Excerpta ex Dissertatione ad Lauream in Facultate Theologica Pontificiae Universitatis Gregorianae, Roma, 1965)。

‧ 朝聖的百姓 ‧

如果我們要用幾個標語來描述紐比真總體的教會論進路，那便是**宣教的**、〔**教會**〕**合一的**和**動態的**（missionary, ecumenical and dynamic）。對紐比真來說，教會是上帝朝聖的百姓（pilgrim people），是蒙召在一位的上帝之下（可見地）合一，並向萬民傳揚關於基督的知識。

宣教的主題在紐比真後期的著作中十分普遍，但這主題其實在他早期勾畫教會論時已經存在了。根據紐比真，教會與西方以外的主要的非基督教宗教文化進行的宣教性接觸，不單使教會與世界的關係出現問題，也使教會本身的性質出現問題。那些曾經在「基督教」文化中的歐洲和美洲擁有奢華生活的教會，傾向變成一些「在更廣闊的半基督教（semi-Christian）文化中鬆散地組成的團契」。[7] 另一方面，西方的國家教會往往未能區分「世界」和教會。在西方以外的宣教教會不能再抱持這些態度。它活在兩種看似相反的挑戰之間。雖然它相對於往往充滿敵視的非基督教文化而活，但是為了那些已回應它呼召的人，它也不能放棄自己的責任。對紐比真來說，這種張力在基督的應許中成為焦點：「『我若被舉起來，便會吸引萬人來歸我』，而它的目標就是『在基督裏總結一切』事物。」[8]

在紐比真的宣教教會論中，教會是上帝朝聖的百姓。「它在遷徙與尋覓中——要趕到世界的盡頭，以希求所有人跟上帝復和；要趕到時間的盡頭，以與它的主相遇，就是那位會

7　Newbigin, *Household of God*, 6.

8　Newbigin, *Household of God*, 8～9（引文在頁9）。本章此後引述《上帝的家》時大多會將頁碼放在括號內。

153 聚集一切而成為一的主。」（頁 18）沒有甚麼東西比靜態的教會觀對這概念感到更陌生的了。[9] 換句話說，教會是終末性的。這個重要的觀念被寫在南印度教會（Church of South India）的憲章中，而紐比真是該教會的主教；教會「藉著承認那最終的目的是『所有承認基督的名的人在普世教會中聯合』，從而宣認它本身那不完全和暫時的特點」。[10]

教會的終末式性質也在將來的盼望中湧現，不單是所有基督徒，而是所有創造都會有分於上帝的新創造中：

> 在上帝慈愛的目的最終圓滿時，我們和所有創造都將會被帶進那相互的愛的圓滿狂喜中，而那相互的愛便是上帝自己的生命。現在給予我們的只是一預嘗，因為在我們一起得以完全（made whole）以前，沒有人可以得以完全。「救恩」這個詞語的意義正是得以完全，就是治好那使我們與上帝、與其他人、與受造世界隔離的東西。關於救恩的這種觀念，即私下給予我們每個人一圓滿的經驗，即一脫離萬物的圓滿的經驗，這在用語上是一巨大的矛盾。（頁 147）

因此，教會也是〔教會〕合一的。當教會停止宣教和停止致力合一時，它便與自己的性質相矛盾。在走向自身的終點的路上，教會只能承認它的目標：就是世上所有人在一位上帝下合一。紐比真熱烈地為基督教的合一辯護，而且對於普世基督教協進會，他也是一願意給予幫助的批評者。對紐比

9 進一步尤參 Newbigin, *Household of God*, 150 ～ 151。

10 Newbigin, *Household of God*, 18；關於教會論和宣教之間的關係，尤參頁 153 ～ 159。

真來説，普世主義的核心在於一個事實：教會之間「彼此立約以構成」普世基督教協進會，並「希望維持是在一起的」。[11]僅僅有合一的意圖，對他來説並不足夠；以教會聯會的形式的合一，也是不足夠的。無異，對紐比真來說，在一位上帝之下那可見的合一，才是可以接受的。其他合一的概念，很容易便會滿足於現時的分裂。

對天主教來說，可見的合一這個目標是一特別的窘境，這因著一個事實：在他們的神學中，除了「回到」母會（mother church）外，任何其他形式的合一都沒有存在餘地。紐比真指出，如果天主教徒相信——他們也確實相信——他們的教會是基督的教會，那麼其他「眾教會」（churches）在「教會」這個詞的合法意義上便稱不上是教會了（尤參頁14～17）。當然，我們需要考慮到，紐比真是在梵二之前寫這些話的。 154
即使這樣，那基本的窘境仍然存在，特別考慮到另一個古老教會——即東正教（它的教會性是羅馬天主教願意肯定的）——對它自身的教會性也有同一種理解；東方教會視它自身為基督在地上的教會。對天主教和東正教的教會論來説，大部分新教教會沒有主教，這是肯定他們的教會性的障礙。另一方面，如果他們不能承認那些諸如與普世基督教協進會有聯繫的新教教會是教會的話，那麼〔教會〕合一的願景又怎可能朝實現的方向邁進？

雖然上帝的教會是終末性的，但它也是地上可見的會眾。對紐比真來說，整個聖經歷史的核心，便是那個關於呼召一個可見的羣體而成為上帝百姓的故事。主所留下的是一

11　來自一九四八年阿姆斯特丹（Amsterdam）成立聚會的宣言，引自 *Newbigin, Household of God*, 11。

個可見的羣體（頁 20）。不可見教會的觀念——至少在它的流行用法上——誤解了聖經的概念。作為可見的羣體，它雖有界限，但它並不是排他的。它不是「隔離措施而是一會眾」，是由神聖的愛構成的（頁 23）。

紐比真或許有點出人意表地將他的批評指向新教的改教者，以批評他們幾乎令「教會作為可見的合一」這個觀念消失。這部分原因是：改教者認為天主教過分強調以聖禮傳達信仰，而這觀點令改教者更專注於道，因而引致過分智性化（overintellectualizing）。這種對可見羣體的強調的缺乏，在新教對普世主義的觀念中出現；他們很多人都滿足於現時的狀況，就是把獨一的教會作無盡的分裂（頁 51 ～ 55）。

道和聖禮都是構成教會的元素。誠然，構成教會的是基督那拯救性的臨在，正如路德所特別強調的；但那也是在宣講和守聖禮中發生的。這裏存在著相互的關係。在教會裏面、並藉著教會，同時也是向著教會，道得到宣講，以及聖禮得到施行；而基督——身體的頭——在道和聖禮裏面，並透過它們而行動（頁 57）。

・ 三個教會論的趨勢 ・

紐比真的教會論中最著名的觀念，無疑是把基督教區分為三個主要的趨勢。這種區分的背景在於要回答：基督在地上的教會——即上帝那可見的羣體——在哪裏？今天一個組
155 織可以憑藉甚麼記號或工作來正確宣稱它是基督的教會？第一個答案是：教會可以在有宣講福音和正確施行聖禮的地方被找到。這是新教宗教改革運動所採取的進路。第二個答案是：教會是一處地方，於其中我們可以藉著聖禮有分於歷史

上具延續性的教會，從而被包括進真教會之一中。對紐比真來說，這是天主教觀點的本質。還有第三個觀點：那界定性的事情是對聖靈的活潑的經驗，而不是道或聖禮。由於缺乏更好的詞彙，所以紐比真稱這為五旬宗的進路。[12]

在提出了這些選擇後，我們很容易留意到，它們不一定是互相排斥的。新教——特別是信義宗——當然給予聖禮一重要的角色（雖然宣講才是焦點），但其主要的強調卻在於信心，而信心則來自聆聽。除了聖禮外，改教者當然也承認聖靈那重要的角色。但他們對「狂熱」仍然有保留；我們可以記起，路德對他那個時代的狂熱分子（*Schwärmerei*）那謹慎、又幾乎是敵對的態度。

反過來，天主教則尊重宣講的地位，並承認信心的必然性，但它卻認為教會的生命的中心在於祭壇——即在聖禮中——而不是在講壇。它也總是宣稱擁有聖靈，但卻把最重要的位置給予教會那延續性的聖禮秩序。

第三種教會論——雖然給宣講一尊貴的地位，並且沒有避開守聖禮——通常根據聖靈的經驗來判斷宣講和守聖禮、並所有基督教行動的價值。聖靈中的能力——而不是對延續性的保證的正確理解——在五旬宗的靈性中得到強調。

雖然每種進路都可以在聖經裏找到合法的根據，但沒有一種進路是充分理解基督在地上的教會的方法。雖然首兩個趨勢有明顯的分別，但在某意義上它們也有很多共通點，而這樣它們便和第三種趨勢對立起來。天主教和新教的共通點是，它們都十分強調延續性——雖然這對前者來說更為重

12　簡單的定義可以在此處找到：Newbigin, *Household of God*, 24～25；第二、三和四章被用來對這模式作研究。

要。〔教會〕合一運動的興起特別將天主教和新教的眼光，轉向它們較年青的同道的教會論（頁 94）。

‧ 聖靈的羣體 ‧

156 對第三種趨勢，即對五旬宗來說，基督徒生命是關乎在今天經歷聖靈的能力和臨在。教義的正統性或傳承的無誤性（impeccability），都不能取代它的地位。如果有人問五旬宗信徒：「教會在哪裏？」那人實際上必須這樣問：「聖靈在哪裏帶著能力並可辨別地臨在？」（頁 94 ～ 95）如果沒有關於聖靈的經驗，五旬宗信徒並不滿足於主要考慮延續性或宣講或聖禮。這是基督教世界第三種趨勢給天主教—新教辯論的僵局所帶來的貢獻，而這是〔教會〕合一運動的特點。事實上，紐比真主張，這個他稱為生命和信息分割的窘境，似乎是虛假的。在教會的主那裏，並沒有這種分割。祂自己就是那信息。祂是成肉身的道。在祂裏面，言語和行動、信息和存有都是一的。換句話說，教會不單是基督的見證，正如五旬宗所宣稱的那樣；它也是基督的身體，正如天主教所說的那樣。而反過來說，教會也是見證而不單是身體的。每當片面地強調任何一方時，扭曲便會隨之而來。一方面，狹窄的新教式的強調，可能會引致一種基督徒生命：即根據準確地被建構的教義陳述而活的生命。另一方面，教會可能被界定為使徒傳承。對紐比真來說，這完全是根據純天然的（purely natural）標準來界定教會——換句話說，這並沒有指到聖靈的臨在或缺席（頁 102 ～ 104）。

紐比真藉著指向使徒行傳十九章的故事來說明這個窘境。在經文中，使徒問亞波羅的歸信者一個問題：「你們信的時候受了聖靈沒有？」使徒得到一明確的回答。不過，現代的繼承者卻會問：「你們確實相信我們的教導嗎？」（新教）或會問：「你們所接受的按手是來自我們的嗎？」（天主教）如果答案令人滿意，那麼人們便確保歸信者接受了聖靈。因此，這兩種較古老的基督教形式，都傾向忘記聖靈在教會中的重要角色（頁 104）。

但五旬宗也有它本身的危險。它很容易變成一種非歷史性的密契主義（nonhistorical mysticism），即是聖靈的工作和基督的工作，在道和聖禮的相遇中被分別開來。而且，它也存在著過分強調聖靈的自由的危險，這會犧牲了上帝在教會中所意欲的秩序。要建立基督的身體，聖靈的自由和教會的秩序都是需要的（頁 114 ～ 120）。

〔教會〕合一的挑戰要求所有這些趨勢匯合起來。紐比真 157
哀歎，他們彼此分割得太久了，以致損害了自己，也令合一的努力受到挫折（頁 120 ～ 122）。

·　教會對西方（後）現代文化的使命　·

在他後期的著作中，紐比真專注於教會論、宣教和當代西方文化之間的關係。這宣教的處境是西方文化於兩個基本故事之間的張力，這兩個基本故事就是那經過中世紀所回溯到的古代——也就是希臘的合理性（Greek rationality）——和猶太信仰。[13] 啟蒙運動既是這遺產的高潮和徹底轉化——具有把人類知識視為外在觀察者的知識觀念、主體—客體

13 Lesslie Newbigin, *The Other Side of 1984: Questions for the Churches*（Geneva, Switzerland: WCC Publications, 1983）；這是他第一次主要嘗試詳細分析這點。

二元論，以及實踐及理論之間的二分法。[14] 在啟蒙運動之後，這些和其他發展均促成世俗主義（secularism）和無神論（atheism），也促成將意義的問題從科學解釋的目的中除去。根據紐比真的分析，啟蒙運動經驗對很多人來說幾乎是一宗教經驗。[15] 啟蒙運動的其中一個結果——也有深刻的教會論含義——是個人主義和個體性（individuality）的浮現。然而，另一個結果是，因著工業主義和科學資源的快速發展，而產生的樂觀主義（optimism）的增長。

紐比真哀歎，新教神學特別容易屈服於這已變的知識氣候所帶來的新挑戰。基督教會一個不幸的反應是護教（apologetic），以嘗試在科學和世俗哲學的衝擊面前為自己辯護。這種護教式進路有幾種形式，例如自然神論（deism）、古典自由主義（classical liberalism）、對聖經的歷史—鑑別學研究（historical-critical study）和主觀化敬虔主義（subjectivistic pietism）。基本上，那辯護是一策略性撤退；但從往後歷史這一立足點來看，這些撤退開始看起來更像潰敗。[16] 結果，基督教信仰已變得私人化，並從文化的中心脫離出來。

158 對於教會怎樣在當代西方文化中完成它的使命，紐比真本身的建議是與適應文化的傾向背道而馳的。[17] 這種進路的先決條件，是要批判地重新評價教會的自我理解和它的神

14 Keskitalo, *Kristillinen usko ja moderni kulttuuri*；我要多謝此書的細心、詳細分析。

15 Matti Luoma, *Länsimaiden kaksi uskontoa: kristinusko ja rationalism: Filosofinen tarkastelu* (Porvoo, Finland: WSOY, 1990), 17～19；我要多謝此書的分析和結論。

16 Lesslie Newbigin, *The Gospel in a Pluralistic Society* (Geneva, Switzerland: WCC Publications, 1989), 3.

17 基本的闡釋見 Lesslie Newbigin, *Foolishness to the Greeks: The Gospel and Western Culture* (Geneva, Switzerland: WCC Publications, 1986)。

學。我們不應該嘗試根據現代科學的理性來解釋基督教信仰，而應該從一特別的基督教立場來分析現代文化。教會蒙召以挑戰主流的思想形式及其有問題的哲學基礎。這必然會令教會與文化產生張力。[18] 藉著這樣做，教會邀請人們悔改（*metanoete*），即回轉（repentence）、改變心意。但這目的不是敬虔的主觀式歸信；「思想的歸信」（conversion of the mind）才是最終的目標。[19]

事實上，紐比真甚至號召一特別的基督教實在觀（view of reality）。對他來說，基督教信仰代表一獨特的理性形式。他恢復「教會作為上帝朝聖的百姓」這個他早期的觀念。只有在進行中的動態教會（dynamic church），才能夠接受這個大膽的挑戰：

> 基督教羣體——即普世教會——愈來愈完全地擁抱人類所有文化傳統，它蒙召要成為一個羣體：在這羣體中，理性論述的傳統被建立，因而導向對實在有真實的理解，因為它把上帝在耶穌基督裏的自我啟示，視為出發點以及它永久的真理準則。[20]

紐比真發覺，極端保守的基要主義（reactionary fundamentalism）和笛卡兒式的「無謬誤確定性」（Cartesian "infallible certainty"），都不可能用來界定教會所擁有的基督教真理的性質；這本質也不是主觀的，而是真正普遍的。

18　例如參 Newbigin, *Other Side of 1984*, 53。

19　例如 Newbigin, *Gospel in a Pluralistic Society*, 110。

20　Newbigin, *Gospel in a Pluralistic Society*, 87～88.

以奧古斯丁的原則「我們相信藉以能夠明白」[21] 為基礎——那可能引致確定性、雖然不是絕對的確定性——教會的信息是「公共的」和公開以推薦給所有人的。

教會在後現代的、後基督教的西方的宣教挑戰是巨大的。教會發覺本身與一文化分享福音：一方面這文化充斥著啟蒙運動和現代性的遺產，另一方面它又充斥著後現代的虛無主義（nihilism）和無望。人們活在這種張力下，傾向以兩種似乎相反的方式來回應教會的信息。那些仍然植
159 根於現代主義方案的人，通常抱十分懷疑的態度；而真正後現代的人可能歡迎福音的敍事真理，雖然他們只是把它視為眾多故事中的其中一**個**故事（a story）。那可信的是，教會需要對這兩種反應給予回應。在這樣的環境下，教會的見證性質不應該聲稱為擁有真理，而是聲稱「承載真理和見證真理」。同時教會也是真理的尋索者，雖然它已經在福音中接觸到真理。[22]

紐比真所討論的教會論式建議那持續的貢獻，是將教會與它的使命聯繫起來：沒有教會是沒有使命的，沒有使命是沒有教會的。同時他不斷提醒我們，文化——包括我們自己的文化（最近期的是現代主義和後現代主義）——對基督教信仰的影響，而基督教信仰需要同時肯定和批判這些文化。在這個意義上，紐比真是一合適建立橋梁的人物：他的宣教教會論預備我們進到這本書的第三部分，在那裏，我們會研究全球化、跨文化和其他處境化的教會論。

21 例如參 Lesslie Newbigin, *Truth to Tell: The Gospel as Public Truth*（Grand Rapids, Mich.: Eerdmans, 1991）, 36～37。

22 Newbigin, *Gospel in a Pluralistic Society*, 12.

小結

對主要教會論者的總結性思考

Concluding Reflections on Leading Ecclesiologists

關於教會教義，一些主要的神學家的討論，見證了來自 160
基督教教會整個光譜的思想家那豐富的多樣性和令人驚訝的齊一。在所有這些思想家中，一個普遍的強調是：「團契」(*koinonia*)——即相通教會論——的重要性正在增長。雖然薛斯奧拿已最清楚地闡釋了在現時教會論中這個重要的〔教會〕合一主題，但龔漢思、潘寧博和莫特曼，以及自由教會教會論者麥林克登和沃爾夫，也慎重留意羣體的範疇。

所有這些神學家都先強調教會**本質**的重要性，然後才談論教會的職事和功能。教會首先**是**(is)教會，然後才**從事**(do)教會的工作。連紐比真的宣教教會論也同意：雖然教會的安好和呼召，必須致力於宣教，但基礎的是教會的宣教性**性質**。教會作為宣教而存在；宣教屬於上帝羣體的本質(*esse*)。

明確的〔教會〕合一定，向也同樣可以在所有這些神學家中找到。雖然他們對教會性的條件可能有不同的理解——例如在薛斯奧拿的東正教教會論和沃爾夫的自由教會觀點之間，這確實也有不同的理解——但這裏所研究的教會論者，並沒有一個敢於不理會關於基督教合一的呼召。對潘寧博來說，普世主義的目標是所有百姓（all people）和不同百姓（peoples）在一位上帝之下的合一。對沃爾夫來說，教會作為對在一位上帝下的新創造的預視，亦指向同一個目標。無論普世主義有甚麼具體定義，終極的目標都相似。

161 可以理解的是，在代表眾多不同傳統的神學家之間有著重要的分別。很明顯，薛斯奧拿在光譜的一端，以他東正教的堅持，表示著聖禮——因而也包括主教——是教會性的必備條件；潘寧博支持關於聖禮的觀點，但不一定支持主教制。來自改革宗並具有自由教會色彩、又同情拉丁美洲解放主義者和美國公理宗的莫特曼，則或許令人驚訝地和麥克倫登及沃爾夫一起貶低聖禮和職事作為教會性的必要條件；這並非表示，這些神學家削弱聖禮和職事本身，而是要教會成為教會，它們卻不是絕對必要的。

因此，從這基本的教會論立場出發，莫特曼、沃爾夫和麥克倫登十分強烈地提倡：上帝整體百姓不單是構成教會的教會性元素，也是構成教會職事的元素。在這裏，龔漢思脫離主流的天主教神學，並出人意表地加入這個行列，但他當然沒有放棄天主教關於聖禮和主教制的遺產。

這裏所討論的很多教會論者，他們不單已與古典西方神學進行互動，也與第三世界那些正在浮現的聲音和其他處境性詮釋如女性主義者和後現代主義者進行互動。莫特曼既訓練了很多來自幾個大洲的解放主義者，又向他們學習；紐比真在其一生中花了很長時間在亞洲度過；而沃爾夫積極參與他祖家克羅地亞及其他地方的跨文化互動。這本書的第三部會轉向討論這些全球化的和處境化的聲音及見證。

第三部

處境教會論

Contextual Ecclesiologies

考慮過主要與古典西方神學有聯繫的運動和個別神學家那關於教會的神學思想後，這本書的最後一部，便集中研究那些往往被稱為處境神學（有時也會使用「**全球化**」〔global〕這個詞，特別是那些源自西方以外的神學）的東西。以三分一的篇幅來討論這個課題，這反映出，作者確信基督教神學的未來便在這裏。當然，出現不同類型處境神學，以及它們變得愈來愈重要，這並不表示西方神學傳統失去它的重要性；甚至在西方以外的神學家也仍然主要由西方神學家訓練，或者即使在他們自己的處境中，但他們仍然是在那些源自西方的課題的思想鍛鍊下成長。在不久的將來，那將會改變——而這迴響已經可以感受得到——的是，神學思考

（theologizing）不再只是單一文化的專利。它要成為全球化的、相互關連的事業。

本書最後一部分的教會論分為幾個範疇，而我讓讀者來判斷，「**處境化**」（contextual）這個標題，是否最合適被用來描述這些範疇的用語。首先，有三章會探討在特定文化—地理環境中的教會論：非洲、亞洲和拉丁美洲。但這樣說是無望地籠統的講法。這裏的目的，不是要提供關於非洲、亞洲或拉丁美洲教會論任何全面的介紹；那需要一整本書的篇幅。（而且，也的確十分需要這樣的書！）這三章的目的卑
164 微得多：從不同的文化—地理處境，展示目前有甚麼不同類型的教會論存在。日本的「非教會」運動（“non-church” movement）展示出一種對傳統教會論的處境性挑戰，它甚至在它的亞洲處境中都是處境化的，而且肯定是少數派的聲音。拉丁美洲（主要是）天主教的基層羣體教會論，更能夠代表在說西班牙語拉丁美洲裔人（Hispanics）中的教會生活，但它絕對不是任何「主流的」現象。這個範疇的第三個個案研究——非洲獨立教會——也是這樣。雖然這些基督教羣體在那片大洲的很多地方都頗有影響力，但它們只代表非洲基督教的一部分。

處境教會論的第二個範疇，是由女性主義思想家所代表的。那一章的討論雖有目的地使其受限制，但仍希望成為具有代表性的：我們基本上會更仔細研究兩位重要的女性主義教會論者，也就是拉素爾（Letty M. Russell）和菲奧倫札（Elisabeth Schüssler Fiorenza）。我們也可以討論其他人，例如呂特爾（Rosemary Radford Ruether）或戴利（Mary Daly）這兩個明顯的例子，但由於我們的目的不是為求全面，並非所有聲音都會得到同等的注意。而且畢竟拉素爾和菲奧倫札

對教會論的特定貢獻，在神學上均已十分豐富。

處境教會論的第三個範疇混合了不同的獨立聲音，彼此沒有多少關連，甚至完全沒有關連，而將它們包括在這裏，是基於作者想見證關於「教會是甚麼？」那不同見證所具有使人驚訝的豐富和多樣性。牧養運動（Shepherding movement）的教會論見證基督教教會中——也就是不屬於任何已確立的擁護者的獨立羣體、甚至是不屬於最新的擁護者——那快速增長的現象。這些教會往往是細小的羣體、有時脱離了其他羣體，它們除了基本的羣體以外，沒有多少、甚至完全沒有架構。它們往往具有靈恩特色，並對崇拜、領導和職事的取向具有難以置信的創意。在第三個千禧年開始時，要對教會論提供任何最新的研究，而又不聆聽這些羣體，那只會強化傳統神學那根深柢固的折中主義（eclecticism）。十分不同、但又有點相似傾向的是天主教神父和宣教士多諾萬（Vincent J. Donovan）那「世界教會」（world church）的觀念，這個觀念附和著（但沒有明確提出那聯繫）潘霍華對「世俗的」（secular）或「無宗教的」（religionless）基督教的強調。雖然多諾萬是天主教中主要為這個教會——其存有是「在世界中」的——發言的聲音，但它也附和著梵二的一些心態，呼召教會活在「現代世界」中；也附和著好像拉納這樣的主要神學家 165
的觀念。因此，雖然多諾萬是那一章的主要聲音，但這個觀念是更廣泛的。對最後一個處境化個案研究——即後基督教時代的教會：也可以合法地稱為後現代教會論（postmodern ecclesiology；如果有的話）——也可以這樣説。雖然這裏的主要對話伙伴是哈維（Barry A. Harvey）的《另一個城市》（*Another City*），但這裏的主要目標不是分析他的教會論，而是辨別甚麼定向可以描述在後現代主義之後關於教會的思想。同樣，我們可以從很多神學家中選擇數位個別的思想家，但為了清晰和簡潔起見，我選了這一位。藉著注視後現代觀點——為**後基督教**時代尋找教會——來結束對**基督教**神學的研究，這似乎是合適的。

由於這整本書——更不要說第三部——的目的，不是要指向所有現存的教會論，所以選擇具代表性的討論時，是有選擇性的。很多受尊重的人或學說都沒有在這獨特的表述中被選上，例如非洲裔美國人的教會論，或好像美洲土著等一眾少數族裔那正在浮現的教會論。排除它們，完全不是表示他們缺乏重要性，但我的選擇是有實際的原因的，也就是為了不過分擴展一個引介性的研究。

15

亞洲的非教會運動

The Non-Church Movement in Asia

・ 米友開 ・

由內村鑑三（Kanzo Uchimura）所創立、在日本被稱為「米友開」（Mukyokai；編按：意思為「非教會」〔Non-Church〕）的一個非常獨特的教會運動，在二十世紀初出現。內村鑑三原初並不是想在日本建立一間本色化教會（indigenous church），他只是想研究真教會（true *ekklesia*）的本性。一方面，內村鑑三想肯定新教宗教改革運動的主要信條，即聖經的啟示、因信稱義，並特別是信徒皆祭司；而另一方面，米友開運動（Mukyokai movement）也批評宗教改革運動的教會改革工作不完整和未能令人滿意。[1]

1 Hiroyasu Iwabuchi, "An Evaluation of the Non-Church Movement in Japan: Its Distinctives, Strategy and Significance Today"（D. Miss. Diss., Fuller Theological Seminary, School of World Mission, 1976）.

內村鑑三[2]（1861～1930年）的氣質既包含真正的亞洲遺產，他也接觸大量西方文化和基督教形式。身為武士階層的一員，他的根源在於儒家倫理（Confucian ethics），而他在年青、讀大學時歸信基督教，這令他走上具張力和富創意的道路。他與一些西方宣教士那些不愉快的經驗，也是引致他對西方的教會生活批判得愈來愈強烈的原因之一。內村鑑三也積極參與社會運動和社會批判。他是一先知和佈道者，很多人都認為，他的一生和工作是日本對世界基督教所能產生
168 之最具創建性的貢獻。[3] 卜仁納（Emil Brunner）把這貢獻描述為：在整個基督教中獨一無二的貢獻。[4]

在建立了一個查經小組，即一個信徒團契後，內村鑑三加深了他對現存建制教會的批判眼光。他要追尋「真教會」。[5] 不過，我們需要將他對建制教會的嚴厲批評，置於正確的角度之下。他對建制教會的拒絕的基礎，以及他的目標，正是他對真教會那正面的、肯定的態度。[6]

・ 不可見的教會 ・

內村鑑三的教會論進路是實用和以聖經為中心的。他感

2 *The Complete Works of Kanzo Uchimura*（Tokyo: Iwanami Shoten）；此書分二十一冊以英語出版（1932年）。

3 Richard H. Drummond, "The Non-Church Movement in Japan," *Journal of Ecumenical Studies* 2（1965）: 448.

4 Emil Brunner, "A Unique Christian Mission: The Mukyokai（'Non-Church'）Movement in Japan," in *Religion and Culture: Essays in Honor of Paul Tillich*（New York: Harper, 1959）, 287.

5 一個有用的歷史研究是：Akio Dohi, "The Historical Development of the Non-Church Movement in Japan," *Journal of Ecumenical Studies* 2（1965）: 452～468；也參 Iwabuchi, "An Evaluation of the Non-Church Movement in Japan," 12～13。

6 進一步參 Dohi, "Historical Development of the Non-Church Movement," 454。

到自己的召命是教導聖經，而他因神學的抽象性質和形而上學的含義，所以回避神學。他的教會論的特點是強烈的二元論和充滿張力：

> 內村鑑三的立場在於強烈並二元地區分上帝的道和人的話、在基督裏的信眾和建制教會、在基督裏的信心和教會的禮儀、屬靈生命和物質組織。由於在每個二元的情況中，前者都表達出福音的真理，所以後者則被視為是相對的。[7]

雖然對紐比真來說，教會最突出的特點是它的可見性，但對日本非教會運動的創始人來說，教會的不可見性才是最突出的特點。「在基督裏的信仰令教會存在，因此教會應該和信仰一樣是不可見的。教會作為本質的『教會』（essential "ecclesia"），它不能被肉眼看見，因為它是一個屬靈身體的聚集。」[8] 教會在那些奉基督的名聚集及一起團契的人中間存在。

內村鑑三視基督和教會為完全屬靈的存有。男女可以在教會之中，只要他們在聖靈裏。內村鑑三將教會等同於上帝的國，並主張，保羅對教會的觀點——如果仔細研究的話——是指向那完全與地上分離的東西。教會就是聖靈所在的地方；「它就是那些接受了聖靈的人那不可見的屬靈團契」。[9] 169

米友開的主要原則是反對建制教會——內村鑑三認為建

7　Dohi, "Historical Development of the Non-Church Movement," 453～454.

8　Iwabuchi, "Evaluation of the Non-Church Movement," 20.

9　Drummond, "Non-Church Movement," 450; W. Norman, "Kanzo Uchimura – The Church," in *Contemporary Religions in Japan*, December 1964, 355～357.

制教會已偏離了福音的中心性。諾曼（W. Norman）詳細研究了日本米友開的教會論，當他指出，米友開是基督教「屬靈異見」（spiritual dissent）歷史中一個持久元素的日本式表達，他是正確的。[10] 事實上，內村鑑三在其屬靈生命的某個時刻，曾經接觸過貴格會，特別是美國的貴格會；而眾所周知，他曾經表示對公誼會（Society of Friends）的欣賞。浸信會的詹寧斯（Raymond Jennings）提出一個有趣的評論，他指出，他發覺內村鑑三的思想，「相比起那在很多教會所流行的，與我一直所關注的、一些更純粹的浸信會思想，實更為接近」。[11]

教會主要的是生命，而不是機構。對他來說，教會的建制性質傾向消滅生命。在教會裏，所有人都直接與上帝團契。不需要任何中介人來促使這與主的直接關係的發生。對內村鑑三來說，那通常被稱為教會的，並不是教會。基督稱祂的教會為信仰之家（household of faith），它的惟一法則便是愛。

雖然內村鑑三強調教會那不可見的性質，但他也看重在地上那可見和具體的羣體。但「那可見和具體的羣體」不是指被建制化了的教會，而是指作為聚集羣體的教會。

那麼聖禮又怎樣？雖然米友開大致上拒絕它們，但內村鑑三基本上承認它們的有效性。不過他不認為它們是傳遞恩典的途徑。米友開也避免稱它們為宗教儀式。反之，聖禮是信徒與基督團契的表達。教會可以享受聖禮，但並不是倚靠它們。只有透過上帝的道，信心才能夠來到並得以維持。因

10 Norman, "Kanzo Uchimura," 347.

11 Raymond P. Jennings, *Jesus, Japan and Kanzo Uchimura* (Tokyo: Kyo Bun Kwan, 1968), iii.

此對他來說，聖禮被相對化，而他不認為聖禮構成教會的秩序和標記，這是符合福音的信仰的。不過，內村鑑三沒有將聖禮限制在教會的聖禮之內。[12]

・ 教會那主體性的中介傳遞 ・

教會怎樣出現？甚麼令教會成為教會？這些都是關於教 170
會教會性的基礎性問題。讓我們在內村鑑三其中一位追隨者關根政雄（Masao Sekine）的幫助下，更集中地察看米友開的基礎性教會論。關根政雄是米友開十分著名的第二代領袖，他也接受過古典神學的訓練。事實上，關根政雄與他的前輩相反，他相信，如果非教會運動繼續忽視正規的神學研究和反思，它便會面臨被邊緣化為日本文化那眾多派別之一的危險。

關根政雄關於教會觀念的神學背景，是人類「主體的自我」（subjective self）在位格性上帝的臨在下被完全征服。按照這背景，自我在信仰中呈現新的主體性，而在上帝面前呈現新的客體性。這自我完全拒絕建制教會，因為教會將其本身等同於聖經和傳統。關根政雄認為，離開了主體性的信仰的中介傳遞（mediation of subjective faith），聖經並不能保證建制教會的客體性存在。教會：

> 不是作為與特定的外在形式或制度認同而客體性地存在的東西，也不是讓有信仰的人走在一起並建立關係之所。有信仰的人在哪裏聚集在一起，教會就在那裏首先

12 Drummond, "Non-Church Movement," 450.

> 於地上存在。也就是說，有信仰的人主體地構成教會；教會不是作為主體性的中介傳遞以外、一獨立存在的地方。[13]

因此，教會和它的教會性有一主體性之個體化基礎。

根據關根政雄，新教宗教改革運動其實始於對教會的主體性感悟（subjective apperception），但後來卻將教會界定為宣講道和施行聖禮的地方，這樣便將教會從信仰的主體性分離開來，並支持其客體性的存在。[14]

從這觀點浮現出關於基督教合一和差異的一個十分獨特的觀念。在建制教會——包括宗教改革運動教會——主體性的和客體性的教會並列，而它們並沒有主體性地被聯合。因此，主體性的自我，朝宗派主義式分裂的方向走得
171 更遠。可是，米友開並不支持「認同的教會」（church of identification）這一觀點：即是將本身等同聖經和傳統的教會。因此，他認為，米友開教會不能是宗派主義的。[15]

·聚集的教會·

對內村鑑三來說，那主要用來形容教會的隱喻是基督的身體。「在屬靈的『團契』中的有機聚集（organic gathering），是真教會的中心。」[16] 由於屬靈是基本的，所以

13 Masao Sekine, quoted in Dohi, "Historical Development of the Non-Church Movement," 463.

14 Dohi, "Historical Development of the Non-Church Movement," 464.

15 Dohi, "Historical Development of the Non-Church Movement," 464.

16 Iwabuchi, "Evaluation of the Non-Church Movement," 28.

關於教會的概念是非常動態的。內村鑑三也以一個弔詭的觀念來表達這點：教會是永遠需要被建構的，但同時又是永遠需要被拆毀的。[17]

當我們明白，內村鑑三主要是以與基督聯合的觀點來理解救恩，那麼非建制教會的觀念便變得可以理解。個人與基督聯合，是經驗基督的復活的自然結果。[18] 根據這個背景，內村鑑三對建制教會的批評的根源，便變得更為突出。土肥昭夫（Akio Dohi）尖銳地表達這點：[19]

> 就是這種進路，人得以在一種孤獨的獨立性中抓著基督，並從而信任和倚靠上帝。從此，信仰經驗產生出人獨立自主的生命。內村鑑三的立場是：沒有這種進路，便沒有基督教團體或羣體關係。

不過，我們需要正確理解「**獨立**」（independence）這個詞，因為它很容易與純西方的含義混淆。這裏所採用的日本詞語「**自主性**」（autonomy），並不表示絕對的自主性；它有時可以用英語的「**身分**」（identity）來翻譯，它意指作負責任和作終極決定的自由。因此，對內村鑑三來說，它是肯定一個事實：教會是「由下而上」（below to above）地建立，即由個人到羣體，而不是反轉過來的。

但內村鑑三關於教會的觀念，要比只是信徒聚集這個觀念更複雜。是的，教會是不可見的，但它還有另一面。聚集的

---

17 Norman, "Kanzo Uchimura," 358, 360.

18 他沒有具體說明是哪類聯合，但他似乎表示一種與信徒和基督的密契聯合（mystical union）。

19 Dohi, "Historical Development of the Non-Church Movement," 455.

教會——與在天堂或不可見的團契頗為不同的信徒團契——
172 必須在歷史中的彰顯而存在，以作為那些令基督成為他們的頭的人的身體，就好像基督的福音是在歷史中的啟示一樣。在聖靈裏的生命並不是那妨礙這種彰顯的東西；相反，正如他說，它明確地是那「有形式和變得明顯」的東西。[20]

・ 福音與教會 ・

內村鑑三那發展中的教會論和他的掙扎，在他與其中一位最能幹的追隨者塚本虎二（Toraji Tsukamoto）的大量對話和辯論中，給清楚顯示出來。塚本虎二確信：惟獨因信得救的純正福音單單由米友開保存，而塚本虎二亦直截了當地批評羅馬天主教和新教的立場：他感到它們正危害這純正的福音。根據塚本虎二的理解，這兩個傳統都將教會放在首要位置，這表示：如果一個人不屬於教會，他/她便不能接觸到福音。我們可以將「塚本虎二的評估是否準確」這個問題放在一旁，而只看這個見解怎樣配合他自己的思想，以及他與他那位著名的老師的關係。可以顯示出他的進路的，是一九三〇年一月第一期《聖書知識》（*Seisho Chishiki*）的雜誌標題：「非教會的雜誌——教會以外有救恩」（“Non-Church Magazine – There is Salvation outside the Church”）。[21]

雖然內村鑑三和塚本虎二彼此之間有張力，但我認為他們在關於教會的基本定向上，仍然是一致的。對內村鑑三來

20 Uchimura, *Complete Works*, 10:227；也參 Dohi, “Historical Development of the Non-Church Movement,” 454。

21 Dohi, “Historical Development of the Non-Church Movement,” 458；我要感謝此書提供這資料。

說，福音和教會的關係或許比較複雜，正如我們在上面所看見那樣，但特別在他生命的後期，內村鑑三也將福音和教會分開來。他視教會在重要性上為次要的，但沒有以此大造文章。不過，塚本虎二相信，如果純正的福音要得到宣講，那麼這便需要直接與教會對質——雖然教會在名義上對福音效忠，但它實際上將教會的權威強加給男女，以作為宗教的基本事情。相應地，非教會的觀念對內村鑑三這位追隨者來說，是生死攸關的。[22] 他甚至說：「如果我所相信的是錯誤
的，而教會所相信的才是正確的，即不可能單因為信心得 173
救，那麼我的救恩只會帶來絕望，而我相信基督的理由也失去了。」[23] 不過，內村鑑三即使在其對教會嚴厲批評中，仍然沒有打算放棄教會，他說：「我們是時候成為他們的朋友，並帶領他們了。」[24]

·　平信徒運動　·

內村鑑三經常強調信徒皆祭司，他視這為宗教改革運動其中一個最著名的寶藏。他更喜歡論及信徒的「牧者身分」(ministerhood)。既承認屬靈恩賜的多樣性，米友開亦堅持：所有信徒都能夠履行牧者的任務。普通信徒的主要任務是在日常生活中作見證。內村鑑三視所有信徒這見證性職事為先知式的，並有助於教會的更新。[25]

米友開批評專業神職人員，原因有兩個。第一，危機常

22 Dohi, "Historical Development of the Non-Church Movement," 458.

23 Dohi, "Historical Development of the Non-Church Movement," 458.

24 Dohi, "Historical Development of the Non-Church Movement," 459.

25 Iwabuchi, "Evaluation of the Non-Church Movement," 29, 31～32.

常存在：牧者總視自己在上帝面前比平信徒的階級更高。第二，專業的牧者往往不能以真正的基督教精神來履行使命。內村鑑三也得出一個結論：在建制教會中，為人所認識的牧養制度製造出一種特別的領域，是與新教宗教改革運動的精神不相符合的。因此，內村鑑三也貶低了正規神學教育。他認為，那具決定性的是個人來自上帝的深刻呼召。[26]

最後，內村鑑三得出一個結論：履行使命的正確方法是：在同時擁有世俗工作的情況下履行使命。這也表示，教會的牧者不要期望有金錢報酬，甚至在有這樣的報酬時要加以拒絕。理由是明顯的：財政獨立與信仰獨立緊密相連。牧者若能為自己建立財政基礎，他們便取得具自主性的信仰和職事。財政獨立也使牧者能大膽言說上帝的道，毋須害怕人們的批評。

作為一純粹的平信徒運動（lay movement），米友開與建制教會的平信徒參與（involvement）不同。建制教會鼓勵平信徒朝向一獨特的目標，例如佈道或擔任執事，而那些主
174 要的任務則由受薪的神職人員來執行。在米友開，牧者和信徒之間沒有區別。平信徒甚至執行好像婚禮和喪禮等牧養任務。動員平信徒（mobilizing laity）不是一方法或策略，而是教會的本質。[27]

・ 世界中的教會 ・

內村鑑三那充滿張力的教會論，在他關於世界和教會之間的關係的觀點中成為焦點。一方面，教會總是要與世界對

26 Iwabuchi, "Evaluation of the Non-Church Movement," 39 ~ 40.

27 Iwabuchi, "Evaluation of the Non-Church Movement," 41 ~ 42.

質，因為教會的價值觀與亞洲和西方社會的價值觀不同。在這方面上，他深受敬虔主義的精神影響。不過，對內村鑑三來說，這種與世界對質並不表示要從世界抽離出來，變得孤立；而是要參與世俗的世界。米友開已嘗試要在社會的動盪中跟隨教會的主。教會的更新永遠不是表示要脫離世界，而是表示要在世界中行動。[28]

內村鑑三批評基督教中的分離主義心態（separatist mentality）。對於「西化的日本基督徒」（Japanese westernized Christian）——他們往往發覺自己處於文化和社會的邊緣——這尤其重要。米友開也拒絕把聖潔和世俗二分。這二分法源自非基督宗教，例如佛教的「樂土」觀念，這引致一種逃避現實的觀點。或許由於這樣積極參與社會，特別是在早期，這個運動能吸引有社會地位的日本人。

佈道是教會的主要任務。它的主要關注，是向所有階級的人宣講福音。佈道以講道和傳播基督的福音為焦點，並與擴展建制教會或其影響力無關。佈道在平常的生活中發生，而不是透過特別設計的佈道性聚會來進行。對內村鑑三來說，佈道不單藉講道來進行，也藉行動來進行。因此，這個運動也強調社會責任和社會參與。事實上，教會需要好像先知那樣行動，以對抗社會的不公義。

28 Iwabuchi, "Evaluation of the Non-Church Movement," 30.

16

拉丁美洲的基層教會羣體

Base Ecclesial Communities in Latin America

・ 窮人的教會 ・

自從梵二開始，羅馬天主教的解放神學家——也得到很多新教的解放神學家跟隨——已開始視基督與窮人和受壓迫的人認同，他們並集中於教會那「從下而來」(from underneath)的自我理解。[1] 一九七一年的會議以「世界中的公義」("Justice in the World")為題目，並在公義行動和佈道那不可或缺的關係上，產生了一個值得留意的聲明：「為了公義而行動，並參與轉化世界，這對我們來說完全是**宣講福音的構成性面向**(constitutive dimension)，或者，換句話說，這是教會拯救人類和解放他們脫離任何壓迫狀況的構成

1 關於概論，例如參 M. D. Chenu, "Vatican II and the Church of the Poor," in *The Poor and the Church*, ed. Norbert Greinacher and Alois Müller, Concilium 104 (New York: Seabury, 1977), 56～61。

性面向。」[2] 就我所知，這是天主教官方文件第一次將社會公義，描述為宣講福音的「構成性」面向。基督教的愛鄰舍和公義是不能分開的，因為愛表示對公義的需求。[3] 因此，教會既蒙召來譴責不公義，也蒙召來檢視它自己的生活方式。[4]

在天主教重新轉向強調社會公義這方面，拉丁美洲教會已是先驅。拉丁美洲主教團會議（CELAM）——拉丁美洲眾主教在哥倫比亞麥德林（Medellín；1968 年）所舉行的第二屆會議——在教宗保祿六世（Pope Paul VI）在場下召開，並將三個相關的主題放在議程上：爭取公義及和平的努力、在佈道和信仰中對適應的需要，以及教會及其架構的改革。這
176 個地區性會議實際上是該大洲的教會在身分和使命上的轉捩點，它清楚闡述了人民對公義及解放的迫切需求，它擁護窮人的訴訟，並承認基層基督徒羣體為基督教羣體和佈道的主要中心。[5] 不過，要帶來公義，改變政治架構並不足夠；人民需要本真地歸信「公義、愛及和平的國度」。[6] 拉丁美洲主教團會議——即拉丁美洲天主教主教會議——對拉丁美洲人的意義，尤如馬尼拉會議（Manila；1979 年）對亞洲人的意義一樣。它的出發點是「亞洲處境」，並包括三方面對話：與本地文化的對話；與亞洲宗教傳統的對話，以及與人民的生

---

2 "Declaration from the Roman Bishops of Synod of 1971," in *Mission Trends*, vol. 2, ed. G. Anderson et al.（Grand Rapids, Mich.: Eerdmans, 1975）, 255；此後簡稱為：*DRBS*（1971）；頁碼參照安德森（G. Anderson；強調為筆者所加）。

3 *DRBS*（1971）, 256.

4 *DRBS*（1971）, 257～258.

5 *The Church in the Present-Day Transformation of Latin America in the Light of the Council: Second General Conference of Latin American Bishops, Medellín, August 26～September 6, 1968*, vol. 2, *Conclusions*（Washington, D.C.: National Conference of Catholic Bishops, 1968）, esp. chaps 1, 14, 15〔此後簡稱為：*CELAM II*〕。

6 *CELAM II*, 33.

活、特別是窮人的生活對話。亞洲的主教承認，以地方性的教會作為佈道的焦點，並以對話作為它的基本模式，他們會幫助亞洲基督徒，為拯救以及與窮人和受壓迫者休戚與共而工作，也會嘗試與該地的古老宗教展開真對話。[7]

・ 教會創世記：新的教會論 ・

> 現代社會已產生出對存在的瘋狂原子化（a wild atomization of existence），以及那迷失在宏觀組織和層級架構的機制齒輪中的人的普遍匿名性……慢慢地但又愈來愈強烈地，我們見證了羣體的創造，在其中，人們實際上彼此認識和承認，在那裏他們可以在他們的個體性中成為自己，可以「有發言權」，可以按名稱而得到別人的歡迎。因此，我們看到，小組和小羣體在各處興起。這個現象也在教會裏存在：就是那些為人認識的草根基督徒羣體（grassroots Christian communities），或基層教會羣體（basic church communities）。[8]

似乎清楚的是，拉丁美洲羅馬天主教會中 CCBs（基層教會羣體〔base ecclesial communities〕或基層基督徒羣體〔basic Christian communities〕）的出現和快速增長，有兩個主要原因。[9] 一方面，這些羣體是表達出和回應著在普遍社會和教 177

7 *Report of the Catholic Bishops' International Conference on Mission in Manila, 1979*, 19.

8 Leonardo Boff, *Ecclesiogenesis: The Base Communities Reinvent the Church* (Maryknoll, N.Y.: Orbis, 1986), 1.

9 關於基層教會羣體的詳細歷史和出現，參 Guillermo Cook, *The Expectation of the Poor: Latin American Basic Ecclesial Communities in Protestant Perspective* (Maryknoll, N.Y.: Orbis, 1985), 11～85。

會中羣體的極端缺乏；特別是在羅馬天主教中，傾向「一種組織性形式，擁有十分重的階級框架，並對基督徒間的關係持法律式理解，因而產生機械化、被具體化的不平等和不公平」；[10] 另一方面，這些羣體也是為解放社會中窮人和被逐的人而發出的呼喊。換句話說，基層羣體提倡自由和解放。

不過，從教會論的角度而言，若說這些新的基督徒羣體只是對社會或教會中那些感覺性需要（felt needs）的社會性回應，這只會是過分簡化。從神學的角度而言，它們也代表了一種新的教會經驗，即一種「教會完全的復興」，以及聖靈的行動。這樣看來，這運動的主要教會論的締造者博菲（Leonardo Boff）便主張，這些基層教會羣體「值得以作為拯救事件來被思想、歡迎和尊重」。[11] 換句話說，基層羣體神學家提出：這些基督徒羣體，不單是呈示出教會的更新運動，或是帶有一些合法的教會性元素，而是在更大的教會——羅馬天主教——中應有其教會性。對基層羣體神學家來說，這些羣體代表一種「新教會論」，即教會神學的新建構。[12] 這就是「教會創世記」（ecclesiogenesis），即「教會的出生」，「教會的重新開始」。[13]

基層羣體不單提出其應有的教會性，它們也提出一種**特定**類型的教會性，也就是「從下」（from below），即從上帝的百姓而生的教會羣體。根據這種對福音的詮釋，耶穌的整個宣講可以被視為：為上帝的百姓而努力喚醒其羣體向度的

10 Boff, *Ecclesiogenesis*, 1.

11 Boff, *Ecclesiogenesis*, 1.

12 Boff, *Ecclesiogenesis*, 2.

13 Yves M.-J. Congar, "Os grupos informais na Igreja," *Communidades eclesiais de base: Utopia ou realidade?* ed. Alfonso Gregory (Petropolis, Brazil: Vozes, 1973), 144～145.

力量。在橫向層面，耶穌呼召人們彼此尊重、慷慨、信徒相通，以及一個簡單的人際關係。在縱向層面，耶穌尋求使人類接受人與上帝那真誠的父子關係，以開放、愛和信任為特點。耶穌基督的教會也應該完全有這些關係上的特點。如果這樣，那便表示教會重拾它的使徒身分：「源自百姓的教會，
就等如源自使徒的教會。」[14] 這是基層羣體宣稱他們羣體的教 178
會性的決定性時刻：無論你從上帝的百姓（弟兄姊妹的羣體）開始，還是從制度（階級）開始。

·「特殊性」和「普遍性」教會論處於張力中·

基層教會羣體的出現強化了天主教神學中關於教會教會性的辯論。跟隨博菲[15] 和其他基層羣體神學家的帶領，杜勒斯（Avery Dulles）稱這為「特殊性」（particularist）和「普遍性」（universalist）兩種定向之間的辯論。根據杜勒斯，梵二教會論包括兩個主要傾向，而他喜歡稱為「個人性」（personalist）和「特殊性」進路，或「法律—密契」（juridico-mystical）和「普遍性」進路。[16] 特殊性進路從地方性的教會開始，而普遍性進路則從全球羣體開始。後者傾向理解「團契」的意義為有分於神聖生命，這要透過恩典的客觀途徑（聖禮）而實現；而前者則傾向將「團契」理解為直接象徵一個在地方性羣體中所實現

14 Boff, *Ecclesiogenesis*, 7.

15 關於那問題的定義，尤參 Boff, *Ecclesiogenesis*, 7～9。

16 Avery Dulles, "The Church as Communion," in *New Perspectives on Historical Theology: Essays in Memory of John Meyendorff*, ed. Bradley Nassif（Grand Rapids, Mich.: Eerdmans, 1996）, 133。杜勒斯指出，人們也使用其他詞語，例如「從下而來」和「從上而來」的教會論（參 Joseph Kkomonchak, "The Church Universal as the Communion of Local Churches," in *Where Does the Church Stand? Concilium* 146 [Edinburgh: T & T Clark, 1981], 30～35）。

的愛和親密的團契。特殊性的觀點傾向視小組為在聖靈推動下自發形成，並且自行構成的。基層羣體很自然地代表特殊性的定向。杜勒斯承認，提倡特殊性者在「提出聖靈可以引發教會的自發性，而不直接倚靠大教會的階級時，他們是站在堅實的基礎上的」。[17] 另一方面，杜勒斯提出，提倡普遍性者強調，教會原本是建立為單一羣，只是漸漸被闡述為多元之眾特定教會；他們這種講法，杜勒斯認為也似乎是對的。[18]

另一位著名的天主教教會論者伍德（Susan Wood），在
179 將近期教會論分類時，採取了稍為不同的進路。她談及「客觀性或架構性」模式和「主觀性或經驗性」模式。在前者，教會被概念化為特定教會的相通，而聖餐是相通的中心。在後者，「信仰作為主觀經驗，它構成以相通為模式的教會之中的『相通』（communing）」。[19] 伍德視基層羣體為主觀性的、以經驗為焦點的模式的典範。事實上，博菲聲稱，羣體作為上帝的百姓，它先於作為組織的教會而存在。[20] 根據這個觀點，復活的基督和聖靈是內蘊地臨在於羣體之中的。[21] 根據博菲，「這些羣體的特點是：沒有那些會使人疏離的架構，有直接的關係，有相互性，有深刻的相通，有相互的協助，有福音理想的共通性，成員之間有平等」。[22]

即使這樣的描述或許所談及的是基層羣體的理想多於實際情況，但它也忠實地反映了這種教會論上的理解的一般定

17 Dulles, "Church as Communion," 133～135（引文來自頁 135）。

18 Dulles, "Church as Communion," 135.

19 Susan Wood, "Communion Ecclesiology: Source of Hope, Source of Controversy," *Pro Ecclesia* 2, no. 4（1993）: 427.

20 Boff, *Ecclesiogenesis*, 26.

21 Wood, "Communion Ecclesiology," 428.

22 Boff, *Ecclesiogenesis*, 4.

向。伍德總結說，在基層羣體模式中，相通的基礎是教會的信仰和福音的分享；她是對的。[23] 只要天主教神學願意開始承認這等路線之教會的教會性，那麼基層羣體便可以合法地被稱為教會；否則，它們至多也只代表教會中的「更新」運動，作為服事母會的一種輔助者。

這種基本的教會論問題不大可能輕易解決，但這辯論本身有助天主教教會教義的發展，而它的影響力也超越了天主教的架構。在完全合法的意義上，由基層羣體提出的教會論問題，也代表了不同新教自由教會對承認它們的教會性的爭取。雖然至少就我所知，這兩個辯論之間沒有多少比較或相互關連，但那些界定性的問題卻是相似的：有沒有其他界定教會教會性的方法？基督教神學是否可能支持和提倡那承認眾羣體的教會性質（churchly nature）的互補性方式？而特別 180
就天主教來說，一全球的基督教會，是否可能在其裏面肯定眾羣體的教會性？

觀看基層羣體怎樣特定地提出和闡釋它們對「從下而來」的教會教會性的理解，這是深具指導性意義的。

・「從下而來」的教會論・

基層羣體以甚麼為基礎來支持他們羣體的教會性？根據格雷戈里神父（Fr. Alfonso Gregory）的研究，羣體本身提出以下回應來支持他們的宣稱：一個共同基督教信仰的基礎，一種對百姓的感覺，以嚴格的宗教活動而不是社會活動為優先，並在草根階層致力「透過更人性化的方式溝通分享信仰」。[24] 雖然

23 Wood, "Communion Ecclesiology," 429.

24 Boff, *Ecclesiogenesis*, 11 ~ 12.

這些和相似的論證對教會性的問題並非毫不相干，但是它們在神學上可能不具說服力。馬林斯(José Marins)是其中一位對這些羣體的教會性最熱烈的擁護者，他將教會性的問題置於天主教的教會教義的主流中，但仍然建基於「從下而來」的教會論：

> 對我們來說，基層教會羣體就是教會本身，是救恩的普世聖禮，因為它延續基督的使命——先知、祭司和牧者。這是令它成為一信仰、崇拜和愛的羣體的東西。它的使命明確地在所有層面——普世、教區、地方或基層——上表達出來。[25]

博菲提出重要的一點：在梵二的教會論中，地方性的教會的教會性確定地得到承認(*Lumen Gentium*, #26)。在這些地方性的教會，教會那些必要的構成性元素是存在的，也就是福音、聖餐和在主教身上臨在的使徒傳承。以此為基礎，麥德林的會議(Medellín Conference；1968年)承認基層羣體那基礎性、初始性的教會性質：

> 因此，基督教基層羣體是**首先的和基本的教會核心**(ecclesiastical nucle)，它在其本身的層面上必須令自己為信仰的豐富和擴展負責，也要為作為其表達的崇拜的豐富及擴展負責。這個羣體因此成為教會性架
> 181 構的**初始細胞**和佈道的焦點，而它現時作為人類前進和發展最重要的來源。基督教基層羣體的存在那必要

25 Boff, *Ecclesiogenesis*, 12.

> 的元素，是它們的領袖或督導/指導者。他們可以是神父、執事、修士或修女或平信徒。[26]

這是一句驚人的天主教聲明：教會不是從上而下被考慮的，而是從下而上，從草根、從「基層」來被考慮。雖然「領袖或督導/指導者」被視為必不可少的元素，但在關於界定他們為受按立或未受按立，平信徒或修士上，卻是存在著聞所未聞的開放性。這就是對「草根教會」(Grassroots church)的肯定。[27] 可以理解的是，拉丁美洲基層羣體一個迫切的問題是：嚴重缺乏受按立的牧者。可以在沒有受祝聖的牧者的情況下肯定教會性嗎？基層羣體的神學再次以「從下而來」的教會論為出發點。如果教會持續並建基於上帝的百姓，就是他們繼續聚集，並由上帝的道和耶穌基督的門徒訓練所召集，那麼受按立的牧者的存在，就不能被視為教會成形那必須的先決條件。相反，牧者參與這些羣體中的教會。[28]

基層羣體那「從下而來」的教會論，挑戰著傳統神學理解古典「教會的標記」的方式。博菲稱主流天主教那看待教會這些特質的方式為「不對稱的」(dissymmetrical)方式。根據這個理解，一性(oneness)以大一統的齊一(monolithic uniformity)這形式出現：同一個論述，同一個禮儀，同一套教會規矩等。聖潔是教會的特點，只要是忠信者參與「在階級的霸權下歷史—宗教集團(historico-religious bloc)的氛圍之中」。在這種不對稱的宗教生產模式中，使徒性只是一

26　*CELAM II*, 10～11, as quoted in Boff, *Ecclesiogenesis*, 15(強調為博菲所加)。

27　進一步參 Leonardo Boff, "Theological Characteristics of a Grassroots Church," in *The Challenge of Basic Christian Communities*, ed. Sergio Torres and John Eagleson (Maryknoll, N.Y.: Orbis, 1981), 124～144。

28　Boff, *Ecclesiogenesis*, 13.

個階級——即主教、使徒的繼任人——的財產；大公性被嚴格地聯繫到齊一，並且強調量的方面。所強調的是同一教會存在於整個世界。[29] 相反，基層羣體所展望教會的一性，為多元中的統一（unity-in-diversity）：由幾間教會（*ecclesiae*）
182 組成的；聖潔在於上帝所有百姓的成聖；使徒性就是整個教會的生命，以使徒的生活方式為特徵；大公性就是福音和教會生活的整體（wholeness）。它沒有將任何教會存在的特定模式絕對化，而是將教會相對化：它表示，在與其形成目的及其終局性（finality）「有關」的情況下，來看教會。那相反的處理方式便是「絕對化」，即視教會為最終的指涉點，為完全的、整體的視域。[30]

・「受壓迫的百姓為了解放而組織起來」[31]・

> CCBs〔基層基督徒羣體〕是現時拉丁美洲教會的生活中，其中一個最有成效和最具重要性的事件。他們在我們整個大洲上的增長，有助喚起窮人和受壓迫的人的盼望。他們是給百姓有特權的聚會地方，以嘗試使自己熟知其悲慘和被剝削的狀況，嘗試對抗那狀況，並嘗試在解放的上帝中解釋它的信仰。[32]

29 Boff, "Theological Characteristics of a Grassroots Church," 131～132（引文來自頁131）。

30 José Miguez Bonino, "Fundamental Questions in Ecclesiology," in *The Challenge of Basic Christian Communities*, ed. Sergio Torres and John Eagleson（Maryknoll, N.Y.: Orbis, 1981）, esp. 145～148；也參 Cook, *Expectation of the Poor*, 3。

31 其中一章的標題：Boff, *Ecclesiogenesis*, 34。

32 Gustavo Gutiérrez, "The Irruption of the Poor in Latin America and the Christian Communities of the Common People," in *The Challenge of Basic Christian Communities*, ed. Sergio Torres and John Eagleton（Maryknoll, N.Y.: Orbis, 1981）, 115.

基層羣體不單與窮人和社會中最弱勢的人產生共鳴，他
們更**是**窮人的教會，由窮人所組成的。[33]「基層」(base)表
示窮人、受壓迫者和為了任何原因而被邊緣化的人。這些
基督徒羣體就是從他們中間形成的。「從這些窮人、受壓迫
者的部分，聖靈產生一間教會，是植根於剝削和爭取解放的
社會背景的。」[34] 那反對社會性不公義的共同立場，是建基
於兩個信念，也就是與很多其他解放運動所共享的信念：首
先，平民受壓迫的主要根源是一精英主義的(elitist)、排他
的和資本主義的(capitalist)系統；[35] 第二，百姓抵抗和得
到解放，到一個的程度，他們聯合起來並創造一羣眾的運動
網絡。[36] 這樣，基層羣體抵抗那廣泛的基督教氛圍及精神特
質：將基督教化約為私人生活的私人領域。「耶穌公開地——
在世界裏——宣講和受死，祂不單是我們內心細小角落的 183
主，祂也是社會和宇宙的主。」[37] 福音的宣講，即給窮人的好
消息，在他們裏面燃起盼望的火，更新他們的生命。[38] 福音
必然具有政治性面向。[39] 為要促進這點，基層羣體與其他解
放運動合作，已發展出「草根羣體的詮釋」(hermeneutic of
the grassroots communities)——一種閱讀聖經的方式，以公

33 進一步參 Gutiérrez, "The Irruption of the Poor in Latin America and the Christian Communities of the Common People," 107～22。

34 Gutiérrez, "The Irruption of the Poor in Latin America and the Christian Communities of the Common People," 116.

35 進一步參 Luis A. Gómez de Souza, "Structures and Mechanisms of Domination in Capitalism," in *The Challenge of Basic Christian Communities*, ed. Sergio Torres and John Eagleson (Maryknoll, N.Y.: Orbis, 1981), 13～23。

36 Boff, *Ecclesiogenesis*, 35.

37 Boff, *Ecclesiogenesis*, 38.

38 Alvaro Barreiro, *Basic Ecclesical Communities: The Evangelization of the Poor* (Maryknoll, N.Y.: Orbis, 1977), 1.

39 進一步參 Cook, *Expectation of the Poor*, 73～76。

平對待福音那社會性和政治性面向。[40]

以福音的社會含義為焦點，這不單並不表示貶低靈性的重要性，更是表示以靈性為優先的。根據基層羣體的理解，社會性來自宗教性。[41] 當然，基層羣體的焦點不是要令成員變得富有，也不是要生產貨品，而是要創造出那種無價之人類關係和共存及其無價的價值，而這是與基督教給人類的尊嚴所一致的。[42] 於是，基層羣體繼續耶穌這位窮人的彌賽亞使命。巴雷羅（Alvaro Barreiro）表明，不向窮人宣講好消息，就是背叛教會的使命。[43]

在拉丁美洲的處境下，基層羣體的解放工作不只限於以窮人為焦點，它們也發言以反對對婦女的壓迫。[44] 幾位基層羣體的神學家公開質疑羅馬天主教會拒絕按立女性這種做法。[45] 他們提出，將職事單限於教會的男性成員，這是另一種壓迫。這種排他主義也違反了耶穌的教導和態度：祂歡迎所有人，不論他們是甚麼性別、地位或階級。因此，基層羣體的主要目的，是活出那種開放的和包容的羣體：不豎立任何社會性、政治性、宗教性或其他界限，而是肯定所有人的價值，特別是那些被拒絕和壓迫的人的價值。

40 進一步參 Cook, *Expectation of the Poor*, 108～26。

41 Boff, *Ecclesiogenesis*, 41～42.

42 Barreiro, *Basic Ecclesical Communities*, 42.

43 Barreiro, *Basic Ecclesical Communities*, 50.

44 進一步 Cora Ferro, "The Latin American Woman: The Praxis and Theology of Liberation," in *The Challenge of Basic Christian Communities*, ed. Sergio Torres and John Eagleson（Maryknoll, N.Y.: Orbis, 1981）, 24～37。

45 Boff, *Ecclesiogenesis*, 76～97.

17

女性主義教會

The Feminist Church

· 不離開教會 ·

> 我總覺得很難離開教會，但我也覺得很難與教會同行……很多男女都感到這種疏離（alienation），他們因為教會生活的矛盾所感到的痛苦和憤怒，導致他們考量那談及教會女性主義詮釋的觀念。這疏離也因得知神學家和教會受職者的鄙視和憤怒而被增強，他們視好像我這樣的女性為問題而不是教會本身。[1]

人們往往問我一個問題：「如果你不同意教會的意見和教導，為甚麼不離開教會？」在過去多年，我一再面對右翼天主教徒和女性主義者所提出的這個挑戰。不過，要認

1 Letty M. Russell, *Church in the Round: Feminist Interpretation of the Church*（Louisville, Westminster John Knox, 1993）, 11.

> 真理會這個問題，這便已經是將命名的權利交給那些反動的力量，變相承認他們對聖經宗教的擁有權。[2]

這些引文來自美國兩位主要的女性主義教會論者，它們反映了很多女性——和男性——就教會怎樣對待女性所共有的苦惱和窘境。拉素爾（Letty Russell）的話顯示出女性主義者和其他解放主義者所共有的內置張力，是關於基督教信息的中心的：「對於我和很多感到疏離的男女而言，我們都不可能離開教會，因為它盛載著耶穌基督的故事和上帝的愛這個好消息。」[3]

好像我們這樣生活在「懷疑的詮釋學」（hermeneutics
185 of suspicion）的世代中，我們發現很多談論宗教的傳統方法都是嚇人的。戴利（Mary Daly）堅持，將上帝人格化（personification）為父親，是父權主義（patriarchy）的首要象徵。她也宣稱，「父－上帝」的形象使那壓迫女性的機制顯得正確，並從中產生男性的主宰性（male-dominance）。[4] 我們不能否認，大部分上帝的形象都是模仿社會中的統治階段的。[5] 雖然，一般來說，指神聖父親的身分（fatherhood）這一象徵，業已成為誤用權力、帶來暴力、強暴和戰爭的根源，這說法可能言過其實；但若說語言不單反映現實，而且也建構現實，這亦是真的。[6]

2 Elisabeth Schüssler Fiorenza, *Discipleship of Equals: Critical Feminists Ekklesia-logy of Liberation*（New York: Crossroad, 1993）, 3.

3 Russell, *Church in the Round*, 11.

4 Mary Daly, *Beyond God the Father*（Boston: Beacon, 1973）.

5 Rosemary Radford Ruether, *Sexism and God-Talk*（Boston: Beacon, 1983）.

6 進一步參 Ted Peters, *God – the World's Future: Systematic Theology for a Postmodern Era*（Minneapolis: Fortress, 1992）, 109 ～ 120。

女性主義神學家所提出的問題，超越了那關於應稱呼上帝為父親、母親還是其他名稱的辯論。這個問題涉及整個三一：耶穌的男性特徵怎樣與另一半人類交往？聖靈是男性還是女性？

·「她的所是」·

雖然基督教神學在改變它傳統的男性語言方面十分緩慢，但這個問題其實並不是完全新的。[7] 拿先斯的貴格利（Gregory of Nazianzus）嘲笑他的對手：他們以為上帝是男性的，因為上帝被稱為父；或者那一神祇是女性的，因為這個詞的性別是女性；或者聖靈是中性的，因為它沒有人格化名字。貴格利強調，上帝的父親身分與婚姻、懷孕、接生或性別沒有關係。[8] 也有人指出，我們並非總是將上帝想為男性的，雖然我們稱上帝為**他**（him）。那只是使用語言的一種常規方法。解放主義者孔布林（José Comblin）正確地指出，相對於很多其他宗教，基督教的上帝並非性別歧視者：神聖位格都沒有性別。但祂們在人類和世界中間行動時，每一位位格都使用那從性別借來的名字來顯明自己。[9]

雖然，奧古斯丁在西方那重要的影響力，使得所有女性指涉從神學裏被排除出去（因為不幸地他認為女性並不完全
是上帝的形象）；[10] 但他的著作也以溫暖、慈愛的靈性來展示 186
上帝的內蘊性（immanence）。在奧古斯丁的神學中，聖靈指

7　有關歷史性概覽，參 Schüssler Fiorenza, *Discipleship of Equals*, 151 ～ 179。

8　Peters, *God – the World's Future*, 109.

9　José Comblin, *The Holy Spirit and Liberation*（Maryknoll, N.Y.: Orbis, 1987）, 50.

10　Comblin, *The Holy Spirit and Liberation*, 39.

向上帝那獨特地具女性特質的一面，並隨之而帶有那些愛護關愛的女性特質，即上帝那維護的、善受的一面。因此，奧古斯丁將聖靈比作母雞。[11] 馬丁．路德也使用相同的形象。[12]

麥菲（Sallie McFague）嘗試借助隱喻性（metaphorical）討論來避免性別歧視者關於上帝的討論的問題。嘗試避免「那泛濫於我們這個時代」的字面論（literalism），她提議堆砌隱喻來將父親的象徵相對化，並騰出空間給那些互補的象徵，例如上帝作為母親、愛人或朋友。[13] 約翰遜（Elizabeth Johnson）的進路與麥菲的進路有很多相似之處。約翰遜在《她的所是：女性主義神學論述中上帝的奧祕》（*She Who Is: The Mystery of God in Feminist Theology*）[14] 中提出，我們需要以女性的形象和隱喻來想像和談論上帝的奧祕，藉以將女性從因上帝的父權式形象所強加的從屬性中，釋放出來。她自己的喜好就是「她的所是」（she who is）。[15]

莫特曼將與上帝的靈有關的性別主義問題，置於一更大的視角之中，也就是置於羣體的視角之中。事實上，從神學角度來說，只批評傳統的神學忽視女性辭彙，並嘗試以其他有限的、排他性的辭彙來取代男性用語，這做法並不足夠。莫特曼強調，根據聖經的觀念，令我們有上帝的形象（*Imago*

11 Bernard Reynolds, *Toward a Process Pneumatology* (Toronto: Associated University Press, 1990), 125.

12 進一步參 Veli-Matti Kärkkäinen, *Pneumatology: The Holy Spirit in Ecumenical, International and Historical Perspective* (Grand Rapids, Mich.: Baker, 2002), 82。

13 有關詳情，參 Sallie McFague, *Models of God: Theology for an Ecological Nuclear Age* (Philadelphia: Fortress, 1987)。有關批評，參 Peters, *God – the World's Future*, 119～120。

14 Elizabeth Johnson, *She Who Is: The Mystery of God in Feminist Theology* (New York: Crossroad, 1992).

15 Johnson, *She Who Is*, 127～141.

Dei）的，不是那脫離身體的靈魂。上帝的形象包括整體的男性和女性——他們是在具有他們整全的（wholeness）、有特別性別的、彼此一起的羣體中的。上帝不是在內心的內室，或孤獨的地方裏為人認識的，而是在女性和男性的真羣體中為人認識的。因此，對上帝和上帝的靈的經驗，是「自我的社羣經驗和社羣的個人經驗」。[16]

因此，莫特曼提出好像以下這樣的問題：女性和男性在
與基督的團契中，以及對那希望將生命賜給所有人的聖靈的
經驗中，要達到怎樣的團契？女性和男性在基督百姓的羣體 187
中，並在與引發生命的母親聖靈（Mother Spirit）的團契中，
怎樣經驗對方？這些不單是關乎教會政治的問題，也首先是
關乎信仰的問題：

> 根據約珥書二章28至30節的應許：「以後，我要將我的靈澆灌凡有血氣的。你們的兒女要說預言……」（比較徒二17及下）為經驗聖靈而有的終末盼望，是女性和男性同等地分享的。男性和女性都會「說預言」和宣告福音。根據約珥書二章的預言，透過共同經驗聖靈，男性在與女性相比下所擁有的特權，老年人在與年青人相比下所擁有的特權，主人在與「僕人和婢女」相比下所擁有的特權，都會廢除。在聖靈的國度中，每個人都會經驗到他們自己的稟賦（endowment），並所有人都會一起經驗到新的團契。[17]

16 Jürgen Moltmann, *The Spirit of Life: A Universal Affirmation*（Minneapolis: Fortress, 1992）, 94.

17 Moltmann, *The Spirit of Life*, 239～241.

‧ 圍繞飯桌的教會 ‧

女性主義教會論其中一個最創新的進路，是拉素爾的《環繞的教會》(*Church in the Round*)，這本書運用了「飯桌」(table)的象徵手法來創造教會的新形象。正如眾所週知，在很多文化中，飯桌都象徵款待(hospitality)和分享(sharing)。家裏很多事情都圍繞廚房的飯桌發生，而一些最寶貴的回憶可以追溯到飯桌的團契(table fellowship)。它也談及上帝的款待和包容的態度。「圍繞飯桌的教會」(church around the table)是「平等者作門徒」(discipleship of equals)——這是菲奧倫札(Elisabeth Schüssler Fiorenza)的女性主義教會論的標題。我們也可以藉著描述教會為「連繫的」(connective)，來表達女性主義教會論的核心；男性和女性之間，上帝和人類之間有著活潑的、動態的連繫。「如果飯桌是由上帝鋪開，並由基督作主人的，那麼，它一定是有著很多連繫的飯桌。」[18]

女性主義的教會嘗試接觸邊緣，並為所有非人性化(dehumanization)形式尋求解放，無論那是性別的、種族的還是其他形式的剝削。這表示男性也可以成為女性主義者，如果他們願意為女性辯護。追尋自由和平等是延續基督的職事：祂歡迎所有年齡和兩種性別的人進入上帝的統治之中。[19]

> 我們那些與這位男性及其關於上帝的迎接之故事「墮入
> 188 信河」(fall in faith)的人，當從閱讀福音轉向觀看這信

---

18 Russell, *Church in the Round*, 18.

19 Russell, *Church in the Round*, 22 ~ 23.

> 息在歷代教會怎樣被詮釋時，我們便經驗到認知上的不和諧，即是觀念和實際經驗之間的矛盾……我們發覺自己在尋找信仰的羣體，並掙扎著要談論生命——在所有與死亡有關的壓迫中談論生命。[20]

這種女性主義分析的「關鍵性原則」，借鑑自不同種類的解放神學；[21] 這就是解放主義者古鐵雷斯（Gustavo Gutiérrez）所說的「來自歷史底下的神學」（theology from the underside of history）。[22] 女性主義教會論者加入這解放傳統，從關於那些在社會中心的人的問題，走向那些不被視為人的人，因為他們是無權的和不重要的。他們也「從邊緣」[23] 來閱讀聖經，或者從事拉素爾所說的：「反駁傳統」（talking back to tradition）。[24]

．「圍繞的領導」[25]．

教會的領導既要反映它的精神特質，也要模塑這精神特質。那些視按立為教會成形所必須的教會，明顯傾向把按立限制在禮儀或牧養角色之內，並限制神職人員為獨身的男

20 Russell, *Church in the Round*, 23.

21 Schüssler Fiorenza, *Discipleship of Equals*, 53～79；她稱女性主義神學為「批判的解放神學」（critical theology of liberation）。

22 Gustavo Gutiérrez, *The Power of the Poor in History: Selected Writings*（Maryknoll, N.Y.: Orbis, 1983）, 183.

23 例如參 Phyllis Trible, *Texts of Terror*（Philadelphia: Fortress, 1984）, 8～29；那是關於對撒拉和夏甲的故事一個女性主義的閱讀。

24 Russell, *Church in the Round*, esp. 35～41。關於女性主義的聖經閱讀，尤其從後現代角度，參 Elisabeth Schüssler Fiorenza, *But She Said: Feminist Practices of Biblical Interpretation*（Boston: Beacon, 1992）。

25 Russell, *Church in the Round*, 46；書中章題。

性，好像羅馬天主教那樣。不過，女性主義的理解則視教會生命中的職事為承認那來自上帝的恩賜，並因此同時向男性和女性開放。職事便是「上帝的**恩賜**（gifts）而不是上帝**定規**（givens）而不能更易的東西」。女性主義教會論也批評那將教會分為「上等」的神職人員和「下等」的平信徒這二元式區分。[26] 因此，職事的核心問題不一定是要堅持女性有權接受按立，而是要修改整個關於按立的概念。[27] 例如：領導這觀念不是依附在職事背後的。它是特別地指到服事別人。

189 在流行於很多教會的父權式領導風格中，權威是藉著站在權力的位置上來被行使的。[28] 女性主義式領導風格則從那以羣體形塑為定向的伙伴範式（partnership paradigm）而獲取它的行為模式。[29] 在女性主義式領導風格中，權威是藉著和他者站在一起，並尋求分享權力和權威而被行使的。權力被視為那要被多元多重化和分享的東西，而不是那要累積在頂端的東西。在這追尋教會領導的新進路中，女性主義教會論再次借鑑耶穌的榜樣，祂將整個局面扭轉過來。[30]

教會是以清楚的領導象徵來被組織的。但關於架構，拉素爾提出兩個方向：宣教架構（missionary structure）和解放架構（liberation structure）。她曾經參與普世基督教協進會對地方性的教會的宣教架構的探索。[31] 那促進地方性的教會

26 Russell, *Church in the Round*, esp. 47～54（引文在頁 50；強調為原文所有）。

27 進一步參 Schüssler Fiorenza, *Discipleship of Equals*, 23～38；在那裏，她批判地問：「女性應該以接受階級階梯中最低級的按立嗎？」

28 進一步參 Schüssler Fiorenza, *Discipleship of Equals*, 211～233；關於父權架構和平等者作門徒之間的比較；也參頁 237～248。

29 Schüssler Fiorenza, *Discipleship of Equals*, 269～274.

30 Russell, *Church in the Round*, 54～63, 67～74.

31 進一步參 *The Church for Others and the Church for the World*, Department of Studies in Evangelism（Geneva, Switzerland: WCC Publications, 1967）。

參與上帝的宣教架構，可以有幾種形式，例如「家庭類型」，這種類型被視為一個不多於一百人的家宅式會眾（residential congregation），它細小得能讓不同年齡、種族、階級和生活方式的人，可以學習成為一個家庭。[32]

對於拉素爾和很多其他女性主義教會論，關於教會架構的問題，並暗示關於領導模式的問題，也帶有神學含義。基本上，她們願意稱所有在信仰中掙扎，並掙扎著要忠於解放上帝所有百姓的基督徒羣體為「教會」（churches）。與好像博菲這樣的解放主義者一樣，這些女性主義者「假設：當這些羣體聚集為教會、並問及它們怎樣尋求在架構和使命中顯示這忠誠時，它們就**是**（are）教會。令它們獨特的，不是它們傳統的教會生活，而是它們願意連繫到那些特定羣體對自由和全面的人性的鬥爭」。[33]

拉素爾宣稱，在北美，女性主義基督徒羣體是另類基督徒羣體最普遍的形式。這些多半是〔教會〕合一的基督徒團體，它們源自那些要將女性主義視角帶到主流基督教會中的
嘗試。[34] 它們與位於拉丁美洲和其他地方的羅馬天主教基層 190
羣體有很多相似之處，有時它們被稱為「女性教會」（Women church）。[35]

不是所有女性主義神學家都相信，單與現存教會合作，並幫助它們更像女性教會，這便足夠。對更溫和的女性主義神學——以拉素爾和菲奧倫札為代表——那最直言不諱

32 進一步參 Letty Russell, “Forms of the Confessing Churches Today,” *Journal of Presbyterian History*（Spring 1983）: 99～109。

33 Russell, *Church in the Round*, 94.

34 Russell, *Church in the Round*, 104～105.

35 關於女性主義教會論的權威問題，進一步參 Letty Russell, *Household of Freedom: Authority in Feminist Perspective*（Philadelphia: Westminster Press, 1987）。

的批評者，便是呂特爾。她對**女性教會**的觀念，比這一章所集中討論的觀念徹底得多。她呼召女性——不單是少數個人、而是整個羣體——暫時與男性分離，以避免父權主義。這種分離主義的意識形態本身並不是終局，而是一個過程中的階段，是「一個絕對需要的階段……朝向進一步的終局——即脱離父權主義、形塑一女性和男性的批判文化及羣體——的一個階段」。[36] 呂特爾主張，這種有一段時間脱離男性以及彼此間的溝通，對形塑女性主義羣體是必不可少的，「因為女性比任何其他邊緣化羣體，更缺乏自己的批判文化」。[37] 換句話説，呂特爾的進路並不滿足於改變教會的架構，而是要尋求形成一個新的羣體——維持一段時間——它有自己的架構、領導和精神特質。雖然呂特爾的聲音得到廣泛聆聽，但以實際行動來回應的則頗為少見，因此拉素爾、菲奧倫札和其他與她們相似的進路，似乎是教會論中主流的女性主義式聲音。

・「公義和教會」[38] ・

拉素爾多年來都致力於愛滋病羣體和受這疾病感染的人的醫治工作。[39] 她指出，今天的教會往往不能處理愛滋病的危機，只因為教會對「誰人得救」的理解是那麼的狹窄，以致容不下愛滋病病人。「救恩已被性別化、私人化、將來化，

36 Rosemary Radford Ruether, *Women-Church: Theology and Practice of Feminist Liturgical Communities* (San Francisco: Harper & Row, 1985) , 60.

37 Ruether, *Women-Church*, 59.

38 Russell, *Church in the Round*, 112；書中章題。

39 進一步參 Letty Russell, ed., *The Church with AIDS: Renewal in the Midst of Crisis* (Louisville: Westminster John Knox, 1990)。

因而只限制於少數蒙揀選的人。」[40] 個人道德——特別是與 191
傳統的性別規範相一致的——被強調為性的景況；而結構性罪惡則往往被教會忽略。聖經的女性主義讀者提醒我們：聖經的拯救觀念牽涉不同視角，例如給所有生命的解放、整全、和平及祝福。與解放神學結盟的女性主義神學，視救恩為整全的平安（holistic shalom）、社會和身體的整全性（wholeness），以及和諧（harmony）。他們從關係來理解救恩——人類之間的關係和與上帝相關的關係。[41] 只有這種整全的進路，才能夠裝備教會，以完成它那促進公義、和平及整全性的任務。

很久以前，在基督教神學中，便有一傾向：根據希臘那將身體和靈魂分開的觀念，從而化約和收窄對平安那本應更為廣泛的理解。在解放和女性主義神學中，有兩個互相重疊的平安母題，就是解放和祝福，兩者都是「上帝對女性與男性一起那圓滿人性的意圖……為修復所有創造」。[42] 救恩作為平安那更大的意義，不單包括祝福和解放，也包括公義（justice）和正義（righteousness）。

拉素爾問道：如果那是上帝的行動，以證明和使事情正確，那麼，為甚麼教會聲稱本身是拯救的地方，並宣告教會以外無救恩？女性主義者則寧願將它修改為「窮人以外無拯救」。「以教會為優先的那種選擇」，需要被那以窮人和被逐出者為優先的選擇所取代。不單教會是拯救的地方，因為基督臨在那裏；窮人也是拯救的地方，因為基督亦應許在他們中間臨在。上帝選擇窮人，這是一個記號，以顯示上帝渴望

40 Russell, *Church in the Round*, 114.

41 Russell, *Church in the Round*, 114 ~ 119.

42 Russell, *Church in the Round*, 116 ~ 117.

修復整個創造，特別是那些破碎的部分。[43] 在美國和其他地方裏，這些以白人、男性主導的主流教會，很難與窮人和被邊緣化的人休戚與共。他們也促成社會性罪惡和個人性罪惡之間那不健康的分割。

・ 女性、大地和教會 ・

很多女性主義作者都指出，我們架構教會生活的方式，也會從我們怎樣對待其他羣體反映出來——這包括大自然創
192 造這一羣體。換句話說，上帝百姓的羣體和上帝的創造之間有相互關係。細心分析教會架構的另一個原因，起源於我們現在所面對的、迫在眉睫的自然危機。約翰遜的《女性、大地和創造者聖靈》(*Women, Earth and Creator Spirit*) [44] 是一開拓性的研究，它結合了兩個互補性的進路的關注，就是女性主義的和生態神學的關注。這本書的論題是：「對大地的剝削在我們這個時代已經到了危機的地步，它與婦女被邊緣化緊密相連，而兩個困境都內在地與忘記創造者聖靈——祂在生命的舞蹈中遍及世界——有關。」[45]

在這本書的第一部分那關於現時的生態危機的細心研究中，約翰遜宣稱，應付這個問題的惟一合法方法便是「生態女性主義」(ecofeminism)。分析生態危機並不能進到問題的核心，除非它看到對大地的剝削和性別剝削之間的連繫。[46]

約翰遜對基督教神學中盛行的「階級」二元論感到厭煩，

43 Russell, *Church in the Round*, 119 ~ 123.

44 Elizabeth Johnson, *Women, Earth, and Creator Spirit* (Mahwah, N.Y.: Paulist, 1993).

45 Johnson, *Women, Earth, and Creator Spirit*, 2.

46 Johnson, *Women, Earth, and Creator Spirit*, 10.

這二元論引致對兩種本性的濫用，也就是對異性和自己身體的濫用。[47] 它亦影響了基督徒對上帝的理解；上帝往往被人以階級用語來描述，這引致關於教會的階級概念。[48] 女性之性別、本性、身體、性和婦女，這些都通通被分開了。生態女性主義神學的任務就是要尋求一個新的整全性，一個新的平等羣體。[49] 生態女性主義神學強調大自然、女性和男性，並和我們的身體之間的合一，也因此支持朝「親屬模式」（kinship models）的方向走。[50]

對於一般神學，特別是對於教會論，女性主義的進路都從聖靈論中汲取養分。「創造者聖靈的」生態女性主義式「神學，要窮究細節地克服靈和物質的二元論，並令人明白大地的神聖性」。[51] 它脫離那片面以人類為中心或以男性為中心的模式，並走向以生命為中心、以生物為中心的模式。

一般的女性主義神學，尤其是女性主義教會論，現時代 193
表不同種類的定向，它們均朝著解放婦女，令她們與男性地位平等的方向走。正如我們的研究所顯示，有些人提倡更徹底的行動，甚至暫時將女性從男性羣體中分離出來；也有一些人則支持重構和形塑現存的羣體。以生態為定向的女性主義者，不只滿足於根據男—女平等來看人際關係，而是認為這種平等十分重要，以致要將改革擴展到我們怎樣對待大自然；根據她們的觀點，人類怎樣彼此對待，這便顯示出我們怎樣對待創造。

47 關於二元論式人論的危險和它對教會生活的影響，也參 Schüssler Fiorenza, *Discipleship of Equals*, 97～98。

48 比較 Moltmann, *The Spirit of Life*, 239～240。

49 Johnson, *Women, Earth, and Creator Spirit*, 25.

50 Johnson, *Women, Earth, and Creator Spirit*, 39.

51 Johnson, *Women, Earth, and Creator Spirit*, 60.

18

非洲獨立教會的教會論

African Independent Churches' Ecclesiology

‧ 非洲的宗教改革運動[1] ‧

根據近期霍倫韋格（Walter J. Hollenweger）的估計，令基督教在南半球快速增長的兩大催化劑，是非洲獨立教會（African Independent Churches, AICs）和與五旬宗／靈恩運動有關的不同羣體。[2] 當然，在非洲，非洲獨立教會和其他獨立教會在數目上已遠遠超過她們的母會。[3] 例如：萊

1 其中一位主要的非洲獨立教會研究者所提出的新名稱：Allan H. Anderson, *African Reformation: African Initiated Christianity in the Twentieth Century*（Trenton, N.J.: Africa World Press, 2000）。

2 W. J. Hollenweger, "Foreword," in *African Initiatives in Christianity: The Growth, Gifts and Diversities of Indigenous African Churches – A Challenge to the Ecumenical Movement*, ed. John M. Pobere and Gabriel Ositelu II（Geneva, Switzerland: WCC Publications, 1998）.

3 近期對非洲獨立教會的不同方面一個很好的介紹是：Cephas N. Omenyo, "Essential Aspects of African Ecclesiology: The Case of the African Independent Churches,"

卡尼耶主教（Bishop Lekhanyane）的錫安基督教會（Zion Christian Church）有數以百萬計的信徒，遍佈整個南非。在津巴布韋（Zimbabwe），獨立教會聲稱在鄉郊擁有百分之五十、甚至更多的信徒。在一九八〇年代初期，巴雷特（David Barrett）已經報告說，非洲獨立教會聲稱在整個非洲大陸擁有三千一百萬信徒；目前的人數當然明顯更多。[4] 這是非洲神學家所說的新「普世中心」（new “centers of universality”）。[5]

“AIC”這個縮寫代表幾個互有關連的稱號：非洲本色化教會（African Indigenous Churches）、非洲創始的教會
195 （African Initiated Churches）或非洲獨立教會。最後一個名稱在近年神學文獻中愈來愈多人擁護。桑科勒（Bengt Sundkler）在一九四八年出版的《南非的班圖先知》（*Bantu Prophets in South Africa*），是其中一本最早有系統地處理那些我們今天稱為非洲獨立教會的專著。在第二版的導論中，他指出那正式名稱是「土著分裂主義教會」（Native Separatist Churches）。[6]

Pneuma 22, no. 2（2000）: 231 ～ 248。也參 Zablon J. Nthanmburi, “Ecclesiology of African Independent Churches,” in *The Church in African Christianity: Innovative Essays in Ecclesiology*, ed. J. N. K. Mugambi and Laurenti Magesa（Nairobi: Initiatives, 1990）；J. S. Pobee, “African Instituted（Independent）Churches,” in *Dictionary of the Ecumenical Movement*, ed. N. Lossky et al.（Geneva, Switzerland, WCC Publications, 1991）, 10 ～ 12。

4 David B. Barrett, *Schism and Renewal in Africa*（New York: Oxford University Press, 1982）, 815.

5 進一步參 Kwame Bediako, *Christianity in Africa*（Maryknoll, N.Y.: Orbis, 1995）, 111。

6 B. G. M. Sundkler, *Bantu Prophets in South Africa*（Oxford: Oxford University Press, 1961）, 18。海斯（Stephen Hayes）提供以下歷史性素描：「桑科勒發覺這不能令人滿意，部分因為『土著』（native）這個詞對當時南非的黑人來說是令人反感的，

達內爾（M. L. Daneel）喜歡「非洲獨立教會」這個詞語，因為它不一定含有價值判斷。它本身不是一貶義詞。但達內爾繼續說，這個詞語假設這一領域的界線，即把在「歷史性」或「建制的」教會裏的「抗議運動」（protest movements）和好像黑人神學（Black Theology）等運動排斥在外。[7] 事實上，非洲獨立教會作為真正表達非洲文化和宗教處境的運動，它既反對西方過去的「宣教心態」，也富創意地運用本色化的文化元素。

在神學和〔教會〕合一上，非洲獨立教會的教會論那最重要的特點，可能是他們「已見證了，在非洲存在著一些以非洲的方式來回應基督教信仰的概括性趨勢」。[8] 換句話說，非洲獨立教會擁有潛力，以體現出一種獨特的基督教靈性和信仰，這不單將一些西方對基督教的詮釋那些表面元素處境化，更能夠代表一種基督教信仰的合法版本，即是一種非西方的宗教，並以那片大洲的獨特遺產為根源的。植根於非洲 196

也因為他認為，它可能表示，白人分離主義者（secessionists）不是『分裂主義者』（separatist）。他因此提議談及『班圖獨立教會』。後來的作者都一般寧願談及『非洲獨立教會』，部分是因為『班圖』（Bautu）很快對南非的黑人來說比『土著』更令人反感，因為它與南非政府的種族隔離意識形態緊密相連。拒絕『班圖』這個詞還有另一個原因。在它被種族隔離意識形態採納前，它主要被用來作為語言學的而不是種族的範疇。『班圖』語言那用來指『人民』的字，與恩古尼人的『阿班圖』（abantu）相似。桑科勒所描述的獨立教會實際上是在說班圖語的人當中找到的，但相似的運動也在其他語言羣體中找到，實際上在整個非洲大洲都可以找到。因此『非洲』似乎更可取，部分是以種族的意思，部分以大洲的意思來使用。」（Stephen Hayes, "African Independent Churches: Judgement Through Terminology," *Missionalia* 20, no. 2 [August 1992]: 139）也參 P. Makhubu, *Who Are the Independent Churches?*（Johannesburg: Skotaville, 1998）, 1。

7　M. L. Daneel, *Old and New in Southern Shona Independent Churches*, vol. 1. *Background and Rise of the Major Movement*（The Hague: Mouton, 1971）, 31～32.

8　Bediako, *Christianity in Africa*, 66；就這個引文，我要多謝：Omenyo, "Essential Aspects of African Ecclesiology," 234。

土壤，非洲獨立教會的神學模式與西方同道不同；他們的模式是口頭的和具敍事風格的，這模式在西方以外的其他地方都十分普遍。[9]

安德森（Allan H. Anderson）為這些教會提供了一個分類法，是建基於它們獨特的教會論特點的：[10]（1）「埃塞俄比亞」（Ethiopian）和「非洲」教會——即那些不宣稱為先知式的教會、或不宣稱有聖靈特別啟示的教會——在南非便稱為「埃塞俄比亞」或「埃塞俄比亞型」（Ethiopian-type）教會，而在尼日利亞則稱為「非洲」教會。這些教會的起源一般來説都比另外兩種為早，並幾乎主要是作為對那些由歐洲宣教士所建立的教會一政治性和行政性回應。（2）「先知—醫治」和「屬靈」教會（"prophet-healing" and "spiritual" churches）的歷史性和神學性根源來自五旬宗運動，雖然它們在過去數年間，於好幾方面已離開了這運動，並且在沒有進一步仔細定義下，它們不可能再被視為「五旬宗」。（3）「新五旬宗」（new Pentecostal）教會必須從「先知—醫治」非洲獨立教會中區分出來。「新五旬宗」這個詞語將會用來指那些起源更為近期（大部分在一九八〇年之後）的教會，這些教會也強調聖靈的能力和恩賜。他們的成員，很多分別來自歐洲那些由宣教士所建立的教會和「先知—醫治」教會，這有時也正是張力的來源。這些教會與那些以西方五旬宗為起源的教會的分別，主要在於教會管理，它們完全是黑人教會，有更多地方性的、自主的性質，與非洲以外的五旬宗沒有任何組織上的聯繫。這些教會傾向反對一些傳統非洲行為習慣，甚或一些

9 進一步參 Allan H. Anderson, "Pluriformity and Contextuality in African Initiated Churches"（September 1997）〈http://artsweb.bham.ac.uk/aanderson/index.htm〉。

10 Anderson, "Pluriformity and Contextuality in African Initiated Churches," 3～7.

較古老的非洲獨立教會的行為習慣。

・ 非洲的團契 ・

迦納的奧門約（Cephas M. Omenyo）近期提出：「團契」
的範疇——這個自從一九八〇年代以來便是很多〔教會〕合一
教會論的口號——最能夠描述非洲獨立教會的教會論。他提
出，相通的概念在理解非洲獨立教會的教會論上，是十分基
本的，主要是因為羣體感（sense of community）是理解非洲
社會的「必須條件」（*sine qua non*）。[11] 這份羣體感反映出那
根深柢固的非洲信念：只有在羣體中，一般的百姓，尤其是 197
基督徒，才能夠找到生命的意義。[12] 相通的生命是那促進和
維持個人和一般社羣的安好的方法。奧門約引述另一位非洲
神學家奧波庫（Kofi Asare Opoku）的話：

> 如果我藉著進入與家庭其他成員——包括在生的和死去的人——的關係中而取得我的人性，那麼我的人性便是以恩賜的形式臨到我了。這並不表示：它不是我的，我的存有是團體的一部分，以致我沒有個體的價值和命途；反而這表示：它不是一些我可以藉自己孤立的能力而取得的、發展的東西。我只有與他者保持接觸，才可以運用或實現我的人性，**因為是他們給我力量的**。[13]

---

11 Omenyo, "Essential Aspects of African Ecclesiology," 235～236.

12 進一步參 Daniel J. Antwi, "Sense of Community: An African Perspective of the Church as Koinonia," *Trinity Journal of Church and Theology* 6（1996）: 10。

13 Omenyo, "Essential Aspects of African Ecclesiology," 236.

或許沒有人比莫比提（John Mbiti）這句可喜的格言，更能簡潔地表達這個觀念：「我是，因為我們在；由於我們是，所以我在。」（“I am because we are, and since we are, therefore I am.”）[14] 有些人因此提出，可能是家族（clan）而不是西方式的架構，才是非洲處境中那適合教會論式存有的模式。[15]

在巨大的社會性和文化性轉變中，非洲獨立教會有潛力為它們的成員提供親密的羣體。非洲獨立教會類型的教會吸引非洲人，明顯因為那些教會比進口的西方類型教會，更能夠活出羣體的生活方式。[16]「非洲獨立教會的成員如家庭般的支援性特質，提供一個具關懷的基督徒羣體模式，這模式十分接近非洲的羣體式凝聚力，也十分接近使徒行傳二章 42 節中初期基督徒羣體的模式，這模式促進羣體生活。」[17]

奧門約提出，在他們的神學中，非洲獨立教會不一定將它們的「團契」歸因於那單單複製非洲羣體生活模式的努力，而是歸因於聖靈的活動和臨在。[18] 如果是這樣，隨之帶來一個重要的神學原則：就是在十分真實的意義上，非洲獨立教會的靈
198 性可能代表一本真的非洲精神特質。聖靈的工作只是肯定那些深入文化中的百姓，在最內在的存有中所深深感受到的東西。

很自然的是，非洲獨立教會的崇拜是十分羣體性的；它

---

14 John S. Mbiti, *African Religions and Philosophy*, 2nd ed.（London: Heinemann, 1989）, 106.

15 進一步參 John Mary Waliggo, “The African Clan as the True Model of the African Church,” in *The Church in African Christianity: Innovative Essays in Ecclesiology*, ed. J. N. K. Mugambi and Laurenti Magesa（Nairobi: Initiatives, 1990）。

16 進一步參 Kwame Bediako, *Christianity in Africa: The Renewal of a Non-Western Religion*（Edinburgh: Edinburgh University Press, 1995）, 67。

17 Omenyo, “Essential Aspects of African Ecclesiology,” 238.

18 Omenyo, “Essential Aspects of African Ecclesiology,” 239.

也是自發的和吸引人的，並運用著非洲文化那豐富的音樂和藝術遺產。這些崇拜因為舞蹈、拍掌、有節奏的樂器、非洲音樂和傳統咏唱，而變得豐富。所有人——而不單是神職人員——的參與，得到鼓勵和促進。

・ 有靈的教會 ・

非洲獨立教會那眾多獨特的特點中，或許最明顯可見的是對聖靈和聖靈論的強烈強調。南非荷蘭改革宗教會的達內爾為我們提供一幅當代的圖畫，顯示出非洲建制教會（African Instituted Churches）的基督徒對聖靈的獨特理解。[19] 在這從與西方宣教教會那更傳統的神學的痛苦掙扎而生的動態聖靈論式教會論（dynamic pneumatological ecclesiology）中，聖靈被描述為主要具有四個角色。

首先，聖靈是人類的救主。津巴布韋非洲獨立教會的使徒瓦—波斯托里（Apostle Johane Maranke va-Postori）在視象中看見兩本從上帝接受的書，而他只能夠透過聖靈的靈感（inspiration）而不是透過從西方宣教站所接受的教育來理解。這些書的內容是永恆的生命。在他的視象中，瓦—波斯托里看見自己是一位像摩西的人物，帶領那些來自多個國家的追隨者，走過充滿敵對的地帶和火燄，來到安全的地方。透過把教會的新律法和習俗直接歸因於聖靈的靈感和命令，

19 我這一節的闡釋是基於 M. L. Daneel, "African Independent Church Pneumatology and the Salvation of All Creation," in *All Together in One Place: Theological Papers from the Brighton Conference on World Evangelization*, ed. H. D. Hunter and P. D. Hocken（Sheffield, U.K.: Sheffield Academic Press, 1993）, 96 ～ 126。關於其他貢獻，也參 Allan H. Anderson, *Moya: The Holy Spirit from an African Perspective*（Pretoria: University of South Africa Press, 1994）。

它們被證明是合理的。非洲的黑人種族——被忽略的人、窮人和受壓迫的人——現在得到高舉，並成為蒙揀選的人，他們由聖靈呼召去傳播救恩的信息。

第二，聖靈是醫治者和保護者。醫治和那令人免受邪惡力量侵害的保護，都彰顯了聖靈的能力。說方言成了所有先知式診斷時段的前奏，而在診斷時段中，聖靈會向先知揭示病人患病的原因。在醫治禮儀時所使用的所有象徵，例如聖水、紙、棍和神繩等，都象徵著聖靈那勝過所有破壞力量的
199 能力。「約但」的洗禮（“Jordan” baptisms）愈來愈變成了潔淨、醫治和驅鬼的時段。

第三，在非洲獨立教會的先知運動中，聖靈的活動從不只限於屬靈事件或醫治；祂也是公義和解放的聖靈。津巴布韋錫安基督教會已故主教穆特迪（Samuel Mutendi）藉著反對殖民當局在教育、土地和宗教議題上的政策而進入政治的舞台。推動羣體採取行動的屬靈動員（spiritual mobilization），透過講道、禱告和榜樣以及往往伴隨著的預言而產生作用。聖靈被描述為「土地的守護者」（guardian of the land），而那靈便指揮那些解放戰士。

聖靈在非洲獨立教會的神學和靈性中第四個角色是保存大地。在津巴布韋的後獨立時期（post-Independence period），即自從一九八〇年開始，非洲獨立教會便愈來愈將注意力轉向不同的發展計劃，例如在先知教會總部或附近那幾個種植外國水果和本地樹木的教會苗圃發展項目。聖靈作為醫治者和賜生命者的功能，涉及一切與人類的安好有關的東西，包括醫治和保護農作物。對大地母親的疾病作先知式診斷，是非洲獨立教會的基督徒活出他們的靈恩生命的一種獨特方式。十分重要的是，聖靈工作的此世性面向，連繫到

十分強烈的佈道定向，而聖靈工作的宇宙性面向並不是被置於與聖靈在個人救恩中的角色的對立面。

·　非洲教會的「五旬節化」·

研究一般的非洲神學，尤其是研究教會論，不能不提到
佔非洲教會和靈性最大部分的成員，也就是五旬宗/靈恩運
動。雖然那些教會不正式與五旬宗/靈恩運動認同，但它們
也往往反映出與這些運動有聯繫的靈性景觀。[20] 簡單來説，
這個詞指向一些非洲的基督教會，它們強調——有些人更提 200
出要排除其他一切——聖靈在教會的工作；這包括很多南非
錫安教會和使徒教會，以及那些源自北半球的非洲五旬宗教
會。[21] 這些不同教會羣體那共同歷史性、禮儀性和神學性根
源——取自美國的聖潔運動（American Holiness movement）
和五旬宗和基督教錫安運動——表示著，它們仍然有很多共
通點，儘管它們也有重大、而且有時驚人的差異。[22]

20 Allan H. Anderson, "Gospel and Culture in Pentecostal Mission in the Third World" (paper presented at the 11th Meeting of the European-Pentecostal Charismatic Association at Missionsakademi of the University of Hamburg, Germany, July 13 ～ 17, 1999)。安德森的主要論據可以在這裏找到：Allan H. Anderson and Walter J. Hollenweger ed., *Pentecostals After a Century: Global Perspectives on a Movement in Transition* (Sheffield, U.K.: Sheffield Academic Press, 1999)。也參 Allan H. Anderson, *Bazalwane: African Pentecostals in South Africa* (Pretoria: University of South Africa Press, 1992)；Allan H. Anderson, *Zion and Pentecost: The Spirituality and Experience of Pentecostal and Zionist/Apostolic Churches in South Africa* (Pretoria: University of South Africa Press, 2000)。

21 進一步參 Allan H. Anderson, "Challenges and Prospects for Research into African Initiated Churches in Southern Africa," *Missionalia* 23, no. 3 (1995): 283 ～ 294。

22 Allan H. Anderson, *MOYA: The Holy Spirit in an African Context* (Pretoria: University of South Africa Press, 1991): 26 ～ 29; Anderson, *Bazalwane*, 20 ～ 32.

西方教會和非洲獨立教會其中一個差異，源自普遍存在於不同的非洲文化中的獨特世界觀。根據他們的另類世界觀，非洲人視屬靈存有和身體存有為真正的實體（entity），是在時間和空間中互相交往的。那些非洲基督徒拒絕世俗的世界觀，以及宣教士對實在和靈的西方式概念。「正統」（orthodoxy）已令基督徒在現實生命中感到無助，因此他們需要另類的聖靈論，這種聖靈論要關聯到所有需要，包括屬靈的需要，但不限於抽象的他世性屬靈需要。[23] 一般的非洲宗教，包括基督教，比它們的西方同道更為著幾種存在的需要服務，以及更關聯到日常事件。人們期望宗教令生命值得活下去，也期望宗教維持和保護生命免受疾病、敵人和死亡的侵襲。[24] 正如特納（H. W. Turner）正確地指出：「是獨立教會幫助我們看到，非洲對那來自大能上帝的屬靈力量的首要關注：要克服所有威脅人類生命和活力、因而威脅他們廣泛的精神和身體醫治職事的敵人和邪惡力量。這與西方對罪得代贖和罪疚得到赦免的考量，頗為不同。」[25]

在非洲處境下，五旬宗一個主要的吸引力是它對醫治的強調。在這些文化中，宗教專家或「神人」（person of God）有能力醫治病人，並避免邪靈和法術的攪擾。這整全的功能——沒有將「身體」從「靈」中分開——在五旬宗中得到恢復，而本地人視它為「有能力」的宗教，能夠滿足人的需要。
201 對一些五旬宗信徒來說，相信上帝那透過禱告直接醫治的能力所帶來的結果，是拒絕其他醫治的方法。[26]

23 Derek B. Mutungu, "A Response to M. L. Daneel," in *All Together in One Place*, 127～131.

24 進一步參 Omenyo, "Essential Aspects of African Ecclesiology," 243～247。

25 H. W. Turner, *Religious Innovation in Africa*（Boston: G. K. Hall, 1979）, 210.

26 Anderson, "The Pentecostal Gospel, Religion and Culture in African Perspective"（May 29, 2000）〈http://artsweb.bham.ac.uk/aanderson/index.htm〉.

南非的安德森（現在於英國伯明翰大學〔University of Birmingham〕任教）提出，五旬宗能夠將不同種類的本地習俗、信仰和禮儀，吸收到它的靈性中。非洲五旬宗與非洲的靈世界（spirit world）不斷互動。安德森主張，在非洲，五旬宗和在數以千計的本色化教會中彰顯的類似五旬宗的運動，已徹底改變了基督教的面貌，只因它們宣稱一個整全的救恩福音，這包括脫離各種壓迫，如疾病、法術、邪靈和貧窮。這比那很大程度上屬歐洲和北美宣教士遺產的、較「靈性化」和智性化的福音，更基本地滿足非洲人的需要：

> 所有十分不同的五旬宗運動，都有重要的共同特點：它們宣告和歡慶涉及生命的所有經驗和痛苦的一種拯救（或「醫治」），並且它們提供一種充權（empowerment），為人提供尊嚴感和應付生命的機制，這一切推動他們的使者朝一獨特使命前進。[27]

27 Anderson, “Gospel and Culture,” 11.

牧養運動的更新教會論

The Shepherding Movement's Renewal Ecclesiology

・ 教會論中的草根經驗 ・

當靈恩運動在一九六〇年代於較古老的教會內爆發， 202
並很快開始創造新的獨立教會和團契時，它強調的——好像它較古老的「表親」五旬宗運動一樣——是熱誠的靈性而不是神學。雖然教會的架構和職事的模式，都傾向在不同的羣體中各有不同；但它的特點是彈性和創意，而不是批判的分析。根據這個背景，有些關於這運動的分析者稱那靈恩式的更新（Charismatic Renewal）為「以教會為中心」（ecclesiocentric），這可能令人感到驚訝。[1]

五旬宗／靈恩式更新在草根層面其中一個最具創意

1 Rodney Clapp, *A Peculiar People* (Downers Grove, Ill.: InterVarsity Press, 1996); David Moore, "The Shepherding Movement: A Case Study in Charismatic Ecclesiology," *Pneuma: The Journal of the Society for Pentecostal Studies* 22, no. 2 (2000): 249.

的、也幾乎最具爭議性的教會論式發展，是「牧養運動」（Shepherding movement）的出現。這個運動有時稱為「門徒訓練／牧養運動」（Discipleship/Shepherding movement）或者只是「門徒訓練運動」。「牧養運動」這個詞語是簡明的和更能夠描述那運動對個人牧養關顧的強調。[2] 從一開始，這運動便傾向製造分裂的意見，而在靈恩式更新的早期歷史中，它便有令這運動分裂的潛力。[3] 這運動也與那所謂「家庭教會運動」（house church movement）緊密相連，這也帶來爭
203 議，特別是關於它的教會論。[4] 以下的例子便顯示出那針對這運動的嚴厲批評：

> 教會內無疑十分需要「以聖經為基礎」的門徒訓練和權柄。這必須建基於那以僕人身分為權柄的觀念，並由那些在信仰中成熟的人以愛和謙卑來施行。不過，當牧養—門徒訓練成為那一種運動，它變成只是屬靈的虐兒（spiritual child-abuse）。透過灌輸恐懼和沒有根據的罪疚而帶來恐嚇，它迫使在基督裏的嬰孩順從那些有權威的「牧羊人」的旨意。而且不單嬰孩，就是很多「成熟」的基督徒也成為這邪惡的犧牲品，因為聖經被誤用以建立對每個成員的「照管護佑」（coverings）。[5]

2 這運動的另一個名稱是「立約運動」（Covenant movement；Moore, "Shepherding Movement," 249, n. 3）。

3 進一步參 Kilian McDonnell, "Seven Documents on the Discipleship Questions," in *Presence, Power, Praise: Documents on the Charismatic Renewal*, 3 vols., ed. Kilian McDonnell（Collegeville, Minn.: Liturgical Press, 1980）, 2:116。

4 進一步參 Kirk Hadaway, Stuart A. Wright and Francis M. DuBose, *Home Cell Groups and House Churches*（Nashville: Broadman, 1987）。

5 Anonymous, "Shepherding Discipleship,"（August 2001）〈www.cephasministry.com/shepherding_movement_z.html〉.

對於學術的神學而言，它實在太容易忽略了在草根層面的實驗，原因只是這些大眾運動往往缺乏那必要的神學性清晰性和準確性。事實上，牧養運動正是這樣。不過，這個事實只是一個廉價的藉口，讓神學家不與像這樣的現象交手，並提出神學性的問題，例如：運動的出現有甚麼推動性的需要和議程？或者，這運動有甚麼東西，以致它吸引那麼多人？神學家也應該問像這樣的問題：「更傳統的教會論缺少了甚麼，以致基督徒渴望像這樣的體驗？」換句話說，牧養運動的靈恩式教會論為教會的神學家，提供一個當代的、有爭議性和挑戰性的處境化個案研究。

幸運的是，近期我們已經有關於這運動的教會論的學術研究；摩爾（S. David Moore）本身積極參與這運動，他近期完成了關於這個題目的論文，並以專著的形式出版了他的研究。[6] 摩爾提出，牧養運動的故事「為更新教會論（renewal ecclesiology）提供一個獨特的個案研究」，這教會論對牧養運動的自我理解是十分重要的。[7] 同時，這運動也提供一個 204
有趣的〔教會〕合一的個案研究，因為這運動的領袖均來自不同的教會處境，包括傳統的和晚近的。

・追尋屬靈權柄・

「牧養運動」這個詞用於那原本來自佛羅里達州羅德岱

6　S. David Moore, *The Shepherding Movement: History, Controversy, Ecclesiology* (Sheffield, U.K.: Sheffield Academic Press, 2001)。有關最新、簡明的總結，參 Moore, "Shepherding Movement," 249～270。我在這裏對牧養運動的討論，很大程度上得益於摩爾的分析。

7　Moore, "Shepherding Movement," 252.

堡（Fort Lauderdale）牧羊人教會（Shepherd's Church）的教導和人們。這運動的主要領袖是羅德岱堡會眾的領袖，包括：孟福（Bob Mumford）、辛普森（Charles Simpson）、葉光明（Derek Prince）、巴珊（Don Basham）、巴克斯特（Ern Baxter）和浦耳（John Poole）。他們組織的正式名稱是基督徒成長事工（Christian Growth Ministries），而它主要的出版物就是《新酒》（*New Wine*）雜誌。

牧養運動的主要觀念是「門徒訓練」或「牧養」，它強調對個人的、一對一的牧養關顧的需要。這運動的領袖很快便發展出一種獨特的教導，是關乎：降服、屬靈權柄、門徒訓練、牧養關顧、立約關係（covenant relationship）和基督徒羣體。正是這精神特質，令這運動受到嚴厲批評和引起爭論，因為很多人經驗到這種教導為一種受領導人宰制的形式，以及權力和權柄的誤用。摩爾指出這點：

> 關於這些問題的爭論是那麼激烈的，以致這運動那獨特的和目標明確的教會性特質已被忽略了。正如更新團體經常遇見的情況那樣，這運動很大程度上由它的批評者和那些失望的前成員所界定，他們都集中在它的錯誤和越軌行為之上。直到最近，都沒有人對靈恩式更新這獨特的表達，進行認真和不偏不倚的研究。[8]

這運動一段最重要的聖經經文，是以弗所書四章11節那對牧師—教師的指涉，這經文指派他們為「蒙召和受裝備，以照管和照顧上帝的百姓」。「門徒訓練」被視為一個綜合的

8 Moore, "Shepherding Movement," 251.

詞語，以代表那由上帝所賜下的權柄。所有牧羊人都明白，他們要向大牧者交代自己的管家身分（stewardship）。正如耶穌把祂那時代少數的專業宗教領袖視之為真牧人，所以門徒訓練運動的領袖也往往不能接受那些在我們這個時代對人行使教會權柄的人的職事。這個批評令人想起在過去歷史中對好些基督徒派別的領袖的批評，例如孟他努（Montanus）、 205
屬靈的方濟會士（Spiritual Franciscans）、重洗／浸派和徹底的敬虔派（radical pietists）。有效門徒訓練的準則也包括避免對權力和個人地位的自私盤算，這與彼得前書五章 1 至 6 節的勸告一致。而且，牧羊人有責任去裝備聖徒事奉。這涉及在公開和私下對每個成員作出指導和勸誡。[9]

透過因一致地把聖經原則運用在個人和集體的基督徒生活上而產生出的行為改變，門徒訓練的概念與那鼓勵和量度在基督教門徒訓練中的增長這個目標有關聯。根據孟福，牧羊人透過具有三部分的課程來培養門徒，這包括接受水禮、接受「由上帝委派的人」的門徒訓練，以及承認基督持續與牧羊人（或訓練門徒者）和其門徒臨在。孟福提倡避免一種屬靈上的獨立，這種獨立會引致宗教上的混亂、並支持擁抱基督的軛作為作門徒的象徵。[10]

・ 牧養的概念 ・

「牧養運動」這個詞顯示出它的目的。其神學和實踐的主要議程，是恢復牧師以牧羊人這個形式出現的聖經概念。

9　進一步參 J. S. O'Malley, "Shepherding Movement – Discipleship Movement"（August 2001）〈http://mb-soft.com/believe/txc/shepherd.htm〉。

10　O'Malley, " Shepherding Movement – Discipleship Movement. "

牧師和其他教會領袖的任務，是成為權柄和關顧的器皿，這是新約教會的特點，也是這個新運動所要恢復的。耶穌在地上時與門徒的關係，是這個觀念的典範。根據這個運動的領袖，門徒訓練是「一個十分基本的和必要的持續關係，它令信徒變得成熟」。基督徒生命遠遠不單是獲取知識和新的行為模式；基督教表示一個新的關係。門徒—牧羊人的關係，就最能夠描述它的本質。[11] 追尋這種一對一的個人關係，便是理解這個運動的教會論那精神特質和推動力的關鍵：

> 沒有甚麼比這運動關於牧養關顧的教導，更能夠區別這
> 運動。每個信徒都需要個人地與一個牧羊人有確定的、
> 委身的關係，由口頭的、偶然也是書面的立約協議所肯
> 206 定。對「個人牧養關顧」的需要，是這運動的教會論式實
> 踐的基石。[12]

根據運動的教導，藉著與上帝在教會所委派的權柄有正確的關係，對一位牧羊人的降服，能夠提供屬靈的「照管護佑」。牧羊人負責羊的安好。「這責任不單包括他們屬靈上的安好，也包括他們在情感上、教育上、財政上、職業上和社會上的整全發展。」[13] 個人透過與牧羊人／牧師建立關係，加入這運動的其中一間教會。很多年青人都想要和需要那牧養關係所帶進他們生命中的門徒訓練。

在典型的門徒訓練羣體中，家庭團契每星期都會不公開

11 Bob Mumford, *Life Changers Newsletter* (November 1975), 2; Moore, "Shepherding Movement," 261.

12 Moore, "Shepherding Movement," 262.

13 Moore, "Shepherding Movement," 262.

地聚會。羣體中那些領導的牧羊人，往往直接由上述其中一位領袖訓練。成員往往必須順從立約的規範，例如什一奉獻、順服羣體的權柄（羣體可能在男女關係方面是有權柄的），以及要求他們為所有人（除已婚婦女）而工作。[14]

・ 更新教會論 ・

根據摩爾，牧養運動主要的締造者——和其他將福音處境化的人一樣——細心研究他們時代的記號，並得出結論：社會在各方面都分崩離析。孟福和其他人都十分關注教會的邊緣化和不成熟。由於這個關注以及根據聖經的教導，一種獨特的復原主義式教會論（restorationist ecclesiology）出現了。復原主義的原則在牧養運動中是可以理解的，它考慮到「回到根源」（back to roots）的心態，而這心態模塑了五旬宗和靈恩運動整個精神特質。在整個教會歷史上，由孟他努主義（Montanism）到多納徒主義到重洗／浸派到不同的復興運動（Revivalist movements），復原主義運動都設想「回到」一未來的教會生活，是與使徒的榮耀開端完全一致的。[15]
因此，牧養運動的先驅堅決相信，他們蒙揀選來帶領教會回 207
到新約教會的秩序和實踐。那些領袖閱讀教會歷史的方式，就好像大部分復原主義的基督徒那樣：在被聖靈充滿的使徒教會後，出現了衰落，甚或在整個中世紀出現了背教；然後，宗教改革運動帶來了部分光明，它由這「後期」（Latter

14 O'Malley, " Shepherding Movement – Discipleship Movement. "

15 比較此書的題目：Bob Mumford, *Decline/Dark Ages/Restoration of the Church*, part 1（Oklahoma City, Okla.: September 1977, audiocassette）。

Day）的更新所補充，而這更新便引入最後的復興，甚至是終末的圓滿。[16]

這運動的教會論那背後的主要觀念是上帝的國度。[17] 這運動站在復原主義的傳統中堅定地相信：讓上帝恢復那國度的觀念的時候已到了。根據他們共同的視象，那些領袖堅信，這種對上帝國度的重新強調，會帶領「靈恩式更新」超越那對聖靈的洗禮和屬靈恩賜的強調，以更深地挪用上帝的目的：即上帝「在個別信徒中建立祂的愛和權柄，然後透過信徒在世界列國建立愛和權柄（太二十八 19）」。[18] 與新約聖經的學術研究一致，他們提出，上帝的國度談及上帝的主權和統治。關於國度的信息很自然地便帶出關於權柄的問題。基督在地上的職事表達出上帝的能力介入人類的處境中。在祂勝利後，基督給追隨者恩賜以建立祂的教會，也賜下使徒、先知、傳福音的人、牧羊人〔牧師〕和教師這些職事。根據孟福：

> 上帝統治的信息和整個新約聖經的影響力告訴我們，上帝透過祂所委派來行使那權柄的人來統治祂的教會（參弗四 11 ～ 13）。當我們談及權柄時，它表示上帝的秩序，而不是獨裁主義。降服、權柄和作門徒——正如我所理解和教導的——是基督在每個信徒生命中的主權被實際活出那簡單的和基本的元素。[19]

16 Moore, "Shepherding Movement," 254 ～ 255.

17 關於國度對牧養運動的重要性，進一步參 Charles Simpson, *A New Way to Live*（Greensburg, Penn.: Manna Christian Outreach, 1975）。

18 Bob Mumford, *Life Changers Newsletter*, November 1975, 2; Moore, "Shepherding Movement," 257.

19 Mumford, *Life Changers Newsletter*, November 1975, 3, quoted in Moore, "Shepherding Movement," 258.

以詩篇一一〇篇為基礎，他們相信，基督會確立上帝的統治，以透過祂地上的百姓來施行統治。因此教會是確立上帝的國度的關鍵。教會中人類領袖的任務，便是要成為上帝施行統治的器皿。藉著降服於獲委派者的權柄，信徒便降服 208
於基督。摩爾提出，「這個觀念推動他們那正在浮現的教會論，這是清楚的」。[20]

‧ 教會作為上帝聚集的百姓 ‧

牧養運動的更新教會論，從自由教會教會論及五旬宗和靈恩教會論的傳統大量吸收資源。從作為因自己獨特的教會論觀點而成為受迫害的羣體這角度而言，他們也承認他們得益於重洗／浸派，以及循道會、清教徒，和令人驚訝的是，他們甚至承認得益於修道主義。[21]

這運動對權力、更新和聖靈恩賜的強調，令它牢牢地建基於五旬宗／靈恩現象的主流。它強調教會作為上帝聚集的百姓，跟隨基督的榜樣，並培養信徒的羣體，這令它成為自由教會那精神特質的當代繼承者。令它的教導那麼獨特的是，它對權柄、降服和委派強調。

與自由教會的教會教義一致，牧養運動也承認不可見的、普世的教會，但它亦強調教會那可見的和地方性的性質。[22] 這樣，教會是可見的「另類社會，它為行為和羣體生活定下明確的規範，這〔將會〕產生那類能夠影響社會的人

20　Moore, " Shepherding Movement, " 258～259.

21　Moore, " Shepherding Movement, " 269.

22　Mumford, " The Vision of the Local Church, " *New Wine*, July/August 1975, 4～8.

的質素」。[23]

無論牧養運動還是甚麼，它都是教會論式影響和實驗那十分富創意的、獨特性的混合體。摩爾總結說：

> 當然，牧養運動在教會論上是一奇特的混合。一方面，他們明顯屬於自由教會傳統，他們界定教會為可見的、地方性的、立約的門徒羣體。他們的復原主義令他們在修辭上是強烈反建制的（anti-institutional），而且他們亦一貫地拒絕稱自己為宗派。多年以來……〔他們〕堅持，他們的教會網絡是一自願性的網絡，單建基於個人關係之上。但增長和衝突迫使他們組織起來，而且他們在功能上及在建制上變得愈來愈階級性。[24]

209 這裏，施耐達（Howard Snyder）關於大部分更新運動的精神特質的觀察，再一次得到證實，那就是他們「對建制性和社會性實在通常都是無知的，看不見自己的運動那建制性的面向」。[25]

・ 牧養運動的挑戰和遺產 ・

牧養運動的實際生命從沒有達到它的高遠理想，而且它的解散很快便變得無可避免。很多因素引致解散；這運動那

23 Mumford, "Discipleship Position Paper"（1976）, 5, as cited in Moore, "Shepherding Movement," 260.

24 Moore, "Shepherding Movement," 267～268.

25 H. Snyder, *Signs of the Spirit*（Grand Rapids, Mich.: Zondervan, 1989）, 273, quoted in Moore, "Shepherding Movement," 268.

天真的理想主義經不起時間考驗。它容易受勝利主義影響，這限制了它對批評開放。為了委身於恢復聖經的教會視象而受迫害，這整個精神特質令這運動變得具防衛性，並阻礙它繼續建立那正在浮現的教會論的能力，也阻礙它進入有建設性的自我批評的能力之中。缺乏正式的教會架構，令該運動受到強勢領袖的權力及環境的改變所影響。領導地位不能受到挑戰，因此實際上它可以免受批評。[26]

不過，摩爾主張，牧養運動被它的批評者作出不必要地詆毀，而關於它對教會那〔教會〕合一思想的特別貢獻，被完全摒棄。關於屬靈權柄的濫用，不管它有很多極端的、甚至是危險的思想，但它背後的議程卻是合法的：怎樣提供教會架構和實踐，以致能夠帶來整全的關顧和門徒訓練。教會無疑十分需要以聖經為基礎的門徒訓練和權柄。但正如這運動其中一位批評者所提出的，對這需要的回應「必須建基於作為僕人身分的權柄概念，由那些在信仰上成熟的人以愛和謙卑來行使」。[27] 特別是在第二個千禧年快要結束時的西方文化，這需要是巨大的，但主導的文化卻令它幾乎不可能找到一平衡點。從一九六〇年代那動盪的歲月開始，那些激烈地 210
拋棄所有權威架構的人，正是需要羣體和支持的人。不過，對傳統基督教會架構和權威模式的負面經驗，令他們對任何權柄的任何降服，都幾乎感到厭惡。要徹底解決這「不成立的等式」，正是這運動那充滿野心的視象。它永遠不能完成

26 進一步參 Moore, "Shepherding Movement," 266。

27 Anonymous, "Shepherding Discipleship"。有關對牧養運動一個平衡的批評和對它的貢獻的承認，參 "The Discipleship and Submission Movement," the report of the Committee to Study the Discipleship and Submission Movement。這個報告由 Assemblies of God General Presbytery 於一九七六年八月十七日採納。

自己的任務，這令很多基督徒懷疑，所有關於屬靈權柄的論述，是否屬於過去的基督教世界。這個開放的問題仍然要求在後現代世界有新的實驗——在這後現代世界裏，大部分教會都渴望有羣體支持，但同時也想肯定自己有完全的自由。

這運動對找到抗衡文化的羣體的渴望，在對將臨國度的期盼中，並在與這將臨國度相一致的期盼中，是很多更新羣體和教會論實驗的共通點。在任何處境下，教會都面對那毫不批判地屈從於主流文化的試探。牧養運動以處境化的精神，留意到周圍文化的迫切需要，並以一個挑戰文化的觀念來對抗它。那敢於作出同樣嘗試的下一個教會論式實驗將會呈現出甚麼模樣，這仍有待觀察。

「世界教會」

"A World Church"

· 重新發現基督教 ·

在攻讀神學時閱讀了一本名為《重新發現基督教》(*Rediscovering Christianity*)[1] 的書，這給我留下持久的印象，並挑戰我對基督教和基督教在面對其他宗教時的使命作出思考。那書的作者是天主教在非洲的宣教士多諾萬(Vincent J. Donovan)。他提出，「基督教的核心」應該脱離西方或其他文化包袱，並應該向人們提出基督大膽的宣稱。他強烈批評較早期的宣教進路：它們嘗試以教育、醫藥和金錢來包裝福音，以贏取人們的聆聽。雖然它們擁有好的意圖，並出於真正的愛，但這種宣教進路令人們誤解聖經的真正信息，並將它與更高的生活水準、更多堅實的教育或方便的家居混淆起來。多諾萬在馬賽(Masai)這個自傲的非洲部

1 Vincent J. Donovan, *Rediscovering Christianity* (Maryknoll, N.Y.: Orbis, 1987).

落中生活和工作，他拒絕帶來任何物質性禮物；相反，他與部落領袖和其他人一起坐下，直接將聖經最基本的信息介紹給他們，讓他們決定是否接受。

在多諾萬徹底的教會論著作《創造中的教會》（*The Church in the Midst of Creation*）[2] 中，也聽到相似的改革聲音。他主要在非洲宣教，然後回到祖家美國，他在世俗的西方人中從事牧養職事。從這跨文化的經驗產生出一種為要求新的、更包容和適切的教會論而有的呼喊，這種教會論要能帶領教會和它的聖禮，走出基督教那狹窄的隔離區，並將它們大膽地置於創造和世界當中。藉著思考宣教
212 工場那間有活力的教會，與家鄉那間死氣沉沉的教會之間的對立經驗——雖然後者仍然擁有一些有活力的記號：如委身的平信徒和對聖經重新感到興趣——多諾萬開始夢想一間世界教會（world church），即「全球的教會」（planetary church），就是一間為了所有人和整個創造而設的教會。為要實現這點，教會和它的神學家便需要掌握後現代世界那急速轉變的視域。

新浮現的教會，即在創造生成中的教會，是一第三教會（third church），那是在初期教會從猶太土壤的興起以後，以及在後來主導了基督教首二千年的西方教會之後的第三教會。根據多諾萬，沒有其他天主教神學家比已故的拉納（Karl Rahner），更清楚看到新浮現的世界教會的需要和它的潛力。拉納在梵二中不單看到世界教會最初的自我實現，也看到新紀元的開始，就是在教會歷史中新時代的開始。事實上，對拉納來說，這種與過去徹底決裂，在教會歷史和基督

2 Vincent J. Donovan, *The Church in the Midst of Creation* (Maryknoll, N.Y.: Orbis, 1990).

教中已發生過一次，那就是在教會最初的日子，那時教會由猶太基督教變成外邦基督教。[3] 拉納稱第二個階段為希臘化的歐洲基督教，在這段時期，教會主要是源於歐洲，並受歐洲影響。第三個正在浮現的時期就是：教會的生命領域便是整個世界。[4]

・ 處於新時代的臨界點 ・

隨著教會大致受制於時代的一般文化性歷史，多諾萬詳細分析教會和教會論不同模式的歷史性呈現。藉著運用在俄國出生的哲學家、歷史學家和社會學家蘇路金（Pitirim Sorokin）的方案，多諾萬考慮到這些改變，以及它們對基督教教會的構成和精神特質的影響。根據蘇路金的分析，歷史以不斷出現的三重循環來重複自己。[5] 他稱第一個循環為「觀念的」（ideational）：這個時期有一個統一思想和行動的屬靈系統，是建基於單一的原則或觀念的。這個時期的特點是對感官世界抱負面的態度或漠不關心。第二個循環是「唯心的」（idealistic）：這是綜合思想的時期，在這時期中，實在被視為部分感官的（sensory）和部分超感官的（suprasensory）。 213
這時期嘗試綜合所有思想和生命。蘇路金稱第三個循環為「感官的」（sensate）循環：在其中，真實的實在（real reality）在被視為是感官的。實在是實證的（empirical）、世俗的、此世的。羅馬帝國便最能象徵這個循環。

---

3 Donovan, *Church in the Midst of Creation*, 18～26；詳細列出從猶太到主要是外邦教會這個痛苦過渡。

4 Karl Rahner, "Toward a Fundamental Theological Interpretation of Vatican II," *Theological Studies* 40, no. 47（1979）: 717～721.

5 Pitirim Sorokin, *The Crisis of Our Age*（New York: E.P. Dutton, 1941）.

根據蘇路金，第一個循環在公元前八至六世紀於已知的世界，即在婆羅門的印度、佛教和道教文化、希臘和埃及社會、巴比倫和印度—中國（Hindu-Chinese）的世界中發生。第二個循環維持到公元一世紀。基督教時代首四個世紀屬於感官的循環，並開始再讓位於觀念的循環。那時主導的觀念當然是上帝；上帝的影響在各處都感受得到：由法律到家庭到藝術。在中世紀後期，唯心的時期隨著阿奎那（Thomas Aquinas）和其他嘗試綜合觀念和感官的人而回歸。宗教改革運動鋪路，而啟蒙運動則迎接感官時代的回歸：感官的、實證的、世俗的、此世的進路，在科學—技術性掌握的興起中，達到高峯。根據蘇路金（在一九四〇年代寫成），我們現在再次身處新時代的臨界點（threshold）：由感官文化過渡到另一個觀念文化之中。[6]

那麼，在這些徹底的改變中間，基督教教會將會是怎樣的形態？在世界教會不再聯繫到特定文化——不再是西方或者非西方的世界——中，它怎樣傳遞和活出它的信息？「那宣告所採取的最終、多元化的形式，將會主要依靠那些文化中的百姓，就是那宣告的宣講對象。但那福音的多元化宣告不能發生，除非首先和現在認真努力地對待現在的眾基督宗教版本，並把它們回歸到或化約為『基督教信息最終的基本實質』。」[7] 根據多諾萬，基督教信息和整個教會論式信仰那最終的及基本的實質，將需要沿著實際歷史的文化路線來重構。在這裏，他呼應著拉納較早期的號召：從基督教除去所有於歷代中依附在它上面的文化添加物，即所有「包

6 Donovan, *Church in the Midst of Creation*, 7～31.

7 Donovan, *Church in the Midst of Creation*, 30（強調為原文所有；最後一句話來自 Rahner, "Toward a Fundamental Theological Interpretation," 275）。

袱」。[8] 用蘇路金的話說，這可以是「創造性的明天的開始」（“the beginning of a creative tomorrow”）。[9]

·教會被工業俘擄·

以蘇路金、拉納和其他人的分析為基礎，[10] 多諾萬以批 214
判的措辭勾畫西方教會在過去大約三個世紀的圖畫。[11] 在歷史上，他所批評的這個發展，比十七世紀的工業革命開始得更早，而基督教教會在這段時期想要維持它在信仰、禮儀、架構和甚至教會生活上的齊一。雖然多諾萬承認有基本統一性的需要——這有充分的聖經證據——但齊一最終卻引致停滯，以及無力成為一全球化教會（global church），即為了整個世界的教會。當禮儀和聖禮、神職人員的訓練、教會的組織和教義的發展，都被放入整齊的盒子裏時——直到近期都是一個歐洲的盒子，基督教便失去它的動態，並且被化約為只是眾多宗教的其中一個。

伴隨著齊一的推動力，專門化的需要出現了，但這卻以普遍性為代價。工業化是建基於專門化、有效性和計算的觀念，而在那文化中的教會也被這些感官的精神特質所主導。雖然標準化的原則，實難以適合於教會的動態生活，但它卻被強加於教會中。而且，焦點由地方性的羣體轉向中央總

8 Donovan, *Church in the Midst of Creation*, 30.

9 Sorokin, *Crisis of Our Age*, 13.

10 多諾萬也與另一位分析文化歷史發展的世俗思想家對話，那就是托夫勒（Alvin Toffler）：Alvin Toffler, *The Third Wave*（New York: Bantam, 1980）。雖然托夫勒的分類與蘇路金不同，但結果卻驚人地相似。

11 Donovan, *Church in the Midst of Creation*, 35～47。此後在這一章引述《在創造中的教會》（*The Church in the Midst of Creation*）時，會將大部分頁碼放在括號內。

部，因為它們更容易管理，更容易擠進一個齊一的模子中。這樣模仿工業化的精神特質，便引致同步化、集中化和極大化（maximization）。那能夠數算和管理的，才是重要的：參加教會崇拜的人數、奉獻的數目、建築物的大小等等。

這如何難以配合「地中海基督」（Mediterranean Christ）[12] 這個形象，是顯而易見的。活在這個有效性和極大化時代的人，視祂為來自另一個世界的人。在另一方面，「歐洲、外邦的基督」（"European, Gentile Christ"）亦不對應聖經的基督。但這都不是多諾萬的主要關注。他不想停留在尋找聖經的耶穌或甚至「歷史性的耶穌」，因為那會將基督留給那時代——那是已經在多個世紀以前已被留在那裏的了。

·世界教會和「全球的基督」·

215 我們需要承認，經過這些詳盡和科學化的學術研究，經過差不多兩千年的基督教之後，我們教會所崇拜的基督、我們的教會和它所有信仰生活和活動的基礎的基督，只是一個地中海基督。那就是基督成長的地方。歐洲和美洲神學家認為，這沒有甚麼問題；他們也認為，我們甚至沒有開始思想到或追尋一個全球的基督——即一個世界的基督——的意義，這是沒有甚麼問題的。我們繼續讓我們一切的努力，圍繞著一個地中海基督來運作。我們這些西方人已經將基督壟斷了。（頁 56～57）

12 Donovan, *Church in the Midst of Creation*, 48 ～ 60。在他對基督論和其與教會論的關係的分析中，多諾萬尤其具批判性地使其論點建基於席勒伯（Edward Schillebeeckx）的著作。

不過，多諾萬主張，基督的靈仍然活躍於全世界。「聖靈仍然在非基督徒身上傾出，這令我們感到十分驚訝，正如在彼得和哥尼流的時代令我們的猶太先輩所感到的驚訝一樣的多。啟示仍然在傳統宗教、印度教、佛教中，並在科學性革命的知識背後，及在宇宙——即在所有創造——中繼續著。」（頁 57）

當拉納把後梵二的時期鑒定為教會的第三階段，即世界教會的時代，他的意思是：直到梵二時，教會還沒有讓世界廣大的非基督宗教感受到它的臨在。它也沒有與其他世界宗教進行對話，這包括伊斯蘭教、佛教、印度教或其他宗教。基督教的宣教士大膽地不理會地方性宗教的貢獻，彷彿它們是白紙；他們也沒有留意到，在這些文化中，人們比在西方的人更深植（embedded）於宗教中。為了除去那些宗教的影響，我們幾乎要摧毀那文化本身。

啟示是關乎上帝想人類知道和做的事情，而信仰就是來自人類生命、對啟示的本真的回應。因此宗教是我們藉啟示所造成的東西。這裏有兩個選擇。一方面，如果人們本真地回應啟示，這便引往包容性（inclusivity），「無論這是對非洲那一位上帝的謙卑崇拜，還是美洲印第安人和印度教徒對生命的美麗敬畏，或是穆斯林對真主的欽佩和完全降服，或是基督徒百姓的喜樂和盼望」（頁 85）。但是人們也可以將啟示帶到完全相反的方向，令它成為自己的排他性宗教——事實上所有宗教都傾向這樣做，而且也已經這樣做。

啟示和宗教永遠不能被視為等同的，雖然它們是相關的。「宗教穩定我們，給我們保證。啟示則令我們不穩定，
打擾我們。啟示對任何可靠的和理所當然的東西表示懷疑。 216
宗教往往嘗試利用上帝來達到人類的目的。它令上帝成為自

我的投射，而不是聖經啟示的上帝。宗教充滿對每一個問題的答案。聖經的上帝是神聖的提問者，而不是回答者。」[13]

與工業革命那擁有所有答案的穩定性的教會相反，正在浮現的全球教會是一間提問的教會，即是在途中的教會。它批評在教會論及教會生活中那些異於啟示的的發展，例如榮耀的銜頭、尊貴的地位、對財產的尊重等。它也批評那只接觸自己人的教會。那只關心自己人的教會代表著宗教，而啟示的教會則接觸在自己的界限以外、直到地極的人。表明聖靈是在教會的牆以外臨在的那一教會，是「啟示」，而在基督教以外看不見聖靈的記號的那一教會，便是「宗教」（頁 89～93）。

・ 非標準化的教會 ・

要基督教教會成為普世的教會，便必須容許多元性和多樣性。多諾萬提出，例如齊一的教義應否成為這種世界教會的目標，那是備受質疑的。根據多諾萬對新約聖經的閱讀，耶穌從沒有呼召任何人跟隨一個教義或刻板的倫理。祂談及父和對其他人類的關注。耶穌基督的位格，而不是關於祂的獨特教導，是基督教的中心。如果這樣，教會便需要變得去標準化（destandardized）。聖禮是有意義的，但人可以按不同方式來守聖禮。赦免是主要的信息，但它永遠不能單單化約為補贖（penance）的聖禮。歸信是耶穌宣講的核心，但它遠遠不僅是每星期的靈修認信或屬靈指導。

在去標準化的教會，尊貴的位置不是根據地上的標準來

13 Donovan, *Church in the Midst of Creation*, 88。多諾萬跟隨法國神學家依路（Jacques Ellul）的思想，他避免界定基督教為宗教。

給定的。教會的獨一性並不表示堅守一種教義建構，而是容
忍對基督事件那些不同的、有時甚至互相衝突的思想。教
會的聖潔永遠不能等同於道德守則，也不能等同於神職人員
或被封聖的聖人的生活方式，而是上帝所有百姓全面地作門
徒。教會的大公性不能以教會和職事那單一的形式或架構來
保證，而是以對基督羣羊中所有人的文化和宗教包容來保證 217
的。教會的使徒性不等如那被技術性地界定的使徒傳承，而
是對新約使徒教會的生命和能力的忠誠（頁 104 ～ 107）。

在分散的教會（decentralized church）裏，好像新約聖經的教會，那焦點在於：地方性的羣體敬拜那一位上帝和彼此服事。當然，在完全地方性的層面上，這個羣體經驗並不阻礙與獨特羣體以外其他羣體合一的深刻意識和需要，無論那是基督教還是非基督教羣體。根據多諾萬，那排斥外人的組織，完全不是羣體（頁 108 ～ 109）。

・ 在創造中的教會 ・

根據多諾萬，兩種幾乎相反的世界觀激烈地爭奪注意和主導性：宗教的觀點和世俗、科學的觀點。前者仍然涉及拯救和救贖一個墮落的世界，而後者則集中在創造一個新的世界。他哀歎，太多時候，教會將精力都花在譴責罪惡和拯救人們脫離世界的試探之上。對多諾萬來說，令這個情況那麼諷刺的是：事實上，世俗的心態正在做很多教會應該做的事情，也就是拯救地球上的生命和照顧創造。「原本相信新的創造的，正是我們，那創造是在復活時已經在這地球開始的。」（頁 112）

現在是時候：教會要脫離拯救和救贖的神學，轉向創

造的神學。用多諾萬的用語，拯救的聖潔道路實際上等同創造的持續過程，因為拯救的上帝也就是創造的上帝。那使日用飲食的材料生長的同一個大地，也出產聖餐中的飲食。「我們以信心拿著餅時，我們相信，透過人類的意圖和人類的言語，餅還有很長的路要走，它最終要成為基督的身體。大地和世界也是這樣。它們也有很長的路要走——透過神聖的力量和人類的介入，它們最終要成為基督的身體。」（頁 112）

多諾萬警告，教會要面對錯失彌賽亞的視象（messianic vision）、並將它交給科學世界的危險。科學羣體脫離以前對形而上學宰制性的恐懼，它開始對形而上的實在，採取更全面的看法。

218 即使在創造中和在世界的徹底轉化中，教會仍然為了佈道的目的而蒙召。佈道當然不是改變信仰、洗腦或宣傳。多諾萬將佈道界定為：本真的福音與真正對歸信開放之間的對話。[14] 教會的任務是把一個圓滿的、宇宙的基督完全帶進對話之中。如果基督徒只帶來一個被沖淡了的福音，這將不會有價值。但要這樣做，甚至連基督徒都要向歸信開放，歸信於一更圓滿的真理。

向不同文化的人佈道，並誠實地與科學羣體對話，這是對教會有用的提醒：大地實際上是神聖的。多諾萬問道：「有人應該比基督徒更積極地察覺到地球本身的生死這一問題的迫切性嗎？」（頁 116）基督徒應該記得創造的神聖性，而科學羣體則需要學習到：神性臨在於事物世界之中。

14 Donovan, *Church in the Midst of Creation*, 115；這裏提到 Raimundo Panikkar, *The Intra-Religious Dialogue*（New York: Paulist, 1978）。

為來臨中的第三教會所展開的真誠對話，正要對創造的挑戰開放。它也是在創造這個共同的基礎上尋求共同的語言。「佈道是一向外的運動，從中心向接受佈道的文化走去。」多諾萬鼓勵教會採納創造作為那文化所擁有的真理這個基本科學觀念，以它作為共同語言。那麼科學的語言，如關於世界的起源，也可以成為教會的共同語言，並促進對話和佈道。無論怎樣，根據科學和聖經的觀點，創造的過程仍未完結。它繼續進入新的創造（頁 120）。

科學確信，具決定性和質量性的改變已在此時於持續的創造過程中發生，因為它將來的方向現在第一次握在人類的手中。這既是對聖經給人的責任（創一章）一個驚人的新理解，也是給教會與之搏鬥的挑戰。

・世界的聖禮・

在新的全球教會裏，聖禮不單主要與教會的內在生活有
關，也與世界有關。神學傳統將聖禮的意義，置於被仔細界
定的教義中，也被置於由上教會的人所指定的意義中。一整 219
套規則出現了，如誰可以施行、誰可以參與、禮儀應該怎樣
施行等等。但諷刺的是，聖禮關於世界和創造的意義卻被忽
略了，甚至幾乎失落了。在多諾萬的視象中，它們終極的意
義不在於那記號本身，也不在於接受它們的個人，甚至不是
內在於教會之中，而是在外面、在人類生活中。日常生活、
創造、政治、家庭生活、遊戲——是這些而非祭壇或聖殿，
才是聖禮的合適場所。

基督教教會所做的剛好相反。教會習慣了離開世界；聖禮被理解為那拯救我們脫離不潔的世界的方法。多諾萬附應

拉納的「轉向世界」，而對拉納來說，在聖禮中，「人不是要進入一個將聖潔的與外面不敬虔的世界分隔開來的聖殿；而是在上帝的世界的開放性地區中豎起一個記號以宣告：不單在耶路撒冷，而是任何有〔聖〕靈和真理的地方，上帝都受到尊崇和經驗」。[15]

多諾萬稱傳統接受聖禮的方法為「像孩子般的方式」、「一種自我中心的方式」。他發出成熟的呼籲，要人們長大成人。不是要期望基督肉身臨在於歡慶之中；聖禮成熟的接受者，反而要仰望上帝在世界裏啟示祂自己，就是「在那啟示基本發生的地點：在創造，在宇宙中，在圍繞我們的受造人類世界中」(頁 65)。聖禮的禮儀主要不是在教會內進行，而是在世界裏進行的，是在它無辜受苦、憎恨、愚蠢之中進行；但也是在忠心、喜樂及和平之中。對多諾萬來說，這是禮儀，是「可怕的、崇高的死亡，以及獻身禮儀，由上帝歡慶的」。它在上帝的兒子於十字架上的禮儀中，達到終極的意義和高峯(頁 66)。

根據聖經的應許和勸告——「直等到祂來」——基督教教會恪守聖餐。能令世界更接近那目標的是聖禮的職事。從這個角度看，聖事(sacramentality)的觀念會徹底擴大。福音書充滿聖禮和聖事的意義：餵飽幾千人，在井旁解除婦人的口渴以及醫治病人。好像福音書作者就復活的那位的面貌所記述的一樣，日常的經驗也可以是聖禮的：在花園中高興地
220 打招呼，與親愛的朋友相遇，與多疑的人在郊外的路上走，
在鄉村的旅館吃晚餐等等(頁 68～69)。

---

15 Karl Rahner, "How to Receive a Sacrament and Mean It," in *The Sacraments: Readings in Contemporary Sacramental Theology*, ed. Michael J. Taylor (New York: Alba House, 1981), 74.

洗禮是世界教會——這個羣體是人類合一的記號——的成員入會的儀式。洗禮的水不是只作為一個「元素」，而是代表更多東西。生命由水支撐，但生命也被洪水毀滅。水既賜生命，也奪去生命。接受洗禮的人所需要的信心，主要不是為個人得拯救而有的主觀信心，而是相信：上帝無處不在的、並活躍於我們世界中的恩典，會繼續恢復和轉化我們的世界。因此，任何令基督徒羣體成為合一的記號的、愛的連結的東西，都是洗禮的（baptismal）。任何能建立、支撐和醫治那羣體的活動，都是洗禮的職事（頁 70～75）。

聖餐——代表整個基督教和教會的禮儀——指向世界和所有創造：

> 它為聖經的一切而說話：從原始花園中生命樹的食物到末日的彌賽亞筵席；從舊約聖經山羊和母牛的血到新約聖經的血。它是上帝在世界的臨在。它是基督的十字架和復活。它是罪的赦免及復和。它是救恩和新的創造。它是沒有窮盡的。它是平安。它是物質世界在屬靈化（spiritualization）中的突破。它是終極的終點，是世界所有宗教以所有神聖象徵，從時間開始之時，已一直走向和努力的方向。（頁 76～77）

因此，主持聖餐那本真的牧者，不是圍繞在祭壇旁的，而是要在世界中、在人類生活中間被找到的。他們的委任是來自洗禮而不是主教。如果飢餓的人得不到食物，聖餐的餅只是空洞的記號；但給飢餓的人食物的這一行動，卻是聖餐的職事——當它滿足了有需要的人的飢餓（頁 78～82）。這是世界教會的職事那不可或缺的部分。

21

後基督教教會作為「另一個城市」

The Post-Christian Church as "Another City"

・給後現代、後基督教時代的教會論・

「**後現代**」(postmodern)這個詞語有特別的色彩。一方面，現時生活的所有問題都歸咎於後現代主義(postmodernism)：由社會的破碎到絕望的孤立主義到人生意義的失落。另一方面，幾乎所有派別的基督徒神學家和哲學家，都設想他們的信仰與這個概念有不神聖的聯盟，而這個概念所根據的定義卻是沒有任何嚴格定義的。在這混亂以外還加上一事實：在第三個千禧年中，大部分人都發覺他們生活在「城市」(the city)中——即使這不是按字面的意義來理解(雖然統計數字令人吃驚)，至少也在它普遍的支配之下：

> 那諷刺是深刻的、普遍的和似乎無所不包的。在幾乎全球的每一個角落，人類都在團團轉，他們矛盾地活出他們作為個體的生命，他們被迫在他們「私人的」生命

> 中、從一連串選項之中作出選擇，而那些選項由他們所不能看見的制度和那些他們永遠不會面對面見到的人來列舉和管理……城市的常規是具決定性的，令它的居民相信：他們可以做自己想做的事，然後安然脫身。因此全球大都會的來往的特點是一個放縱和監督的奇特混合體：當人們正在做大都會想他們做的事之時，但他們卻一直對自己說，他們是自由的。[1]

哈維（Barry A. Harvey）《另一個城市》（*Another City*）這本吸引人的書是「給後基督教世界的教會論式入門」（“An Ecclesiological Primer for a Post-Christian World”）。這本書嘗試在基督教世界的時代——如果曾經有這樣的時代——已最後被遺留下來後，為那身處後現代主義中的基督教教會繪畫地圖。哈維坦率地承認，後現代主義的魔咒，也就是「沉悶的同一」（a dreary sameness），在基督教教會上面盤旋，
222 令大部分繼續稱自己為基督徒的人「對宗教身分保留著模糊的觀念」，而「他們的生命卻明確地世俗化，在崇拜和祈禱中對上帝的經驗，於他們所做的一切中都不是重要部分」。[2] 後現代人的諷刺在於：他們的行為好像同意那發生在他們傳統生活方式上的事情。「他們毋須接受那種生活。他們已接受與它一起和在它裏面生活。」（頁 135）不過，他也承認，那些為後現代「城市」接生的人們，沒有打算會帶來一隻怪

1 Barry A. Harvey, *Another City: An Ecclesiological Primer for a Post-Christian World* (Harrisburg, Pa.: Trinity Press, 1999), 2。此後在這一章引述《另一個城市》（*Another City*）時，會將大部分頁碼放在括號內。

2 Harvey, *Another City*, 3, cites here from Vigen Guroian, *Ethics After Christendom: Toward an Ecclesial Christian Ethic* (Grand Rapids: Eerdmans, 1994), 89.

物。相反，他們是基督教世界的反叛的孩子，他們「尋求實現理性的甜夢，那就是單以人的能力和資源塑造地上的天堂」。[3] 無論「後現代主義」是甚麼意思，哈維都相信，它是「沒有幻想的現代性」（modernity without illusion）；換句話說，現代的盼望——和平、快樂及喜樂的地上國度——已經被埋葬了。我們世界的「一團糟」將會繼續下去。[4]

哈維沒有嘗試重新建立古代的基督教，而是旨在幫助教會再次以具自我意識的權威方式來說話，從而讓它重拾自己作為獨特百姓的身分——在世界中演繹一個不同的故事，這不單為了它自己和自己的生存，也為了世界的拯救（頁 20～21，25）。後基督教時代的教會要重拾初期教會的視象：理解它本身是招聚上帝所有百姓到上帝國度那具決定性的記號。「基督教羣體的存在，完全令那不認識它曾是甚麼……也不認識其終極的目的地之墮落世界，得知這命途。」（頁 59）

·「另一個城市」·

基督教教會在這個後基督教、後現代、「後一切」（post-everything）的時代，有甚麼選擇？教會在基督教世界後會以甚麼作為其存在之模式（*modus vivendi*）？教會不再佔有以前曾擁有的備受優待之位置。事實上，它目前的社會地位，比歷史中任何時期和地方，都更接近初期教會的地位。對過

3　Harvey, *Another City*, 7；關於分析現代主義的夢想的形式和不可能性，尤參頁 101～111。

4　Harvey, *Another City*, 6, quoting from Zygmund Bauman, *Postmodern Ethics*（Cambridge: Blackwell, 1993）, 32.

223 去的懷緬，往往以兩種形式出現。有些基督徒渴望回到基督教和社會在制度和文化上交融的時期。其他基督徒則嘗試藉著訴諸於對基督教信息作世俗化的理解，從而使自己適應現時的文化。還有一些人受到試探，要擁抱多納徒主義和後期復興運動那純教會（pure church）的夢想。「好像挪亞方舟，令在其上的人安全，避免外面的危險一樣，好些羣體和個體相信，教會必須把自己封閉起來，抽離而成為一個分離的社會——在那裏公民會受到保護，免受世界的污染。」（頁 13）[5]

可以預計的是，哈維不願意接受任何這些選擇。作為另類選擇，他提出一個教會觀念：教會作為「另一個城市」（*altera civitas*）。這種描述上帝的百姓的方法，可以追溯到聖經和猶太教及基督教的傳統。當然，城市的形象由奧古斯丁在他的《上帝之城》（*City of God*）中被有力地運用。令這幅圖畫那麼吸引哈維的是：早在新約聖經，它已經與城市、公民和共和國的政治概念連繫起來。它描述教會為另類羣體，以預備好挑戰關於生活方式和信念那主流的假設（參太五 14；弗二 12、19；腓三 20；來十一 10、16）。事實上，初期教會作為全新的和徹底的社會生活，它的生活和信念在政治以外是難以理解的（頁 15～16，64）。

作為另類城市，初期教會將它的生活方式和信念，都建基於舊約聖經的猶太土壤之上。他們的精神特質是大流散的百姓的精神特質，是舊約聖經的遊牧民族向應許地飄流的精神特質。他們缺乏自己的地方，因為他們仰望「有根基的城，就是上帝所經營、所建造的」（來十一 10）。哈維提醒我

5 Harvey, *Another City*, 12～14；哈維引導讀者參看 R. A. Markus, *Saeculum: History and Society in the Theology of St. Augustine*（Cambridge: Cambridge University Press, 1970）, 112, 122, 178。

們，基督徒大可以在羅馬法律的規定下得到庇蔭，因為這法律容許建立那專為他世的個人拯救而舉行的私人崇拜（*cultus privates*）；但他們沒有這樣做。相反，他們挑戰羅馬的權力，並宣告效忠於那獨一的君王基督。藉著以自己的方式對抗羅馬，初期教會特別將自己定位於羅馬社會的其他城市（頁18～19，21～22）；用哈維爾（Václav Havel）的話說，這「是一個平行的城市（*polis*），即一個獨特的羣體，與帝國的主導架構並存」。[6]

與當代教會的心態相反，初期教會沒有將關係限制於現 224
代思想所稱為「私人」（private）領域裏。相反，關係在與日常事務有關的關連中形成，包括建屋和築路、照顧園子和播種等。這些活動——同樣與他們當代的同道不同——沒有被初期教會歸於「世俗」的領域。在古代世界，人們幾乎不知道「屬靈」和「世俗」的區分，而一世紀的巴勒斯坦猶太教就更肯定不知道這種區分（頁59～60）。

初期教會作為另類城市，由於它沒有永久的地方，也不將盼望寄託在地上的國度，所以它界定自己為終末的團契。他們是將來世代的百姓，現在活在兩個世代和兩個重疊的社會秩序之間。初期基督教這終末式的教會論——或者正如哈維所說：是教會的終末論——並非源自耶穌或五旬節那天，而是植根於以色列的信仰的。因此，哈維在他的書中，用了頗長一節，以追溯他的教會論的猶太根源。[7] 耶穌——上帝

6　Václav Havel, "The Power of the Powerless," in *Living in Truth*, ed. Jan Vladislav (London: Faber & Faber, 1987), 13.

7　Harvey, *Another City*, 31～35。有關詳情，進一步參第二章的兩節，分別題為「以色列百姓中上帝的統治」（"The Rule of God in the People of Israel"）和「以色列歷史中終末的顫抖」（"Tremors of Eschatology in the History of Israel"；頁35～53）。

那獨特的，統治者(*Autobasileia*)在其位格中作那國度的傳承者——沒有宣佈摒棄這個猶太人的國度觀念，而是改造它以配合上帝的終末計劃。

‧ 臨存在於耶穌裏的國度和猶太盼望的重新闡述 ‧

與人們往往所說的相反，哈維提出，耶穌和會堂之間的差異，不是耶穌要除去猶太傳統那「外來的」政治和社會面向的結果。是的，教會確實決定性地將妥拉和聖殿的要求相對化；但真正的差異與「上帝在基督位格裏的彌賽亞式統治是否真正介入」這個問題有關，以及這介入對立約羣體以外、世界的其他人有甚麼含義。哈維這樣總結以色列和基督教之間的爭論點：

1. 國度的來臨已在眼前，而不是被貶低為一遙遠的將來。
225 2. 已在眼前的國度繼續透過在耶穌復活後的門徒羣體，讓人知道它的臨在。基督徒羣體作為上帝新的「城市」(*politeia*)，它拒斥當時很多猶太人所持的軍事主義，因為基督的追隨者不是要拿起刀劍。不過，他們是革命性的，甚至比猶太人更甚(頁 57～62)。他們：

> 以雙重的革命性方法這樣做：將另一邊臉轉過來；走第二里路；背起十字架這十分顛覆性的智慧。耶穌為追隨者所制定的議程是祂自己所服從的議程。這就是國度將要來臨的方式，是戰爭將被得勝的方式。[8]

8 Harvey, *Another City*, 13, 57, quoting from N.T. Wright, *Jesus and the Victory of God* (Minneapolis: Fortress, 1997), 465.

3. 國度在耶穌的工作中，並透過這工作而臨近，這事實表示人們現在可以透過悔改和信心來回應關於拯救的宣告，藉此進入這國度。它的組成不再只限於選民，也包括外邦人，雖然耶穌將自己的職事限制於尋找「以色列家的迷羊」（"the lost sheep of Israel"）。
4. 上帝統治的臨近會對那些聽從耶穌號召而悔改和相信的人提出要求，這代價在十字架上變得明顯。雖然基督的追隨者不可能設想到那十字架的道路，但那不單是主人惟一的道路，也是祂的僕人惟一的道路。

對基督教會來說，學習接受教會和信仰的猶太根源，這是一種掙扎。很大程度上，哈維跟隨林貝克（George Lindbeck）而主張：基督教的自我理解，如往昔一樣，仍然是屬外邦人的。[9] 這有多種含義，而最致命的是：一般的基督教神學將信仰貶低為關乎靈魂的私人領域，並令它脫離社會、政治和日常生活。轉移到個人屬靈的和看不見的世界的信仰，和二世紀的諾斯底主義相似，多於與耶穌的彌賽亞式政治相似。尤達甚至進一步表明，大流散的猶太人所培養的生活方式，幾乎比我們在其後的基督教世界的歷史中所找到的一切東西，都已更接近耶穌和祂早期追隨者的彌賽亞式精神特質。[10] 我們接著便轉去討論：那致命的「君士坦丁轉向」（Constantinian shift），加上猶太根源的喪失，對基督教會和教會論有甚麼意義。

9　Harvey, *Another City*, 13, 65; George Lindbeck, "The Church," in *Keeping the Faith*, ed. Geoffrey Wainwright（Philadelphia: Fortress, 1988）, 190, 193.

10　進一步參 John Yoder, *The Politics of Jesus: Vicit Agnus Noster*, 2nd ed.（Grand Rapids, Mich.: Eerdmans, 1994）; Harvey, *Another City*, 65～66。

‧ 教會失去其宣教的特點 ‧

226 基督徒在君士坦丁統治前的羅馬帝國中，構成獨特的少數羣體。在那些環境下，歸信是公開的事件，是一個社會性和政治性的選擇。令事情更嚴重的是初期基督教教會的獨特信仰。雖然他們因只效忠於獨一的君王基督，而這是反羅馬的；但他們仍然沒有脫離世界，因為復活的基督是所有創造的統治者。在某一意義上，他們向地上的國度說「不」；但在另一個意義上，他們又肯定它。由於世界拒絕了上帝和祂國度的公義旨意，它已經定了自己罪，但連這叛逆的世界仍然是在基督——這位真正的統治者——裏被拯救的和再創造的世界。面對所有反對，初期教會大膽地向世界宣告，它的將來在於基督和祂國度的命途。「這表示，對那些相信基督並與祂聯合的人來說，這個世界——它的時間和事物、它的生命、甚至死亡——都成了與上帝的國度溝通的『途徑』，成為來到人間並在人中間臨在的聖禮，即其臨在的模式。」[11]

教會和世界因而互相和親密地相連，但不是沿著傳統那「世俗」和「聖潔」的界線。那關係更細緻和複雜。在拉丁詞語 *saeculum*（字面意思是「天上」）——與時間、即墮落和終末之間的時間階段有關——那原本的意思上，教會和世界都是「世俗的」實在。教會承認基督是地上統治者的主，這使它有權奉上帝的名向世界說話。但這在基督教確立為國家宗教後便戲劇性地改變了。基督徒地位的改變是突然和預期不到的：由一個被侵擾和迫害的反對運動，變成羅馬的建制。

11 Harvey, *Another City*, 67 ～ 69；引文來自 Alexander Schemann, *Church, World, Mission*（Crestwood, N.Y.: St. Vladimir's Seminary Press, 1979）, 29～30。

現在甚至皇帝都支持上帝的事業，基督徒所設想的將來，除了是前所未有的機會以推動和實現上帝國度的來到外，還可以是甚麼？在渴望為世界執行這「聖潔的事奉」之下，基督徒墮進徹底地實現了的終末論（radically realized eschatology），因此也模糊了世界和它自己之間的區分。用哈維的話說，教會開始「將上帝的物歸給凱撒」（頁73）。教會很快便接受了其擁有特權的地位，並以祭司和君王的形式來享受地上的權力任命——這形式是根據他們本身的職事而分享著統治權的。在最糟時，即在中世紀的時候，大量的君王成了「教會 227
的警察部門」。[12] 可以理解的是，這雙重統治權的內容和精神特質，源自異教世界多於源自福音。

這個徹底的轉移完全改變和重塑了教會的宣教性質。世界和教會之間、現在的時代和將來的時代之間細心所劃出的區分，很大程度上熔合成一個實體（entity）：基督教身體（*corpus christianum*）。這個熔合引致教會在實質上失去了宣教的身分。在教會和政府當局這似乎是適時的伙伴關係下，這幾乎顯得：這個新世界不再需要進行宣教。那悲劇是「再沒有人奉掌權的基督的名，向統治者發出進一步的挑戰」。[13]

教會的宣教意識的決定性轉變——主要朝向在地上征服非基督教的領域，也為它帶來另一致命的轉變，就是徹底地重新界定信仰和恩典的觀念。哈維提醒我們，在初期教會，這些觀念在羣體的「外交」使命以外，是不能理解

12 Harvey, *Another City*, 77, quoting from John Neville Figgis, *Studies of Political Thought from Gerson to Grotius, 1414～1625*（Cambridge: Cambridge University Press, 1956）, 4.

13 Harvey, *Another City*, 82, quoting from Oliver O'Donovan, *The Desire of the Nations: Rediscovering the Roots of Political Theology*（Cambridge: Cambridge University Press, 1996）, 212.

的，而那外交使命是要向地上的統治者代表上帝的統治。相反，現在焦點則要放在每一個體的內在和私人的生活之上（頁 89，90）。

同樣可悲的是，雖然失去了政治和道德力量，但大部分基督教羣體繼續擁抱某種形式的君士坦丁主義（Constantianism），而這種心態對後現代、後基督教世界（post-Christian world）是完全陌生的。它大約首二千年的歷史，仍未說服基督教教會相信，它需要保持作為另一個城市的身分。在第三個千禧年，在後現代雜訊的「風險文化」（risk culture）中，教會有甚麼位置？

・ 後現代「風險文化」的靈性 ・

不管一九六〇年代無神論者和世俗的神學家曾預言甚麼，但靈性並沒有從現代、尤其沒有從後現代的世界中消失。哈維指出，由於後現代主體的虛無（emptiness），「靈性」
228 扮演著重要的角色。當然，在這個文化中靈性的目標和精神，與初期教會、甚至是現代教會的都十分不同。事實上，靈性的觀念本身便是現代主義的結果。直到笛卡兒（René Descartes）和其他人發明實在的世俗領域這個觀念後（在這觀念中，在地上建立天堂這個高貴的人類計劃，會以人類的手段發生），「靈性」作為它的對應才得到承認。

在現代主義的計劃之前，靈性作為一分開的範疇甚至是不存在的。*Religio* 這個詞在中世紀的獨特意義，源自那從其餘生活區別出來的修道生活和個人敬虔。宗教的現代觀念來自文藝復興（Renaissance）和啟蒙運動，當它的意思是指個體對「生命中甚麼是終極真的和重要的東西」所抱持一套獨立的信念和命題，以及一套關於「他們可以在政治忠誠以外而抱持的最重要觀念」。這個宗教的觀念，很自然就將生命分為兩個獨特領域的這一區分強化，而這個觀點十分配合後現代的風險文化。「個人以消費者的角色得到鼓勵，從大量宗教符號和教義中作出挑選，並選擇那些最能夠表達他們私人感情的信念。」（頁 128 ～ 129）

正如當代生活的其他方面，後現代靈性以治療心態的勝利為特徵。這種靈性完全是個人主義式的；它不需要任何形式的集體性方向或監督，但它可以在個人生命的隱私中被享受。哈維稱這種敬虔為「給靈魂的一種個人化的『飲食計劃』」。這種靈性在慾望的市場中被有效地分派。根據哈維，在風險文化中盛行的靈性，在很多方面都顯得像古代的諾斯底主義、多於初期的基督教（頁 129 ～ 130）。這是「後基督教國家」（post-Christian nation）的靈性。[14]

第三個千禧年的教會發覺本身身處一種文化中，這種文化成了「只是供各獨立個體所懷的各自的意願一處相會的地方，每個人都有自己一套態度和喜好，他們理解的世界，只是供自己達到自己滿足的場所；他們將實在詮釋為一連串機會，以供自己享受，而對他們來說，最後的敵人是沉悶」。[15] 可以理解的是，這種靈性完全缺乏「屬靈力量」——這正是批判和富創意地應付後現代風險文化所需要的。

14 進一步參 Harold Bloom, *The American Religion: The Emergence of the Post-Christian Nation*（New York: Simon & Schuster, 1992）, 22, 32。

15 Harvey, *Another City*, 130 ～ 131, citing from Alasdair MacIntyre, *After Virtue: A Study in Moral Theory*, 2nd ed.（Notre Dame: University of Notre Dame Press, 1984）, 25.

‧「聖潔的瘋狂」的號召‧

229 對後現代主義中的教會，哈維發出「聖潔的瘋狂」（holy madness）這個大膽的呼召。這是對只接受一種思維方式——即後現代的思維方式——的心態的批判：即所有以其他方式思想和行動的人都是瘋狂的。要挑戰這個後現代主義的神話，我們需要一個羣體、一個「城市」（*polis*），即一間作為另一個城市的教會，一個另類羣體。基督教「最尤其是一件社會性事件」，[16] 因此耶穌邀請我們進入聖潔的瘋狂，這不是呼召我們退出世界，而是「在『敵人的領域』裏構成顛覆性的臨在」。那些將另類城市的生活方式理解為退出世界的人，只教人們絕望，因為他們實際上主張，沒有方法可以批判地應付後現代的思維方式。哈維總結說：「簡單來說，不單為了它自己，也為了世界，教會毋須要、實際上也必定不能視自己為身處於在教派性抽離（sectarian withdrawal）和世俗性奴役之間的連續體（continuum）之中。反而，它是由它的主號召，在真理中作為平行的『城市』來生活的，也就是活在受苦、五旬節和再來之間的聖禮空隙中。」（頁 138）

聖潔的瘋狂的生活，可以在上帝那大流散的百姓羣體中實現，與舊約聖經的百姓相似。再一次，對教會來說，這表示回到猶太的根源。在這種大流散的心態中，特殊的與普遍的，不是相對於普遍的。上帝對以色列（特殊性）的揀選，為普遍性的原則服務。而且，真理永遠不能被過濾成抽象的思想系統，而是在具體生活方式中被找到的（頁 139～141）。

16 Harvey, *Another City*, 137；這句話來自 John Milbank, *Theology and Social Theory: Beyond Secular Reason*（Oxford: Blackwell, 1990）, 388。

教會的大流散本質不是一個臨時的策略，不只是出於必要，正如它對上帝以前的百姓那樣；而是「順服的路，是身分的保障，對抗那些會以恢復國家尊嚴這個不現實的承諾來騷擾被擄者的人的『説謊之夢』」。[17] 這樣，在教會大家庭中所培養的關係——相對於文化的主流心態——不限於「私人領域」，而是與構成日常生活事務的活動有關的：如興建房屋、照管花園、結婚等。

雖然後現代世界的教會要前瞻那「將要來的城市」(來 230
十三 14)，但它這樣做的方法是在禮儀和聖禮上念記自己的過去。教會作為天堂於這個或任何時代的前哨，它的任命最終不是在它的聖餐崇拜以外的東西——正如哈維藉正教的語言「追隨禮儀的禮儀」(liturgy after liturgy)所主張的那樣(頁 150～165)。這是實現教會使命的惟一方法：「藉著向世界提供在愛中、因而也是在真理中生活的方法和媒介，從而向世界顯明它的 *arche*〔開始、來源〕和 *telos*〔目標〕。」(頁 161)

17 Harvey, *Another City*, 146, citing from John Yoder, "Withdrawal and Diaspora: The Two Faces of Liberation," in *Freedom and Discipleship: Liberation Theology in Anabaptist Perspective*, ed. Daniel S. Schipani (Maryknoll, N.Y.: Orbis, 1989), 82.

給第三個千禧年的教會論挑戰

Ecclesiological Challenges for the Third Millennium

將來關於教會的神學性思考會是怎樣？給教會論最重要的挑戰會是甚麼？教會論會進到基督教系統神學的中心嗎？好像這樣的問題在第三個千禧年的過渡時，迫切需要回答。

現在我們已走完這條基督教對教會的思想那漫長和迂迴曲折的路，現在是時候前瞻教會論將來的挑戰。關於基督教神學的將來，無論我們敢說甚麼，人毋須是先知也可以提出，基督徒**羣體**的性質、目的和獨特特點，會佔據神學家的議程。理由很簡單：在我們這個破碎的世界裏，有那麼多人尋找著自己的根源和意義，一個有目的和對將來有盼望的羣體，會是人們要尋找的東西。過去一代偉大的教會論者、改革宗的卜仁納在其富影響力的《教會的誤解》（*The Misunderstanding of the Church*）[1] 中有力地提出，教會只是

1 Emil Brunner, *The Misunderstanding of the Church* (Philadelphia: Westminster Press, 1952).

男人和女人的團契，是聖靈的團契，即一個「團契」。基督教教會能多好——或多糟——地實現這基本任務，在很大程度上便決定教會在第三個千禧年有多適切。泛濫的個人主義那外來的力量，也進入了後現代的宗教性。

我們的研究顯示，一個人的教會教義與其宗派和神學背景不可或缺地緊密相連。羅馬天主教的教會論，就與諸如改革宗或自由教會的教會論不同。我們在本書每一個主要
232 部分結束時已指出一些差異。不過，同樣明顯的是，宗派的界限並不限制關於教會的思想。巴特版本的改革宗教會論，有些特色令人驚訝地與沃爾夫和麥克倫登那〔教會〕合一式自由教會的觀點相似。而且，龔漢思那傾向靈恩的羅馬天主教的教會教義，與五旬宗－靈恩聖靈論式教會論也有很多共同的強調。

〔教會〕合一運動的興起和鞏固，健康地提醒所有教會論：基督教教會的主要挑戰就是上帝所有百姓在一位上帝之下的共同命途。好像在世界面前聯合見證和作證等這些相關的問題，將會繼續成為教會——其本質是宣教的——重要的問題。

而且，「地上的教會」也不可缺少地與社會性、歷史性和政治性狀況有聯繫，而且也倚靠這些狀況。卜仁納警告說，我們對教會的理解，最危險的是訴諸於某種「不可見」的教會觀念，這在不同的基督教靈性和敬虔中都是十分普遍的；但是不單對新約聖經來說是陌生的，對我們的教會論也是有害的。教會——男人和女人的團契——植根於人類社會和文化的土壤，更超越這些社會和文化。我們的神學考察並沒有怎樣留意那些因素，不是因為我們認為它們不重要，而是因為在我們研究的限制內，不可能甚麼也完成。

基督教神學的將來在於對全球的敏感：神學思考不能夠再成為一種文化的專利，既不是西方的，也不是任何其他文化的。系統神學很快成了那來自世界各地不同聲音的結集，往往是一些不和諧的聲音的結集。真正的非洲教會論會是怎樣的？亞洲的或拉丁美洲的教會論又是怎樣的？我們可以找到一些零碎的實驗，而我們在本書最後一部分也聆聽了一些偶爾出現的聲音。但還會有更多聲音出現。毫無疑問，這些新發展——盼望在文化上更接近他們的處境、並在回應上比他們的先輩更有創意——不敢忽略那主要建立在西方的基督教教會論傳統。但在現存的教會論上增添一些全球潤飾，是並不足夠的。古典西方神學可以以前所未有的方式，從與這些處境化和全球聲音的相遇中得益。在最好的情況下，這種對話可以成為〔教會〕合一的恩賜互換。

還有很多其他挑戰和問題與教會論的某些方面有關，而在教會走進第三個千禧年時，它們需進一步受到注意：教會和它的架構可以怎樣適合兩性、少數羣體或具有不同心態的 233
人？我們可以怎樣創立職事的模式，會助長而不是熄滅普通基督徒生命中的信仰之火？對那些在西方和其他地方裏都活在（新）宗教性那前所未有的興起中的人，聖禮和聖事有甚麼意義？

考慮到在第三個千禧年，基督教神學面對怎樣與其他信仰和神學交往的挑戰，教會論不能夠再在脫離世界的宗教性下，實現它的目的。相對於其他宗教羣體，**基督教**羣體有甚麼獨特性質？基督教教會作為 *ekklesia*——即「被召出的百姓」——的性質，怎樣與它在列國中被傳播這個崇高的呼召有關，和怎樣在每一個特定的文化和宗教環境中成為肉身？現在主張「基督教的系統神學需要解釋其他信仰那宗教思想的宣稱和影響」，幾乎已經是老生常談，而在這個背景下，下一代的教會論將會是怎樣的？特別在教會論方面，很少甚至沒有先例存在。或許要留待在西方以外的神學家，在這事業上作我們的嚮導和導師。

索引的頁碼為英文原書頁碼，而原書頁碼已標於正文兩旁。

主題及人名索引

二劃

三劃

四劃

五劃

六劃

七劃

八劃

九劃

十劃

十一劃

十二劃

十三劃

十四劃

十五劃

十六劃

十七劃

十八劃

十九劃

二十劃

二十二劃

二十四劃

緊扣時代 服事教會

以文字傳揚基督真道

讀者意見表

衷心多謝你購買本社書籍。本社一直致力以出版事工服事教會，幫助信徒扎根於神的話語，促進靈命增長。為使我們的出版更能滿足你的需要，請填寫下列各項資料，並寄回或傳真予本社。

所購書籍：________________

本書最吸引你的地方：

□作者 □適切性 □文筆 □設計 □實用性

□其他：________________

購買本書地點：

□基道書樓 □基督教書店 □非基督教書店

性別：□男 □女 職業：________________

信仰：□基督徒 □非基督徒

年齡：□ 16 歲或以下 □ 17～25 歲 □ 26～35 歲

□ 36～55 歲 □ 56 歲或以上

學歷：□中三或以下 □中五 □預科

□大學 □研究院

□我欲更多了解基道出版社的事工及考慮支持，請寄給我下列資料：

□機構簡介 □新書資料 □基道會員通訊

□《基道文字事工通訊》

姓名：________________ 電話：________________

地址：________________

____

傳真：________________ 電子郵件：________________

其他意見：________________

____

多謝賜教！

意見表可以傳真（2687-0281）或直接郵寄以下地址：
香港沙田火炭坳背灣街26號富騰工業中心1011室
基道出版社編輯部收